JN302589

乳児の
対人感覚
の発達

心の理論を導くもの

*Infants' Sense of People: Precursors to a Theory of Mind
by Maria Legerstee*

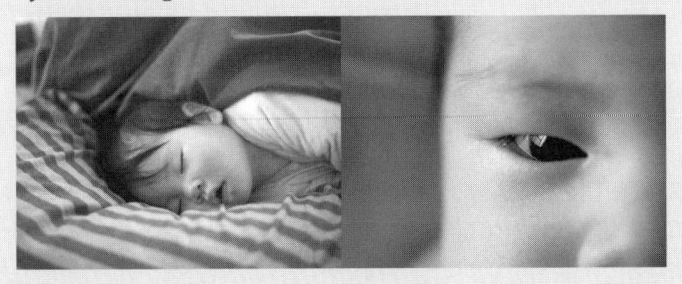

M. レゲァスティ……著
大藪 泰……訳

新曜社

INFANTS' SENSE OF PEOPLE
Precursors to a Theory of Mind
by Maria Legerstee
© Maria Legerstee 2005

Japanese translation rights arranged with
the Syndicate of the Press of the University of Cambridge, England
through Tuttle-Mori Agency, Inc., Tokyo

はじめに

数年前、ケンブリッジ大学出版局の主任編集者のサラ・カロ (Sarah Caro) から、乳児の対人理解に関する私の研究についての研究書を書いて欲しいという電話があった。ちょうどその時期は、発表すべきさまざまな研究論文を発表し終え、まだ進行中の論文もいくつかあったときだった。そうした研究をどのように一つの発達の物語としてまとめるかを考えるときだと感じた。サラの親切な申し出を受けることにした。

私の研究は、(1) 乳児には誕生時から共感的な情動によって活性化される生得的な対人感覚があると主張し、(2) 乳児は人と物を区別するために随伴性または動作といった身体的なパラメーターを使うという考えに疑問を呈し、(3) 心理学的な存在になる前の乳児は機械的な存在（訳注：外界からの刺激に対して自動的に決まりきった反応をする存在）だという仮定を否定する、というやや特殊な見解に属している。

本書は20年間にわたる学問的な進展と家族生活の産物である。多くの人々が、乳児とその発達に関する私の考え方に貢献してくれた。私の最初の（学部時代の）メンターであり、新生児模倣に関する私の卒業論文の手助けをしてくれたジャン・ケプケ (Jean Koepke) は、子どもをもつだけではなく、子どもの精神生活がどのように発達するかを知るなら、もっと実りが大きいと話してくれた。2人目のメンターで友人であり、一緒に代名詞の発

i

達と前言語期の母子相互作用を検討した故ヘルガ・フェイダー (Helga Feider) は、どうすれば非常に幼い乳児であってもその精神生活の理解がコミュニケーションを通して検討できるかを具体的に説明してくれた。

私は乳児の対人感覚に関する大学院での研究をアンドレ・ポマリュ (Andree Pomerleau) とジェラード・マルクイット (Gerard Malcuit) のスキナー理論研究室で続け、そこで十分な支援を得て、生得主義 (生得的な表象) と能動的構成主義 (社会的相互作用による表象の再記述) を結びつけながら、発達過程に関する制約的構成主義のスタンスを展開した。私の娘のジョアンナ (Johanna) と赤ちゃんだった息子のトーア (Tor) は、一部、この確信を生み出すための刺激と事例史になった。それは1985年のことであった。

以来、多くの同僚の研究によって影響を受けてきた。特に、アラン・フォーゲル (Alan Fogel)、ジェローム・ブルーナー (Jerome Bruner)、エリザベス・スペルキ (Elizabeth Spelke)、アンドリュ・メルツォフ (Andrew Meltzoff)、ティファニ・フィールド (Tiffany Field)、コルウィン・トレヴァーセン (Colwyn Trevarthen)、ダニエル・スターン (Daniel Stern)、エドワード・トロニク (Edward Tronick)、ヘンリ・ウェルマン (Henry Wellman)、そしてジョン・フラヴェル (John Flavell)。彼らは、校閲者、論評者、編集者そして友人として、私の研究を導いてきた。私は彼らの理論を正確に解釈し、またそのアイディアを適切かつ敬意をもって借用したと思っている。

一番最近影響を受けた同僚は、この本の一部あるいは全部を読み、批判的に校閲してくれた人たちである。それは、その研究が学部時代から私に影響を与えているアラン・フォーゲルであり、そしてコルウィン・トレヴァーセンとクルト・フィッシャー (Kurt Fisher) である。私は彼らの支援と批評に心から感謝しているが、誤りや手抜かりがあればその責任は私にある。

本書を執筆中には、一部分を「情動、意識、社会的認知の発達」という大学院のゼミナールにおいて学生たちにも読んでもらった。ガブリエラ・マルコーヴァ (Gabriela Markova)、チャン・スー (Chang Su)、ジャン・ヴァー

ii

はじめに

ギーズ（Jean Varghese）、タマラ・フィッシャー（Tamara Fisher）、エドウィン・ロメロ（Edwin Romero）、ラルカ・バラック（Raluca Barac）、レイチェル・ホートン（Rachel Horton）、ジェシカ・マリアーノ（Jessica Mariano）、そしてハイジ・マーシュ（Heidi Marsh）の質問やコメントから気づいたことがあった（また編集作業もしてくれた！）。とりわけ、すべての章を読み、私が考えてはいなかった内容をより明確にする詳しい記述や例を提供してくれたガブリエラに感謝する。

第6、7、8、9、10章で紹介した研究は、カナダの社会科学・人文科学研究審議会（Social Sciences and Humanities Research Council）から私の「社会的および認知的コンピテンスに関する母親行動の影響」（410-2001-971）という研究に提供された助成金のもとで展開された。乳児の動画撮影は、ドイツのライプツィヒにあるマックスプランク進化人類学研究所のジュニア研究者用の乳児実験室で過ごした研究休暇中に行われた。その後、その動画データのすべてを、ヨーク大学の私の研究室で多くの学生、とりわけタマラ・フィッシャーとガブリエラ・マルコーヴァがコード化と分析をした。第9章の研究は例外であり、これはマックスプランク研究所のスタッフによって分析された。

社会科学・人文科学研究審議会（カナダ）から継続して受けた主要な経済的支援に対して感謝する。社会科学・人文科学研究審議会は、博士課程の学生、博士研究員（ポスドク）、カナダの研究フェロー、またヨーク大学の乳児研究センターのディレクター時代の研究を支えるのに測り知れない貢献をしてくれた。

本年は２００５年である。私の研究は、制約的構成主義のスタンスを支持し続けている。それは、新しくまた独創的な存在と思考する人を作り出す発達経路は生得主義と構成主義に由来するというスタンスである。ジョアンナとトーラはこの立場を支持し続けている。

目次

はじめに i

第1章 定義、理論、本書の構成 1

1節 心の理論の定義 3
2節 意図の定義 4
3節 心の理論の前兆としての意図 12
4節 理論的考察——精神状態への気づきの始まり 14
5節 乳児は自分を仲間と同一視する生得的能力をもって誕生する 22
6節 本書の構成 23

第2章 発達におよぼす内因的影響と外因的影響 32

1節 内因的要因 33

目次

第3章 生命体／非生命体の区別 60

1節 社会的認知と非社会的認知との関係 60
2節 生命体と非生命体の区別の定義 62
3節 生命体と非生命体の区別に関する理論的視点 63
4節 人間と物を区別する乳児の能力——生後6か月間 76
5節 乳児は人間に意図を知覚し非生命体では知覚しない——10か月児 81
6節 生命体と非生命体の区別——基盤的な手がかりあるいは領域固有な表象 90

2節 外因的要因 47
3節 内因的要因、外因的要因、その相互作用 48
4節 乳児研究の方法 55

第4章 自己と意識 92

1節 哲学的省察 94
2節 ピアジェと自己 98

第5章 二項的相互作用

3節 生物 – 社会的理論と自己の気づき 100
4節 生態学的理論と自己の気づき 102
5節 制約的構成主義と自己の気づき 104
6節 物理的自己の意識 105
7節 社会 – 精神的自己の意識 110
8節 表象的自己の発達 111
9節 乳児は自分の心や身体に気づく社会的創造物である 113

1節 二項関係期における精神状態の気づき 115
2節 精神状態の起源 118
3節 理論的説明 122
4節 人間に関する領域固有な知識、制約、学習 140

第6章 三項的相互作用——5か月児と7か月児の共同的関わり 143

1節 対象物を含んだ目標の理解 143
2節 三項的社会スキルの発達 144
3節 理論の検証 150
4節 生後5・5から7・5か月の間で、乳児は動作と情動に意味を知覚する 164

第7章 乳児の対人感覚の発達に対する社会的影響 170

1節 社会的相互作用論者と情動調律 172
2節 母子相互作用の歴史的視点 173
3節 情動調律／情動鏡映と自己の概念 179
4節 情動調律、効力感と自立性の発達 181

第8章 情動調律と前言語的コミュニケーション　187

1節　母親の情動による乳児の社会認知的能力の促進　187
2節　前言語的コミュニケーションの発達　189
3節　母親の情動調律が前言語的コミュニケーションに及ぼす効果　190
4節　共有注意と言語発達との関係　191
5節　他者と心理的に関わろうとする生得的動機づけの連続性　203

第9章 社会的相互作用の質が乳児の原初的な欲求推理に影響する　207

1節　適切な対人的関係の重要性　207
2節　欲求推理の先行要因　209
3節　欲求推理に関する研究　210
4節　総合考察　231
5節　データの理論的解釈　235

目次

第10章　社会的認知——情動調律、模倣、随伴性　240

　1節　最終考察　240
　2節　生後1・5か月と3・5か月時点でのCDM、AIMおよびAFSモデルの比較　245
　3節　最終考察の検証　251
　4節　社会的認知と情動共有——データの解釈　259

訳者あとがき　263

引用文献　(10)
事項索引　(3)
人名索引　(1)

装幀　臼井新太郎
カバー写真　スズキアサコ

ix

第1章 定義、理論、本書の構成

> 心を読める種に属している乳児が、心を読んでいるという感じを強く抱かせるなら、彼らはおそらく心を読んでいる。(Flavell, 1999, p.32)

最近出版されたある本の中で、メルツォフとブルックス (Meltzoff & Brooks, 2001) は、神出鬼没な魔術師のように動きまわるカナダのアイスホッケーの選手ウェイン・グレツキーを他者の心を読む模範のような人物として紹介している。なぜなら、彼はアイスパックが向かう場所を正確に予測し、パックが叩かれる前にその場所を目指して滑り出しているからである。けれども、私が飼っているゴールデン・ラブラドル・レトリバーのアクエリアスにも同じような習性が見られる。物を取って来させる遊びをしているとき、私が投げようとしてある方向に腕を上げるや否や、物が落ちる場所を正確に予測し、またたく間にそこを目指して駆け出すからである。だからウェインだけでなくアクエリアスもまた、いつもと同じ場面でなら、他者がしようとすることを正確に予測できる。しかし、その予測は異なる能力に由来する。ウェインは(心を読む能力、ゲームの規則の知識、優れたホッケー

I

選手だった父親から譲り受けた何らかのスキルに基づいて）チームメイトがパックを打ち込もうとする場所を予測するが、アクエリアスは他者の心を読んで予測をするわけではない。アクエリアスには物を捕まえて回収する生得的能力が備わっている。だから、私が手や腕やボールが落ちると予測される場所、あるいはかつて落ちたことがある場所に向かって駆け出すのだろう。つまり、アクエリアスは私の動作という観察可能な行動を利用しているのであり、心を読んでいるわけではない。私が彼をだます可能性や、ボールを違う方向に投げる可能性があることをまったく予想しない。どんなにたくさん遊んでやっても、常にお決まりの遊びのパターンでしか応答しないし、行動的な手がかりがなければ決して私の意図を理解することもない。

幼い乳児は優れたスケーターでもなければ、物を上手に取ってくる能力を生まれつき備えている。人間が気持ちを変えたり、誤りをおかしたりする可能性に由来し、この能力があることをすばやく学習する。こうした学習能力は、乳児が備えるある種の生得的な基盤や傾向に由来し、この能力が人間との相互作用を促進させる。たとえば、人間は自分に似ていて（例：自分のようだ）、生命のない物とは異なるということを誕生時から理解しており、そうした理解が人間との社会的な相互作用の基盤となる。人間が備える心理的原理を適用するという証拠がある(Legerstee, Barna, & DiAdamo, 2000)。だから、子犬にも人間の乳児にも、なんらかの原初的な生得的能力が備わっているように思われる。その能力とは、ラブラドル・レトリバーにとっては棒を取ってくることであるが、人間の乳児の場合は他者の心を読むという社会認知的能力である。

第1章 定義、理論、本書の構成

本書では、乳児の社会認知的発達を考えるための一般的な枠組みを提示しようと思う。特に、生後1年の間に見られる基本的能力について記述してみたい。それは心の理論知識の原型のようなものであり、他者がもつ情動、意図性、目標志向的行動に対する気づきにかかわっている。

1節　心の理論の定義

おおよそ4歳までに、子どもは、信じる、考える、感じるといった内的状態を示す多様な用語を使って、人間の動作を表現するようになる（Bretherton & Beeghly, 1982; Bartsch & Wellman, 1995）。こうした用語の使用は、内的な表象を人間に帰属させうる複雑な精神状態を子どもが獲得したことを示唆している（たとえば、「ジョンはりんごが食器棚の中にあると信じている」Bartsch & Wellman, 1995）。3歳児には、信念（belief）について理解したり語ったりすることは容易ではない。しかし、人間の欲求（desire）には注意を向けている（例：ジョンはりんごを欲しがっている）。2歳児でさえ、人間は物を欲しがること、だから物を手に入れようとすることを理解する（Wellman, 1990）。それゆえウェルマン（Wellman,1990, p.16）は、「信念―欲求心理学者になる前の幼い子どもは単純な欲求心理学者だ」と論じたのである。こうした発達的変化、つまり情動、欲求、信念に対する原初的理解から複雑な理解への変化は、まさに理論の変化といえるものであるため、この現象は乳児の「心の理論（Theory of Mind; ToM）」の発達と呼ばれている（Gopnik & Wellman, 1992）。たとえば、ある物に注意や情動を向けている人間を見ても、乳児には他者の精神状態を原初的にしか理解できない。つまり、その人が物に対して働きかけようと意図している可能性については気づいていても、心的な表象をもちうる可能性については気づいていても、心的な表象をもちうる可能性（例：その人はそのリンゴが甘いと思う）ことについては理解

できないのである。子どもの信念や欲求の理解を検討する多くの研究が行われてきたが（Bartsch & Wellman, 1995; Flavell, Green, & Flavell, 1986; Flavell, Flavell, Green, & Moses, 1990; Lillard & Flavell, 1990; Schultz & Wellman, 1997; Wimmer & Perner, 1983）、心の理論と意図性との関係、また他者がもつ意図への気づきを乳児がどのように発達させるかについてはほとんど知られていない。

2節　意図の定義

1　社会認知的見解

トマセロ（Tomasello, 1995）は、心の理論のさまざまなレベルの発達と、乳児の発達をうながす意図性理解のさまざまなレベルとの間には類似性があるとする。トマセロによると、生後2年の間に、乳児は他者を意図的な行為主体として理解するところから、他者には自分とは異なる意図があるという理解を経て、観察できる行為が必ずしも意図的なものではない（偶発的な場合も意図的な場合もある、など）という理解にまで到達する。他方、3歳から4歳までに、子どもの心の理論の発達も同様な階層レベルを経過する。なぜなら、他者が思考や信念をもつことの理解から、こうした他者の思考や信念が自分のものとは異なる可能性があることの理解にまで到達するからである。生後最初の2年間と3〜4歳の子どもにおける社会的認知の違いは、最初の2年間、乳児は他者が考えをもつこと（事物を表象できること）を理解しないことである。この時期の乳児は、人間は具体的な目標や目的によって動機づけられる（単純な精神状態をもつ）ことだけを理解するのである。

第1章　定義、理論、本書の構成

伝統的に、哲学者や社会認知心理学者は、意図性（intentionality）を、事物についての動作や行動と定義してきている。それは、たとえば、ある目標に向けられた動作や行動の原因は精神状態にある（たとえば、乳児は頭の中で計画し、それから実行する）と主張し、別の理論家たちはそのすべてを行動的あるいは知覚的に説明しようとする（たとえば、乳児の行動を特定の刺激に対する反応とする）。

デカルトは、内省による心の気づきは人間の心がもつ基本的で直接的な能力、おそらく設定済みの能力であると述べた。他方、古典的な認知主義者は、自己に関する気づきや知識は誕生後しばらくして何もないところから発達すると主張する。本書ではデカルトを連続説に立つ理論家とみなす。デカルトは乳児の精神状態の発達が誕生時から始まるからである。

デカルトの学説は、「間主観性（intersubjectivity）」に関心がある多くの心理学者に受け入れられている（Gergely, 2002）。デカルトは、存在論（存在の研究）の立場から、実在（reality）に対する最も有力な区分を提案した。つまり、広がりをもつ実体（res extensa）と思考する実体（res cogitans）である。広がりをもつ実体は物理学の方法によって研究できるが、心（soul）に対しては別の取り扱いが必要とされる。しかしながら、デカルトはこの2つの実体は相互に影響しあう（心と身体は相互に影響する）と信じていた。対照的に、一元論者は、あらゆるものが物理的なものであり、心は実際には存在しないと信じていたり（行動主義者）、心（soul/mind）は物理的なものの結果であると信じていたりする（トマス・テオからの私信、2004年1月）。こうした理論家は物質主義者であり、私は彼らの哲学的立場を非連続的なものとみなしている。

乳児の行動の原因が精神状態にあるかどうかを議論する認知発達心理学者は皆無に近い。それを議論しても、

5

精神状態の存在を研究する論拠が見出せないからだろう。議論の対象になるのは、乳児がいつ精神状態に気づき始めるかである。人間が意図的存在であることへの気づきが、人間の行動が事物についてのものであると気づくことを意味するなら、そうした気づきは早期から見られる。ブルーナー（Bruner, 1999; Reddy, 2003 も参照）によれば、乳児は誕生時から自分が他者の注意の対象になることに気づいている。つまり、数か月後には（乳児に加えて）第3の物がコミュニケーションをする相手の注意の焦点になることに気づいている。つまり、乳児は非常に早期から、物と関わり、他者を物と関連づけて知覚する様子を見せるのである。二項関係期において、乳児は相手からの注意をコミュニケーションへの意図として解釈する。もしもその相手がコミュニケーションしようとしなければ、乳児は苛立ちを見せる。三項関係期において、乳児は他者の注意を外界への気づきとして解釈し、周囲にある興味深い出来事を共有するために指さしが可能になる。

つまり、こうした気づきは、乳児には誕生時から単純な精神状態があり、それが他者の行動を事物に「ついて」の行動として知覚させると主張する。そうだとしたら、精神状態の発達は連続的な過程であり、精神状態のより複雑な理解が経験によって作り出されることになる。こうした研究者は意図がその後の心の理論の発達の前兆であるとも主張する。

他方、上述した行動は、乳児の精神状態について何も明らかにしていないと論じる研究者もいる。彼らは、他者の心の中にある意図への気づきが、乳児が目標を達成するためにいろいろな手段を使用し始める生後1年目の終わり頃（ピアジェの第4段階）に生じると信じている。自分自身が意図的になると、乳児は他者にも意図があることを知覚するようになるが、それは他者を「自分のようだ (like me)」と知覚させる生物学的能力に由来するということを主張する研究者の中には、意図的に行動することと他者の意図を理解することとを区別する者もい（Tomasello, 1995）。

6

より古典的な認知論者（Piaget, 1952; Perner, 1991）や準備性を想定する学習論者（Barresi & Moore, 1996）の主張では、自己を意図的な主体として理解することは他者を情動や信念や欲求といった内的な経験をもつ意図的な主体として理解するための**基盤**となるに過ぎない。こうした理論家たちは、乳児の社会認知的発達を生得的な生物学的過程（例：同化、調節、内化）の結果だとし、それが生後8～10か月頃の乳児を意図的に振る舞わせ、さらに生後18～24か月頃の乳児に他者を意図的な主体と知覚させる、と論じる。このような不連続主義の理論家によれば、乳児は環境刺激によって行動が誘発される小さな行動主義者としての段階から発達する。この物質的な段階の後に精神的段階が来るのであり（感覚－運動期の終わり頃、Piaget, 1954; Barresi & Moore, 1996; Corkum & Moore, 1998; Perner, 1991）、この段階に到達すると、乳児は心の中にある考えによって動作が引き起こされる小さな心理的存在になるのである。

不連続説の強みは、意図性が1～2歳までには明確に存在するようになることである。一方、次のような3つの弱点がある。(1) 何が行動に発達的変化を生じさせるメカニズムなのかという議論がない（例：乳児は、生後1年の間に、どのようにして行動的存在から心理的存在になるのか）、(2) 精神状態の気づきの出発点が何であり（例：それは突然そこに存在する）、(3) 精神状態の気づきの発達で社会的相互作用が演じる役割が何であるのか、という説明や記述がない（Zeedyk, 1996; Legerstee, 2001a, b）ことである。不連続の立場に立つ理論家によれば、乳児は生後1年間の行動的組織体を経て心理的組織体に変容するのであり、行動的な時期には精神活動は皆無だとされることになる。

2 ── 社会的見解

認知的学習や準備性学習を想定する見解は、その立場が連続的であれ不連続的であれ、意図や心の理論の発達

における乳児自身の認知過程を重視するが、社会的相互作用論者は、人間との相互作用が心の理論の推論にとって重要な表象を乳児に構築すると主張する。たとえばヴィゴツキー (Vygotsky, 1962) は、乳児は知識（精神内の知識）を表象するようになる前に、その知識を大人との間で表象する（精神間の知識）と主張する。つまり、乳児は人間という種が特有にもつ相互作用パターンに対する感受性が非常に高く、これが2つの心の間で知識の共有を促進させるのである。乳児が鋭敏に反応する相互作用とは、二項的段階では相互注視や情動の共有であり、三項的段階では物に対するコミュニケーションや注意の共有である (Adamson & Bakeman, 1982; Legerstee, Pomerleau, Malacuit, & Feider, 1987)。

〈生得的な間主観性論者〉

社会的相互作用論者は、乳児は意図性に気づく能力を生得的に備えて誕生すると論じる生得主義論者、乳児の行動に「あたかも (as-if)」意図が付随するかのように理解する親の解釈を強調する「あたかも」社会的相互作用論者、乳児のシステム（外因的要因と内因的要因）が目的達成のためにいかに結びつくかを問題にする力動的システム論者に分けられる。

生得主義的志向が強い理論家は、乳児が他者の単純な精神状態を知覚する生得的能力をもつと信じている。この気づきは経験や社会的相互作用によってさらに複雑化する。それゆえ精神状態の気づきに移行した精神状態がない状態からある状態への移行）は存在しない。

乳児は誕生直後からコミュニケーションに対して特別な感受性をもち、養育者との間で双方向的な情動的相互作用を行うことを示す非常に多くの証拠があるが、それは乳児と養育者が情動を共有し合いながらやり取りするという構造特徴をもつ (Brazelton, Koslowsky, & Main, 1974; Tronick, 2003; Stern, 1985; Trevarthen, 1979)。たとえばレガース

8

第1章 定義、理論、本書の構成

ティら (Legerstee et al., 1987) は、生後3週から53週までの縦断的研究で、乳児は生後5週までに相手のコミュニケーション行動に対して固有な期待感をもつことを示した。乳児には、①人が乳児の眼球運動に随伴的に応答しながらコミュニケーションする場面、②人形が乳児の眼球運動に随伴的に応答する場面、③人が「何もしないまま」対面する場面、④人形が動かずに対面する場面、が提示された。その結果、乳児は生後5週までに、対面的な場面では人がコミュニケーションすることを期待していることが見いだされた。人がそうしないと、乳児は苛立って、泣き出したのである。こうした行動は、動きがない非生命的な物（人形）の場合には生じなかった。乳児のネガティブな反応は、人は対面場面ではコミュニケーションするはずだという期待が崩されたことに由来するとみなされる (Murray & Trevarthen, 1985; Stern, 1995; Tronick, 2003; Reddy, 1991; Hobson, 1990)。コミュニケーションの発達におけるこの時期は第一次間主観性 (primary inter-subjectivity) を示す時期とされる (Trevarthen, 1979; Tronick, 2003; Reddy, 1991; Hobson, 1990)。

生後6か月頃までに、乳児は他者が見ている場所に視線を向け出し、物に注意を向けながら遊びを構成し始める。アダムソンとベイクマン (Adamson & Bakeman, 1982, p.219) は、コミュニケーションの発達におけるこの時期を非言語的**参照段階** (the nonverbal *referening phase*) と呼び、この段階で「注視パターン、発声、身振りが次第に参照機能を果たし出し、こうした動作を使って、あそこにある物についてコミュニケーションやコメントをしたいという新たなメッセージや、話し合いのための新しいトピックを導入し始める」と述べている。乳児が外界にある物や出来事に関してコミュニケーションし始めるこの時期は第二次間主観性 (secondary inter-subjectivity) と呼ばれる (Trevarthen & Hubley, 1978; Stern, 1985)。

つまり、乳児のコミュニケーションは、発達初期の（人または物との）二項的相互作用場面での意図表出から、生後1年目後半の三項的相互作用場面での対象物に関与しながらの意図表出へと発達する (Bakeman & Adamson,

1984, Fogel, 1993）。生後1年目の終わりにかけて、乳児は指さしや発声を使いながら面白い光景に他者の注意を向けようとし（Legerstee & Barillas, 2003）、他者を社会的参照点（social reference points）として利用するようになる（Baldwin & Moses, 1994; Baron-Cohen, 1991; Carpenter, Nagell, & Tomasello, 1998）。

〈「あたかも（as-if）」論者〉

社会的相互作用論者は、社会的相互作用が知識の発達に重要な役割を演じることに同意するが、単純なコミュニケーション意図が誕生時に出現していると考える者がすべてではない。多くの社会的相互作用論者は、親が「あたかも」乳児に心があるかのように振る舞うので、乳児の行動に意味が生じると主張する。親は、乳児の微笑、発声、動作に意図を読み取り（例：Gergely & Watson, 1996; Schaffer, Collins, & Parsons, 1977; Snow, 1977; Vedeler, 1994）、乳児が発するさまざまな反応に随伴的に応答する。つまり、乳児の意図性は、乳児の行動特性というより、大人が知覚した特性なのである。

〈力動的システム論者〉

力動的システム論者は、意図の生得性を強調することもないし、親が乳児をあたかも意図をもつかのように扱うことで生じる主体性に注目するわけでもない。彼らは、行動を精神だけではなく、視覚、筋肉、神経、文脈によっても定義する。力動的システム論者は、認識が常に動作の前に生じるとは限らないと論じる。行動を説明するためには、それぞれの要因（例：認識や動作）内で生じる変化を検討することが重要だと主張する。フォーゲル（Fogel, 1993）によれば、意図は親と子どもの間で生じるコミュニケーションの枠内で作られる。乳児の発達は、遺伝的、成熟的なタイムテーブルに固定されるものでもなければ（線形的ではない）、大人の指導や乳児の学習に

よって完全に予測できるものでもない。新しい能力は、システムに何らかの既設のプランが押し付けられるというより、自己組織化（システムの維持と発達はシステムを構成する要素間での相互の関わりやフィードバック過程から生じる）の力動的な不確定性（行動は既知の法則からは予測できない）から出現する（Fogel, 1993; Fogel, 2001, pp.55-59参照）。発達は非線形的で力動的な自己組織化の過程とみなされるので、乳児の意図性は問題解決の過程で理解できるに過ぎない。

力動的システム論者の最近の研究は、心と身体が密接に結びつくという考えを支持している（Lewis & Granic, 2000 を参照）。たとえば、情動とは、精神過程と身体過程の自己組織化による産物であり、それは対人的な相互作用場面で生まれて発達するとされる。このことは、コミュニケーションの個体発生を見れば明らかである。儀式的行動は、動作、発声、情動表出、そして身振りを相補的に協応させながら相互作用しあう母子の間で発達するからである（Fogel, 1993; Fogel & Thelen, 1987;; Hsu & Fogel, 2003）。

つまり、乳児の意図を評価する際に、心の認知的な精神機能に焦点を絞りこむのではなく、非線形性や創発性という考えが探究されるのである。

3 ── 統合的見解

要約すると、意図性にはさまざまな定義が存在する。ズィーダイク（Zeedyk, 1996）は、理論を構築しようとする研究者は意図性の発達を説明する統合的見解を目指すべきだと主張する。その際、意図性に対する統合的定義が必要になることは当然であろう。この統合的アプローチには、認知的行動や社会的行動にとどまらず個人的行動や対人的行動をも取り込むことが必要になる。ズィーダイクは、統合的アプローチの欠如が研究を非生産的にしており、この研究領域を進展させるためにはより首尾一貫性のある説明が必要だとしている。

3節 心の理論の前兆としての意図

意図の定義については理論家の間で論争があるが、他者の意図の理解が心の理論の発達に先行することについてはほぼ合意されている。心の理論は人間の発達の最も基礎的な側面の一つである。社会的相互作用に参加したり、初期の非言語的な行動や情動表出を理解したり、他者の目標志向的な行動を予測したりするためには、自分にも他者にも精神的状態があり、ある程度予測できると同時に、自分と他者では特定の出来事について異なる情報をもつ可能性があることを理解する必要もある。

社会的世界に対する乳児の理解には、最近までほとんど注意が払われてこなかった。したがって、人間がどのように考え、感じ、情動表現をするのか、このことに乳児が魅了されることについてはほとんど知られていない。つまり、この時期の乳児は、物が全体で動き、バラバラにならないことに気づいていることが知られている。これまでの研究の焦点は、物の世界に対する子どもの理解にあった。こうした研究から、3か月児は、物が全体で動き(連続の原理:principle of cohesion)を理解している。その少し後、生後3か月から6か月の間に、物は切り離されない軌道上を動き(連続の原理:principle of continuity)、複数の物は同じ場所に同時に存在できないこと(固体の原理:principle of solidity)に気づき始める。生後6か月以前の乳児は、物は他の物が接触すれば動くが、接触しなければ動かないことを知っている。つまり接触の原理(principle of contact)にも気づいている(Spelke, Phillips, & Woodward, 1995 のレビューを参照)。

近年、乳児がもつ対人感覚(sense of people)を検討するために、研究の焦点は物の認知発達から社会的認知の

第1章　定義、理論、本書の構成

発達へと移行してきた。物理的原理の理解は、身体の閉鎖性や衝突反発性（Poulin-Dubois, 1999）のような、人間がもついくつかの特徴の理解につながるが、人間を心理的実体として理解する助けにはならない。心理的実体としての人間に気づくことで、乳児は人間が精神状態によって動くことを理解し始めるのである。

すでに論じたように、多くの社会認知的理論家は乳児が単純な精神状態（意図）の気づきを発達させることを明らかにしたが、その開始年齢は明確ではない（例：誕生時、生後9〜12か月頃、生後18〜24か月時）。さらに重要なことに、意図を獲得する前の乳児に何が生じているかについてはいっそう不明確なのである。生後12か月以前の乳児の精神状態についてトマセロに尋ねたところ（私信、2003年1月）、「今のところ、生後1年の時点では目標や意図の理解があり、生後4年の時点では思考や信念の理解があると単純に語ってきた。後者は明らかに何か重要なものがあるとは思えない」という回答があった。この回答には深い意味がないように見えるかもしれないが、本章の最初で論じたように、乳児の意図性の理解の発達の理論には、生物学的（生得的）要因、文化／環境的要因、あるいはその2つの要因の相互作用のいずれかに重点を置く理論がある。「意図性」は研究者が採用した理論に基づいてさまざまに定義されているのである（Zeedyk, 1996）。

発達心理学者にとって、**乳児が環境といかに結びつくようになるのか**、その詳細を説明するのは非常に重要なことだろう。乳児には外界からの刺激に反応するような一連の反射があるのだろうか、それとも人間を世界の中で特別なカテゴリーとして認識させるような生得的な構造や傾向を備えているのだろうか。以下に続く節では、影響力の強いいくつかの理論がこの問題をどう扱っているか論じてみたい。他の仮説的構成体と同様に「意図性」は測定できないとされてきた（Harding, 1982）。この問題の議論は意図性の定義を再考させることになる。乳児の精神状態の発達を連続的と見るにせよ、不連続的と見るにせよ、「発達」と呼ばれるものが存在するなら、乳

その記述には、単純な構造からより複雑な構造へと向かうのかということが明確でなければならない。本書では、子どもの社会認知的能力の発達との関連で最も興味深い多くの論争がある問題の一つ、すなわち乳児は人間を情動、目標、意図を備えた心的な存在と知覚しているのかどうかという問題を検討したい。私は心の理論の発達を（不連続的というより）連続的な過程だと信じているので、心の理論に先行するものが存在すると主張する。本書の目的はこうした先行するものに焦点を当てることであり、特に、人間の子どもが他者に心があることに最初に気づくのはいつか、またどんなメカニズムがそうした気づきを促進させるのかを明らかにすることである。発達心理学と認知心理学から、心の理論に先行するものは心の内側にある認知的過程の結果として乳児期に見出されること、そして社会的相互作用は心の理論の発達を支える重要な要因であることを示す証拠が得られてきている。

4節 理論的考察——精神状態への気づきの始まり

1 ピアジェの見解

ピアジェ (Piaget, 1952) によれば、新生児は他者の精神状態に気づいていない。そればかりか、ピアジェは、生後数か月間の赤ちゃんを、外界からの刺激に反応する反射だけを備えるものとみなした。外界に対する多くの反射活動（例：毛布や乳首をサッキングする）を経験した後に、そして同化と調節という生物学的なメカニズムの助けを借りながら、乳児は（訳注：対象物を）異なる物としてクラス分けすることを学習する。それは、反射が

14

第1章　定義、理論、本書の構成

動作シェマになり、認知的構造が発達して乳児が環境に対して行動する（行動させられるのではない）ようになるときに生じる。それ以降の18か月の間に、認知構造はより豊かで洗練された経験をするが、その経験が乳児に他者の心を垣間見させることはない。人間は行動的には理解されるが、心理学的には理解されないのである。動作シェマがシンボルに転じ、子どもが他者の心に気づくようになるのは、感覚-運動期の終わり頃になる（Barresi & Moore, 1996; Perner, 1991 も参照）。

2―スキナーの見解

行動主義者たちは、乳児は（そして大人も）相手の行動や、相手が見ているものによって、その人が何かを理解するのであり、決して相手が考えるものによるのではないと主張する。ピアジェもスキナーも、乳児の最初の始まりのところでは一致している。つまり、どちらの考えも、乳児は精神性を欠いており、多くの反射のセットが乳児を環境と結びつけるのである。スキナーによれば、乳児は随伴性を分析するための強力な能力をもって誕生してくる。その後の行動の発達は、今ある行動に対するオペラント条件づけや新しい行動の形成によってもたらされる（この立場の反証については第3章を参照）。

3―プレマックの見解

多くの生得主義者とモジュール論者たちによれば、乳児には他者やその意図（単純な精神状態）を理解する仕組みがしっかり組み込まれている。「自己推進的に動く物が、別の物からの働きかけがないのにその動きを変化させるとき、乳児は生得的にそこに意図を読み取る」(Premack, 1990)。しかしながら、プレマックは、乳児によ

15

る意図理解と、大人の常識的な意図理解を区別した。乳児は自己推進的物体を目標志向的実体とみなすかもしれないが、「（大人の）常識的な理解は、欲求、信念、計画を示す証拠に基づいて推論される心の状態の理解なのである」（p.12）。つまり最初から、乳児は自分で動くように見える物を意図的な物だと解釈する。しかしそうした解釈は、その対象物の精神状態に気づいたことによるものではない。要するに、乳児には自分で動くように見える物理的対象物に「意図」を読み取る可能性があるというのである。これは興味深い主張ではある。しかし、実際には、こうした考えに反する多くの証拠が存在する。その証拠として、誕生直後の乳児でも、運動や他の物理的属性といった刺激を統制して実験すると、人間と物に対して非常に異なった応答をすることが明らかにされている（Bruner, 1973; Gelman & Spelke, 1981; Legerstee et al., 1987; Legerstee, 1992; 2000）。これらの知見は、本書の全体で記載されるが、特に第4章で詳細に取り扱いたい。

4 ――バロン・コーエンの見解――

もう一つ別の興味深いモジュール理論がバロン・コーエン（Baron-Cohen, 1991）によって展開されている。彼は乳児が意図を知覚するための視線検出モジュールを備えて誕生すると主張する。乳児は人間が注意を向けているものや、その人の行動がその後どうなるかを推論するために視線の方向を用いるのである。つまり生後9か月の間、乳児は他者の単純な精神状態を推論するために視線の方向を検知するために視線の方向を利用する。

モジュール能力の成熟と表出は、社会的環境による影響をほとんど受けない。これが彼の主張の問題点である。なぜなら、すでに論じたように、人間が感じていることや考えていることを理解するためには、乳児は社会的相互作用に参加し、人間の思考や情動に感受性の効果を検討する研究から、社会的環境は人間やその思考の仕方の理解や母親の足場作り（scaffolding）や感受性の効果を検討する研究から、社会的環境は人間やその思考の仕方の理解に出会うことが避けられないからである。

(Fogel, 1993; Hobson, 1990; Reddy, 1991; Vygotsky, 1978; Trevarthen, 1991; Tronick, 2003) は、人間が意味づけをするものの理解は、最初は人間との相互作用を通して行われると主張する。彼らの一部によれば、幼い乳児は、まさにこうした相互作用をとおして他者を意図的な主体として理解するように発達するのである。しかし、意図的な行動の理解は誕生時から存在し、人間との相互作用によって、乳児の意図理解の形式がより複雑なものになるのだと主張する者もいる。

5　メルツォフの見解

メルツォフと彼の共同研究者（Meltzoff & Gopnik, 1993; Meltzoff & Moore, 1997 を参照）は、社会的パートナーは乳児が精神状態に気づくために必須なものである。メルツォフの主張では、乳児は、他者を「自分のようだ (like-me)」と誕生時から知覚する生物学的メカニズムといった他者の意図を知覚する生得的メカニズムや、「能動的様相間マッピング (active intermodal mapping)」によって自己の中に他者の主観的情動と対応するものを発生させ、人間の社会的動作を模倣させる生得的能力を備えている。乳児はこうした活動を通して、自分自身の精神状態や他者の精神状態に気づくようになる。この重要な基本モデルについては後の章でも論じるが、言うまでもなく、この「開始状態生得説 (starting state nativism)」モデル（訳注：環境刺激を解釈する生得能力を備え、発達の最終状態を決定することはない生得説モデルのこと。最終状態生得説 (final-state nativism)」という）は、生後最初の数週間の社会的世界の学習が単一方向のものであり、そのほとんどが子ども自身の推論能力に依存するとみなしている。社会的相互作用論者がこうした推論を支持することはない。すべての心理的経験は、社会的環境や非社会的環境との関係に依存すると論じられるからである

(Fogel, 2001)。特に、主たる養育者ともつ対人関係の質は、乳児が自分自身の社会的世界を認識する際に重要な役割を演じるとされる。

6 ｜カーミロフ・スミスの見解

カーミロフ・スミスによれば、心の理論の多くの処理過程は最初は独自に発達するが、その発達には次第に社会的環境が重要な役割を演じるようになる。経験的な証拠によれば、発達の不連続性を主張する理論家(ピアジェ派や「あたかも」社会的相互作用論者)が予測するよりも、もっと豊かな内的状態を可能にさせる生得的素因の存在が示唆されている。ピアジェによれば、知識の発達は領域一般的(乳児を支援する特殊な傾向はない)に進行する。心の知識は他の知識と同じように発達する。つまり、生後最初の2年間は人間の行動や動作に焦点が当たり、その後、人間の意図や精神状態に焦点が当てられる。対照的に生得論的説明では、乳児には事前に特殊化された生得的モジュールがあり、刺激から何をどんなふうに解釈するかが決定される。一見するとこの2つの理論はまったく異なって見えるが、カーミロフ・スミスはこの2つの理論の間に自分を位置づけ、それらを組み合わせて融合しようとする。この融合は以下の2つの条件に基づく。(1)ピアジェ派の理論に領域固有の生得的バイアスを組み込む、(2)乳児の最初の状態(生得的な構成成分)は、生得主義者のものより特殊性が弱く、またより漸進的なモジュール化の過程を含む。こうして、カーミロフ・スミスは生得主義とピアジェの構成主義とをより調和させようとする。

領域一般の立場と領域固有の立場の理論家では、「制約(constraint)」という語に異なる意味を付与することに注意しなければならない。前者の場合、「制約」は否定的な意味にとられ、個体の発達を低下させる要因とされる。後者の場合、「制約」は肯定的に受け取られ、入力刺激の制限や構造化が学習を促進させ、より取り扱いや

18

すい知識システムに向かわせるとみなされる。つまり、制約的構成主義者は制約を子どもの学習を促進させる知識構造とみなすのである。

7―レゲァスティの見解

私の制約的構成主義（constraint constructivism）の解釈では、心の理論の獲得を支援する3つのタイプの素因が乳児に存在すると仮定する。（1）自分自身の情動の知覚を通して自らの精神状態の気づきを可能にさせる自己推論的過程。つまり、乳児はある情動状態に置かれると、特定の精神的経験をする (Fogel, 1993; Hobson, 2002; Reddy, 2003)。それゆえ、最も初期の単純な精神状態は感情や情動と関連する。（2）乳児に他者の情動を認識させる対人的な気づき、そして（3）情動調律の生得的感覚 (Meltzoff & Brooks, 2001 も参照) である。つまり、乳児の情動を反映し返してくれる他者と一緒に働き、乳児に他者を自分と類似したものとして知覚させ、言語が使えない時期でも他者との前言語的コミュニケーションを可能にさせる。

さまざまな理論家たちが、乳児は認知発達をしながら具体的な知識を獲得し、概念を直観的に予想すると主張している (Flavell, 1999; Fodor, 1992; Gelman, Durgin, & Kaufman, 1995; Harris, 1992; Gelman & Spelke, 1981; Wellman, 1993)。こうした過程により、乳児はより成熟した概念的な人間理解に先駆け、その理解につながっていくような方法で人間の動作が解釈できるようになる。もしも早期の段階で、乳児に推論的思考に類似したものがまったくないなら、その後どうして属性の推論学習が可能になるのか、その理解が困難になることは確実だろう (Flavell, 1999)。自分自身のような意図的な存在、つまり関心や欲求、注意を向けた外界にある物を目で追い、指示し、共有し、そして理解する存在として仲間を理解するように乳児を発達させるメカニズムは、こうした最初の精神構造にその基

19

盤がある (Karmiloff-Smith, 1992)。「そうであるなら、次のように主張したい。心を読めている乳児が、心を読んでいるという感じを強く抱かせるなら、彼らはおそらく心を読んでいる」(Flavell, 1999, p.32)。つまり、私の制約的構成主義では、進化が人間に他者を自分と類似したものとして認識させ、他者と相互作用させるような特性を付与してきたと主張される。この認識、それを私は純粋に認知的なものとしてではなく、最初は情動レベルで論じるのだが、それが自己と他者の等価性の理解をもたらすのである。この認識とこの認識に基づいて展開される社会的相互作用が、社会的な認知能力への道を開くことになる。

8 ── 力動的システム

私の理論は、多くの点で差異があるにせよ、力動的システム理論との統合が可能である。重要性を強調する理論との統合が可能である (Bruner, 1990; Fogel, 1993)。力動的システム論者は、新生児には選好されやすい通路や感受性があり（私が生得的と呼ぶもの）、それがその後の発達のコアを形成するとみなす。これらの研究者は、新生児に存在することが明確な「自分のようだ (like me)」という感覚は、一定の環境条件に出会ったときに創発される特殊な共鳴感覚 (felt resonance) や引き込み (attraction) 感覚であり、配線済の認知的モジュールによるものではないと指摘している。フォーゲル (1993) によれば、心理的な経験は関係性の中で発達する。誕生時の母子の対面的相互作用は、多彩な成分からなる力動的システムである (Fogel & Thelen, 1987)。共同調整の過程によって、母子は力動的に動作を変容させる相互作用 (recursive interaction) が自発的に創発する、凝縮化された高次の形態として説明できる。この過程は自己組織化と呼ばれる。相互作用の長時間にわたる積み重ねが、二者の相互作用に力動的なコンテクストを提供する (Lollis & Kuczynski, 1997)。どんな相互作用も過去の相互作用の影響を受け、システム

第 1 章　定義、理論、本書の構成

のどんな新しい再構造化も過去のパターンに制約される(Lewis, 1997)。要約すると、発達は誕生時に始まる相互作用によって推進される。その後の発達は、その時々の相互作用の力動形態を形成する共有され共同で構築された歴史の結果である。

養育者との社会的相互作用が認知過程の発達において重要であることは、ホブソン(Hobson, 2002)の著作でも支持されている。ホブソンによれば、心や精神の状態の理解は、最初の誕生日のはるか前に見られる乳児と大人との相互作用に由来する。3か月児は微笑する大人を見ながら、なんらかの精神状態(例：情動、Hobson, 2002)を知覚するとホブソンは主張する。

レゲァスティとヴァーギーズ(Legerstee & Varghese, 2001)の研究は、母親との相互作用場面で、乳児は顔の表情(例：物理的運動)以上のものを知覚するという考えを支持している。乳児は母親との相互作用で、(1)温かな感受性(warm sensitivity)、(2)相補性(reciprocity)、(3)乳児の注意焦点の維持(maintaining infant focus of attention)と定義される特性を期待し、それを利用して成長することが示された。つまり、特定の条件が二者間で生じ、コミュニケーションに用いられる身振り、発声、情動表出を用いた適切な相補的協応が可能になると、新しい能力が乳児に出現するのである(Fogel, 1993)。

同じような知能をもつ3、5、7、10か月児を対象にした別の研究で(ライプツィヒのマックスプランク研究所の乳児実験室で撮影)、社会的認知能力に対する感受性や支援度が高い水準にある母親の相互作用の方略は、3か月時点での乳児の視線追視能力、さらに5、7、10か月時点での物と人間との間での注意の協応能力、ことが見出された。こうした母親をもつ乳児より水準が高かったのである。さらに、母親の相互作用スキルには、一時的な直結的効果に留まらず、乳児のコ

21

ミュニケーション能力に永続的な効果があることが見出された。母親の感受性が低い乳児では、非常に感度のよい見知らぬ人と相互作用をしても、視線追跡や注意協応の頻度が、感受性の高い母親をもつ乳児より低かったのである (Legerstee, Fisher, & Markova, 2005) (第8章参照)。

母親の行動が乳児の認知能力を高めることができるとはいえ、ほとんどの子どもは意図を知覚する能力や心の理論能力を獲得するものである。しかしながら、上記の研究は、母親の情動調律が子どもの特定の発達指標の獲得を促進することを示しており、それは他の社会的能力や認知的能力の学習にも般化する効果をもつに違いない。母親の感受性は学習の過程をより快いものにし、乳児の社会認知的有能性だけでなく自らの精神状態の気づきをも促進させる。第7、8、9章において、心の働きに対してもつ母親の足場作りの重要性を再度論じることにしたい。

5節　乳児は自分を仲間と同一視する生得的能力をもって誕生する

結論を言えば、私は乳児が自分を仲間と同一視する生得的能力をもって誕生すると主張する。心の理論の発達が主として内因的な変化（内的）によるのか、それとも外因的（環境的）な要因の働きによるのかということは、今なお経験的な疑問として残されており、それは心の理論を構成する側面によって異なるのかもしれない。現在の研究知見から、2人で相互作用しながら情動を共有しあう場面では、乳児は誕生直後から人間の単純な精神状態を知覚できるという考えが強く支持される (Fogel, 1993 も参照)。生後半年頃、二項的な相互作用態を知覚できるという考えが強く支持される（乳児が人間と遊ぶ、あるいは物と遊して発達的に変化する

ぶ）は物を取り込むように拡大し、乳児、大人、そして彼らが注意を共有する物から構成される参照的三角形（referential triangle）が登場する。こうして、二者の外側にある対象物に関わる人間の目的や目標に対する気づきが明確になる。このことは、乳児の推論は誕生日に始まるとはいえ、最初の誕生日に向けてより複雑な階層性をもつ推論過程が生じるようになることを示唆している。最後に、これまで概説した発達過程は、すべての正常な乳児で同じような順序で生じ、その意味では普遍的な現象であるが、その発達過程は共通した発達のタイムテーブルに従わない可能性もある。すでに論じたように、適切な社会的相互作用をする養育者と生活した乳児は、養育者や支援の提供が少ない乳児と比べて、他者の精神状態の理解がより早く進展し、そしてより深く豊かな理解を発達させる。極端な場合には、何らかの遺伝的な欠陥があって人間との結びつきができず、それゆえ他者との相互作用から学習できない自閉症児のような乳児の場合には、他者の情動や意図への気づきが発達せず、そのため心の理論の発達が不可能になる（Baron-Cohen, 1991; Camaioni, Perucchini, Muratori, & Milone, 1997 を参照）。

6 節 本書の構成

第2章では、心の理論の個体発生時に影響しあう内因的（生得的）要因と外因的（環境的）要因をさらに詳細に検討する。乳児は自己が他者と似ている（たとえば、「自分のようだ」）と認識する能力を備えて誕生するという主張を経験的に支持する考察を行う。自己と他者の情動を知覚し、こうした情動を他者と共有する能力は、乳児が自分を経験的に支持する考察を行う。自己と他者の情動を知覚し、こうした情動を他者と共有する能力は、乳児が自分を他者のようだと気づくのと同時に生じる（Fogel, 1993; Hobson, 1990; Reddy, 2003; Trevarthen, 1979）。トロニク（Tronick, 2003）は、乳児が人間と社会的に相互作用しようとする本能的動機をもつと主張する。乳児はこうした

社会的交流から、他者の精神状態（例：目標、意図）に気づき始め、その後で心の理論を発達させるのである。最後に、内因的要因に加え、収束的あるいは支持的な外因的要因が取り上げられる。その外因的要因とは、社会的な能力をもつ主体が演じる役割行動である。つまり、第2章では、人間の心の理解を助ける他者のジェスチャー、動作、言葉、顔の表情に対する乳児の理解を促す社会的相互作用の役割が議論される。

乳児が自分は他者と似ていると認識する傾向や他者と相互作用する生得的能力を備えて誕生するなら、こうした生得的要因は、乳児が人間に対して高い感受性を有するとき、つまり人間を他の生命体や非生命体と区別できるときにだけ適応的なものになるだろう。領域固有の原理がこの区別のために利用する入力情報のタイプに焦点を当ててみたい。人の乳児は、人の顔、声、情動といった人刺激への選好し注意を向ける。むしろ自閉症児は社会的刺激と非社会的刺激とを同じように処理したりする能力より）人刺激への選好能力や人間と相互作用しようとする傾向が、心の理論の発達に先行するのだと考えられよう。自閉症の乳児は心の理論の発達の一部に困難をもつことから、（人刺激の処理に困難はないが、早期から人刺激への選好を示さない。むしろ自閉症児は社会的刺激と非社会的刺激を同じように処理したりする能力より）(Karmiloff-Smith, 1992)。

乳児研究者が乳児に対して抱く疑問の多くは、乳児を研究すれば答えを得ることができる。しかし、これは容易なことではない。乳児は話をしないし、まったく協力的ではない。それゆえ、乳児が知覚するものや知っているもの、つまり事物に対する乳児の知覚的あるいは概念的理解とは何か、またこうした観念が生得的なものか獲得されたものかを明らかにするためには、非常に革新的な方法が必要とされる。乳児のどの発達期においても、データを集めるためにはその時期特有の方法と装置が必要になる。乳児の行動観察から信頼度の高い結果を得るために、さまざまなパラダイムのもとで生じた乳児の行動がビデオ記録される。こうすることで、動きが早く微妙な乳児の行動の多くを繰り返し検討することが可能になり、評定者間での信頼度が高い結論が得られる。乳児

第1章　定義、理論、本書の構成

の反応の出現順序（例：凝視、発声、指さし、Legerstee & Barillas, 2003）に関心がもたれることもあれば、乳児の特定刺激に対する慣れ（馴化）を測定する眼球運動のようなコンピュータ技術と洗練された統計的分析が必要にもなる。こうした行動のマイクロ分析的コーディングには高度なコンピュータ技術と洗練された統計的分析が必要にもなる。こうした行動のマイクロ分析的コーディングを通して乳児研究のさまざまな方法が紹介されるが、第2章ではその後の章で取り上げる種々の研究の理解を促すのにふさわしい方法が詳細に論じられる。

第3章では、生命性と非生命性の区別の発達を検討する。こうした研究は、人間の心の構造を明らかにする意味で重要である。つまり、もしも乳児が誕生直後から心理的なものと物理的なものとを別のものとして扱うなら、乳児には領域一般ではなく領域固有のメカニズムがあることになるだろう。多くの理論家が、乳児は人間の情報を処理する領域固有の原理を備えて誕生し、それは物理的対象に関する情報処理に使用するものとは異なると論じている（Carey, 1985; Chi, 1988; Gelman & Spelke, 1981; Legerstee, 1992 を参照）。これは乳児が誕生時から生命体と非生命体を区別することを示している。もしも乳児が領域固有のメカニズムをもっているなら、心の理論の発達の先行要因や、心の理論の発達につながると期待できるものを見出すことが期待できる。しかしながら、乳児が領域一般のメカニズムをもつなら、乳児は知覚的知識から概念的知識へと発達すると論じられる。つまり、発達とは人間の物理的属性を知ることから、精神状態を知ることへと進むことになる。すでに指摘したように、この不連続観に立つ立場を採用し擁護することはかなり難しい。なぜなら、乳児の知覚的知識から概念的知識への変化が、どのようにそしていつ生じるかを議論しなければならないからである。第4章では、理論的用語と方法論的用語の両者を使って、これらの知識の違いを議論してみたい。

心理的過程や推論的過程の連続性に賛成するなら、乳児は非常に早期から人間という概念をもたなければならない。自己の概念をもたずに、人間という概念をもつことはもちろんできないのだとしても）をもたなければならない。

25

い。なぜなら、概念の定義には2つ以上の実在物が含まれるからである。ウェルマン (Wellman, 1993) は、他者が精神状態をもつことを始める前に、乳児は自己と他者を分離させる必要があると指摘した。つまり、乳児には独立した自己の概念と、情動や感情は社会的主体とだけ共有される状態であることへの気づきが必要になるのである (Hoffman, 1981 参照)。他者の中にある情動に誕生時から気づき始める可能性が最も高いのだが、こうした精神的気づきには連続性があるとするなら、自己に対する原初的な感覚は最初から存在しなければならない。

第4章では、乳児の自己（意識）感の発達について論じる。私自身の研究、他の研究者の理論、関連した出版物を参考にして、自己の本性に関する直観や仮説、また生後1年の間に意識や自己の気づきを発達させるメカニズムを論じたい (Legerstee, 1999; Piaget, 1952; Freud, 1949; Hobson, 1990; Neisser, 1993; Gibson, 1993; Fogel, 1993 を参照)。経験的知見は、乳児が誕生時から身体的自己に気づいている可能性を示している。なぜなら、乳児は以前にはなかった状態、たとえば、「実行状態（I do state）」（吸えばお乳が飲める／つかめば物を持てる）や「受動状態（being done state）」（運ばれたり、持ち上げられたりする／バランスを失う）を生じさせる原因主体としての自分自身に気づいているからである (Neisser, 1995; Butterworth & Hicks, 1977)。乳児はまた、社会的自己や精神的自己に対する初期の認識があることを示す種に固有なコミュニケーション表現も行う。乳児は非常に早期から他者と情動を相互に交流させており、それが自己と他者の精神的状態の洞察させる初期のコミュニケーションしたり情報を共有したりし始めている (Fogel, 1993; Trevarthen, 1979; Tronick, 2003)。

そして、乳児は二者の関係の中で社会的シグナルを使えば離れていても影響し合えることに気づく (Legerstee et al., 1987)。生後6か月の終わりまでに、乳児は人間の動作が二者の外側にある物に関連することに気づくようになる。こうして三項関係期になるまでに、他者がすでにコミュニケーションした情報を共有したりし始めている。

要約すると、乳児は誕生時から彼らがどのような心理的関係をもつかに、自分自身の顔や声になじみ出しているのである。

（自分以外の）他の物と彼らがどのような心理的関係をもつかに、乳児は気づき、自分自身の顔や声になじみ出していること、また社会的自己

第1章　定義、理論、本書の構成

や精神的自己への気づきもあることが論じられる。乳児は表象的な主体やユニークで神秘的な実在になる途上にある。自己のさまざまな側面の発達は制約的構成主義モデルを支持している。

乳児が自己を自律的で社会的な行為主体として知覚すると仮定するなら、より複雑な精神状態の理解や心の理論の発達をもたらす人間に関する情報を獲得するプロセスとは何なのだろうか（Bruner, 1999; Hobson, 1993）。第5章ではこの問題について論じる。すでに論じたように、乳児は非言語的に二者の相互作用をする能力が生物学的に備わっており、それが社会的交流を通して「他者の心」を乳児に気づかせる。つまり、ピアジェ（1954）や他の研究者の指摘とは異なり、コミュニケーションはシンボルを使う心の発達を促進させる道具ではない。むしろ、こうした研究者たち（例：Vygotsky, 1978; Kaye, 1982）は、社会的相互作用が心の起源だと主張する。こうした見解は、第2章で提起された仮説、つまり（1）仲間を自己と類似したものと認識する能力や（2）仲間とコミュニケーション的なやり取りをしながら相互作用する能力は、乳児に心の理論の発達を準備させる内因的要因だとする仮説を支持するものだろう。自閉的な乳児の研究からこの見解を裏づけている。すでに指摘したように、自閉症の乳児は他者と情動状態を共有できないがゆえに心の理論をもてないのである（Camaioni et al., 1997; Charman et al., 1997）。

乳児は仲間やその行動を認識し、それを自己や他者、また非生命物と区別しなければならない。また同時に、乳児の心の理論の発達に非常に大きく貢献している乳児が養育者との間で行う情動的／社会的交流もまた、乳児の心の理論の発達に非常に大きく貢献している（Legerstee & Varghese, 2001; Legerstee & Weintraub, 1997; Legerstee, Van Beek, & Varghese, 2002; Tager-Flusberg, 1989; Reddy, 2003）。情動状態は、他者の意図についての情報を提供したり、自分自身の動作の方向を決めたりする社会的シグナルである（Montague & Walker-Andrews, 2001）。すでに指摘したように、自閉症の乳児は人間の顔や声を選好して注意を

向けることはない。また、相互に見つめあったり、物に対する注意の共有や、模倣学習をしたりすることもない（Charman et al., 1997; Mundy & Sigman, 1989）。自閉症児は、他者の注意（精神状態）に影響するような視線交替や指さしを実行することも、それらを理解することもない（Baron-Cohen, 1989; Charman et al., 1997; Camaioni et al., 1997）。発達が正常な乳児が見せるこうした行動は、乳児が人間を目的をもつ意図的な主体として知覚していることを示唆する（Legerstee & Barillas, 2003）。だから社会的相互作用は心の理論の獲得にきわめて重要になるのだろう。他者と言語的にも非言語的にも相互作用しないなら、他者が何を考え、感じ、欲し、信じているかをどうすれば知ることができるのだろうか。第5章では、乳児が行う最初の社会的相互作用を記述する。多くの論文で、人間のコミュニケーション行動に対して乳児が抱く初期の期待が明らかにされている。こうした早期の伝達的相互作用の性質がある。乳児は、相互のアイコンタクト、模倣、情動共有によって人間と関係をもつ。つまり、二項的なコミュニケーション場面において、乳児は相互に気づきあい、自分の心にあるものを他者と共有するように動機づけられていることを示すのである（Bruner, 1999）。

個体発生が進行するにつれ、乳児が社会的世界と関係する手段には重要な変化が生じる。発達初期のもっぱら二項的な相互作用（人間でも物でも）から、最初の誕生日の頃になると三項的な交流に参画し始める（Bakeman & Adamson, 1984; Carpenter et al., 1998; Destrochers, Morrissette, & Ricard, 1995; Feinman, 1982; Fogel, 1993; Legerstee et al., 1987; Legerstee et al., 2002; Legerstee & Weintraub, 1997; Leung & Rheingold, 1981; Scaife & Bruner, 1975; Trevarthen, 1979）。その結果、乳児は人間の動作を外界の事象と関係づけて知覚していることを示すさまざまな行動をするようになる（Baldwin & Moses, 1994; Baron-Cohen, 1991; Franco & Butterworth, 1996; Legerstee, 2001a; Legerstee & Barillas, 2003; Messer, 1997; Tomasello, 1995）。こうして出現する三項的交流により、乳児は物への関心と人間への関わりを注意の焦点内で同時に統合させる最初の試みを行うことになる。第6章では、こうした三項的交流について論じる。この三項的相互作用が

第1章　定義、理論、本書の構成

乳児の意図のスタンスに対してもつ意味については意見に相違がある。不連続的な見解をもつ研究者にとっては、三項的能力は他者の意図への気づきの最初の指標になる。乳児は他者を自分とは異なる視点をもつ可能性がある意図的主体として知覚し始める（Tomasello, 1995）。

しかし、推論過程の連続性に賛同する理論家は、三項期とは他者の精神状態に対するより複雑な気づき、つまりそこに物を含んだ精神状態への気づきの始まりだと主張する。この精神状態へのより発達した気づきは、乳児の身体発達の変化（例：大脳皮質の成熟、二者の外側にある出来事を乳児に知覚させるように発達した視覚系、2つの動作の協応能力といった運動能力の成熟）によってその一部が引き起こされ、それに対して親も応答していくことになる（例：乳児に説明しながら物を渡す）(Legerstee et al., 1987; Bakeman & Adamson, 1984)。第6章では、生後5か月までに、乳児が二者の外側にある物を会話のトピックにするために、どのようにそれに持ち込むかを記述する。他者の注意への調律が協応的注意の発達によって明確になる。協応的注意は、乳児が物に対して他者と注意を共有し始める最も初歩的なものの一つである。第5章で論じたように、外界の物を含まない相互の注意共有はすでに二者の相互作用場面で見出すことができる。しかし、乳児が生後5か月から7か月にかけて、人間と物との間で視線を交替させ始めたり、曖昧な場面やかかわれた気づきを知らせることになる。

このように本書の最初の6つの章では、生まれつき備わる内因的要因が仲間をいかに似たものとして認識するかについて記述する。この仮説は、乳児が誕生時から人間とのコミュニケーション交流について特定の期待を抱くという知見によって支持されるが、それは最初は二者の対面場面で表現され、その後、三項的な相互作用で表現されることになる。

第7章では、社会的相互作用論者の説明を取り上げる。そこでは、第1章でも紹介したが、社会的パートナー

との相互作用が乳児による人間とその精神状態の理解に深く影響する、と主張する社会的相互作用論者の見解を詳細に考察したい。この立場の理論家が乳児の人間理解の発達が重要であるため、親と子の相互作用に対する歴史的視点が検討される。乳児の心の理論の発達には社会的相互作用の世界の理解を高めるために養育者が実行しているメカニズムが提供される。相互調律や情動鏡映といった概念について論じ、その有効性を取り上げた経験的ことにも注意を向けてみたい。相互調律や情動鏡映といった概念について論じ、その有効性を取り上げた経験的データを示していく。

第8章と第9章では、社会的環境の違いが特定の社会認知的過程の発達にいかに影響するかを示す経験的データを取り扱う。生得主義者、「あたかも (as-if) 社会的相互作用論者、そして力動的システム論者が乳児に帰属させる先行的能力のタイプには違いがあるが（対立することもある）、養育者の敏感な反応が心の理論の発達に重要であることを強調する点では共通している。こうした研究者は、母親と乳児の関係性の質が乳児の社会、情動、そして認知の発達に重要であることを強調する (Fogel, 1993; Freud, 1949; Stern, 1977; Field, 1995)。

すでに指摘したように、乳児の心の理論の発達に影響する内因的要因は、他者を自分に似たものと知覚する生得的能力と、他者とのコミュニケーション行為において働く情動調律の生得的感覚である。こうした内因的要因は、個体発生的過程で外因的要因と相互作用をする。内因的要因と同じように、社会的相互作用場面で乳児に伝えられる社会、情動、文化の情報という外因的要因もまた、心の理論の発達に決定的な役割を演じる。種に固有な相互作用パターンに対する感受性は、前言語期の乳児の心の理論の発達にとって必要不可欠なものだと多くの研究者が論じている (Bruner, 1999; Tager-Flusberg, 1989)。すなわち（1）生後4か月間での情動の気づきと共有、（2）その後の数か月間での物に影響するに違いない。すなわち（1）生後4か月間での情動の気づきと共有、（2）その後の数か月間での物への注意の共有、（3）人間が物に注意しながらポジティブな情動表現をすると、その人はそれを欲しがってい

第1章　定義、理論、本書の構成

る可能性があることへの気づき（原初的な欲求推理）である。親がそのような活動を支援する乳児は、その支援がない乳児より、こうした能力の獲得が早いことを示した研究を示してみたい。

第10章では、本書の目的を要約し、導入部で提出された疑問や、こうした疑問を生じさせる理論が経験的な知見によって適切に支持されたかどうかを評価する。全体の章を通してこうした疑問を繰り返し論及した3つの理論的アプローチの検証を行う。なぜなら、それらは乳児を環境と結びつける生得的なメカニズムのタイプについて興味深い仮説を提起するからである。この研究は、他者の精神状態の気づきは成熟という純粋に内因的なものとしては起こりえないという主張を支持している。

本書を通して、乳児は対人感覚をもって誕生し、この傾向が乳児の心の理論の獲得に向けてのヘッドスタートになると主張したい。この見解を支持する多くの経験的知見を提供していく。しかしながら、この知見とは異なる解釈をする研究者がいることもよく承知している。私はこのような事態を肯定的に理解する。なぜなら、こうした異なる見解は、将来の研究に向かわせる弾みを与えるからである。乳児の早熟な社会認知的能力に関するわれわれの見解を豊かなものにし続けるためには、さらに多くの経験的知見が必要であると指摘する研究者に私は同意する。

第2章　発達におよぼす内因的影響と外因的影響

人間は社会認知的に重要なさまざまな能力を獲得するために、生物学的情報と文化的情報を利用している (Kaye, 1982; Tronick, 2003)。他の動物と同じように、人間には生理的成熟の青写真となる生得的な傾向がある。しかし、人間の乳児には、多くの動物と異なる精神領域もある。それは、言語、数、物理学 (Karmiloff-Smith, 1992 を参照)、さらには社交能力 (sociality) (Legerstee, 2001b を参照) といった固有な知識分野を支える表象の集合体を備えた領域である。他者を理解するための領域は、不随意的で無計画に発達することが多く、他の一般的な内因的発達過程のようには発達しないだろう。他者の精神状態に対する乳児の気づきが本来の複雑な能力に発達するためには、かなりの**社会的相互作用**が必要になると主張したい。しかし、心の理論の発達に、環境や社会との相互作用のすべてが有益で重要であるわけではない。それゆえ、特定の社会的領域には、人間についての知識だけではなく、人間やその精神状態を特定化する情報に乳児の注意を向けさせる領域固有の制約もまた含まれるのである。つまり、**内因的**なプロセスや傾向が前言語的な二者によるコミュニケーションを促すのである。こうした相互作用場面で、乳児は他者と情動を共有しその表情を模倣する。そしてそれが、相互の気づきを高め、社会的

第2章　発達におよぼす内因的影響と外因的影響

パートナーを確認させる。内因的過程が、乳児を外的環境に適応させ、外的環境からの学習を可能にさせる。また心の理論の発達に特に重要な**外因的要因**を最適化し、それを認識させるのも内因的過程である。外因的要因は、内因的要因と相互作用しながら、他者の精神状態に対する理解の発達を促す役割を演じるのである。また内因的過程と外因的過程によって、その後乳児は三項状態に組み込まれ、物や興味深い出来事について他者とコミュニケーションを開始する。三項状態の場面で、乳児は物を見せたり欲しがったりし、身振りや発声を使って興味深い出来事を指し示そうとする。また他者が物を参照したり欲しがったりすることに気づく様子を見せる。

この章では、心の理論の発達を促進させる要因を検討する。心の状態の気づきの発達には、かなりの発達過程と時間が必要であることを論じる。乳児には発達過程をヘッドスタートさせるような内因的要因が備わっており、それが種に固有の外因的要因を利用させるのである。

1節　内因的要因

1 ──「自分のようだ（Like me）」──

第1章で示したように、自分が他者と似ていること、また人間という同じ種に属しており他の動物や物とは異なることを認識する乳児の**生得的能力**は、心の理論の発達にとって重要である。そうした特有な注意のバイアスによって、乳児は人間に対する洗練した表象を誕生時から構築し、それが心の理論に先行するものとなるのである。個体発生が進むにつれて、乳児は他者の複雑な行動をますます巧みに知覚するようになり、仲間と自分を同

33

一視することで、彼らが表現する社会的行動に適応しそれらを内化する。強化や行動形成によって大人の行動に次第に似ていくというより、乳児は仲間を確認しながら相互作用するように生得的にプログラムされている。そうした社会的相互作用を通して、乳児は他者の心の理解を強固なものにしていくのである。

2 ── 人刺激の選好

乳児が自分の仲間を認識しやすいことは、社会的刺激を魅力に富んだものとして見つめることからわかるだろう。乳児は視覚や聴覚システムを誕生時から能動的に使用して、周囲の出来事や自分自身についての情報を獲得する。乳児の視覚は、運動、輪郭、コントラスト、一定レベルの複雑さ、そして曲線に引きつけられる (Banks & Salapatek, 1983; Haith, 1966)。新生児は、抽象的な配置より顔らしい配置の場合にこうした要素を選好しやすい。でたらめに配置した顔や何もない顔より、人間の顔を有意に多く追視する (Goren, Sarty, & Wu, 1975; Johnson & Morton, 1991)。2次元の刺激を使った視覚選好パラダイムを使えば、乳児は生後2か月までに母親と見知らぬ女性を見分けることがわかる (Barrera & Maurer, 1981)。さらに生後4か月までには、「男の顔」、「女の顔」、「赤ちゃんの顔」を見分けることができる (Fagan, 1972)。こうした結果は、乳児がいろいろな物理的な要素から人間の顔概念を構成しなければならないのではなく、ある種の「顔の形態 (faceness)」(例：Johnson & Morton, 1991, p.105) によって"CONSPEC"と呼ばれた人の顔の構造的特徴の基本的な仕様書の鋳型をもって誕生することを示唆している。しかしながら、新生児は見知らぬ人の顔より母親の顔をより長い時間見ることも知られている (Bushnell, Sai, & Mullin, 1989; Field, Cohen, Garcia, & Greenberg, 1985)。これは、新生児が自分の母親の顔をよりなじみ深いものとして認識できることを示しており、顔の選好活動が感覚的情報 (例：Johnson & Morton, 1991 の"CONSPEC") だけで調整されるものではないことを示唆する。そこには記憶情報が関与していなければならない。つまり顔の選好行動は、乳児

第2章 発達におよぼす内因的影響と外因的影響

による記憶情報の表現もなのである。

新生児では聴覚もよく発達している。視覚系とは違い、聴覚系は子宮内で刺激される (DeCasper, Lecanuet, Bushnell, Granier-Deferre, & Nuageais, 1994)。サッキング選好パラダイム (preferential sucking paradigm) は、新生児が他の音より人間の話し言葉に耳を傾けやすいことを示している (DeCasper & Fifer, 1980)。生後1か月では、乳児は音声を鋭敏に区別し (Eimas, Siqueland, Juscyk, & Vigorito, 1971)、母語にはない言語的対立を区別する (Trehub, 1976)。新生児はシラブルについての情報も保持し (Juscyk, Kennedy, & Juscyk, 1995)、人間の顔の場合と同様に母親の声（子宮内で聞き慣れていたもの）と知らない女性の声とを生まれたときに聞き分ける (DeCasper & Fifer, 1980)。こうした知見は、乳児に人間の刺激を認識し表象する仕組みが備わっていることを示唆している。

総合的に見て、これまでの研究は乳児が人間に由来する刺激に鋭敏であることを示している。乳児は社会的刺激と非社会的刺激を別のものとして認識する。乳児は人間の視覚的刺激と聴覚的刺激がもつ情報特徴を表象することが知られており、乳児の社会的刺激に対する感受性は、単純な知覚的レベルではなく、すでに構造化されたレベルにある可能性がある。

自閉症の乳児が人刺激を選好しないのは明確だが、彼らには心の理論の発達にも欠陥がある。こうした知見は、人刺激に対する初期の選好行動が心の理論の発達の先行形態だとする見方を支持している。

3──模倣と通様相性知覚

乳児が人間に対してもつ特殊な気づきは、人刺激の選好だけでなく、人間と出会ったときに乳児が見せるさまざまな社会的反応からも明らかである。たとえば、乳児は誕生直後から人間のジェスチャーを模倣するが、この ジェスチャーに似た動きを非生命体が行っても模倣はしない (Legerstee, 1991b)。これは模倣が人間について学習

する社会的メカニズムであることを示唆している。メルツォフとブルックス (Meltzoff & Brooks, 2001, p.173) によれば、「人間の行為に対するこの感受性や、自己と他者の間に等価性を設定する能力は、社会的認知の始まりを理解させる梃子になる」。なぜなら、他者が乳児のように振る舞い、その行動を模倣するときには、乳児は行動の物理的特徴ではなく、行動がもつ意味や意図を反映させる、つまり乳児の感じ方や意図を反映させる振る舞い方、つまり乳児の感じ方や意図を反映させる始める。つまり、他者の行動を再現する能力は、その行動を意味のあるものにさせる。これが模倣学習である。模倣学習あるいは意図的模倣は、乳児が手段と目標との区別を学習するときに生じるが、そこでは人間の意図に関する何かが理解されるのである（第３章、このタイプの模倣学習を証明しようとした「１０か月児の模倣」研究を参照）。

最も早期の模倣は、新生児が開口や舌だしを再現する場面で見られる。新生児には自分が実行しているこの感覚だけがあり、その行動を見ることはできないからである (Meltzoff & Moore, 1977; Berkeley, 1709/1963 も参照)、感覚同士は誕生時には協応していない。つまり、耳で聞こえるものと目が同じものであることがわからない。こうした感覚様相（視覚、聴覚、他の感覚）は、物に触る、物を振るといった経験を通して乳児期に幼い乳児で可能になるのだろうか。ピアジェによれば (Piaget, 1954; Maratos, 1973)。どうすればこうした模倣が幼い乳児で可能になるのだろうか。乳児はガラガラを一連の関連のない刺激としてではなく、丸くて輝きながら音を出す物として知覚し始める。異なる感覚様相で知覚される情報が関連しあうことを認識し始めるまでは、乳児には３次元の固体で音を出し肌理のある物と耳で聞こえるものと見ているものとが同じものであることがわからない。異なる感覚様相という安定した感覚－運動的なシェマを形成することができない。したがってそれを考えることもできない (Mandler, 1992)。

大人は言語を使って異なる感覚間の情報を伝えようとする。大人は、夜中にうるさくて目が覚めたのは、家の前で誰かがバスケットボールをしていたからだ、というように視覚的感覚を語る。言語をもたない乳児の場合、

第2章　発達におよぼす内因的影響と外因的影響

ある感覚から別の感覚にどのようにして情報を伝達するのだろうか。メルツォフとムーア（Meltzoff & Moore, 1977）は新生児模倣が「通様相的照合」（cross-modal matching）によって可能になると主張する。通様相的照合あるいは能動的な様相間マッピング（active intermodal mapping）は、特定の感覚様相に限定されない抽象的な表象システムによって、乳児に感覚間での情報伝達を可能にさせる能力である。乳児はある様相（例：視覚、聴覚）で人間の行為を知覚すると、この情報は非様相的な形態で蓄積される（特定の様相ではない）。こうして他の感覚での認識や使用が可能になる。だから開口や舌だしという自己受容的動作の模倣の場合、乳児は見た行為（視覚様相）を再生できる（触覚様相）のである。

通様相的マッピング（cross-modal mapping）は、話し言葉の知覚でも使用される（Legerstee, 1990）。模倣するためには、乳児は行為者の発声音を知覚し、その後にその音声を再生しなければならない（顔の動きの場合に乳児がすることと同じである）。乳児が聞く話し言葉は多様相的な性質をもっている。大人が話すときには、その声が口から出るだけではない。そこには口唇運動があり、その運動は話し言葉のパターンと一致している（Sullivan & Horowitz, 1983）。話し言葉の音声知覚は、大人でも乳児でも、発声行為がもつ聴覚特性と視覚特性の両者によって影響されることが示されてきた。（Dodd, 1979; Grant, Ardell, Kuhl, & Sparks, 1986; Kuhl & Meltzoff, 1982; MacKain, Studdert-Kennedy, Spieker, & Stern, 1983; Summerfeld, 1979）。たとえば、ある音素の聴覚情報を別の音素に対応する視覚情報と結びつけて提示するような場面では、大人も子どももこれらの音素とは異なる第3の音素を知覚することになるだろう（McGurk & McDonald, 1976）。また4〜5か月児は話し言葉の視覚的特性や聴覚的特性に鋭敏に反応するように思われる（Kuhl & Meltzoff, 1982）。クールとメルツォフは、18〜20週児を対象にした通様相性知覚の研究の最中に、思いもしなかった発声模倣を観察している。乳児は自分が聞いた音声の非発声成分（訳注：口の運動形態）を表現した顔のほうを長く見ただけではなく、その母音の模倣をした。つまり、/a/ の母音を聞いた乳児は /a/

37

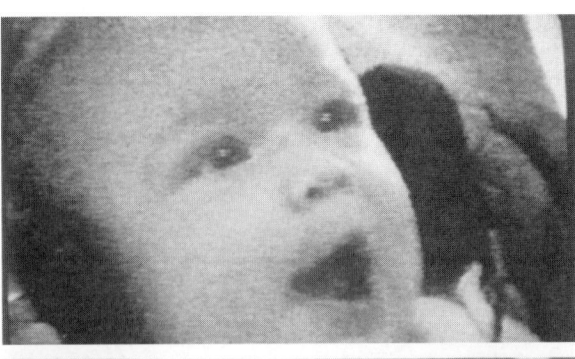

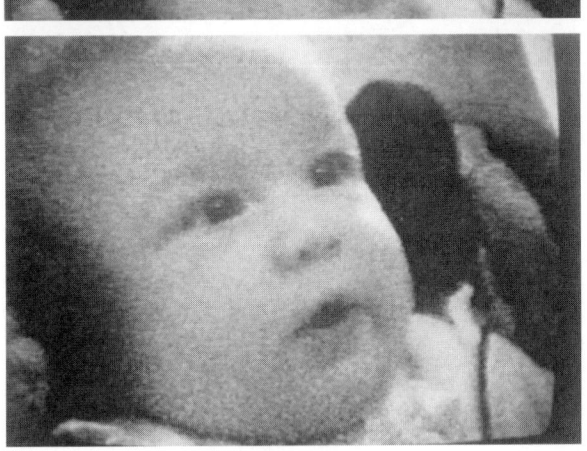

図2-1 /a/と/u/音を模倣する3か月児

の母音で、/i/の母音で応答したのである。しかしながら、/i/の母音を聞いた乳児は /i/の母音で応答したのである。クールとメルツォフ(Kuhl & Meltzoff, 1982)の研究では、話し言葉というシグナルに含まれる視覚成分と聴覚成分を独立に変化させていないので、乳児が顔の映像から聞こえてくる音声を模倣したのか、それとも口の動きを模倣した(自己受容感覚的運動)のか明確ではない。口の運動の模倣だけが通様相的マッピングを意味するだろう(つまり、視覚的に知覚されたターゲットの運動感覚的産出)。われわれはこの問題を検討した(Legerstee, 1990)。3〜4か月児に /a/ と /u/という母音を提示した。乳児の半数では、同じ母音を口の動きだけで表現した。もう半数では、大人は逆の音声の口の動きを表現した。提示された視覚情報と聴覚情報が一致していた乳児だけが、母音を模倣することが観察された(図2-1)。明らかに、乳児は音声と口の運動のどちらにも注意を払ったのである。

第2章　発達におよぼす内因的影響と外因的影響

メルツォフとムーア (1983) によれば、模倣は通様相的照合を通して乳児に他者を「自分のようだ (like me)」と知覚させる。この「自分のようだ」という気づきは、社会的認知のスタート台つまり基礎となるものであって、それは生後数か月間にわたる学習の到達点ではない。

レゲァスティ (Legerstee, 1991b) の知見、つまり乳児が人間の模倣はするが非生命的な物の模倣はしないという知見は、他者を「自分のようだ」と知覚させる乳児の内因的な能力に関する情報を提供するだけではなく、模倣反応についてもある示唆をあたえる。模倣は、（口に向かって動いたり、自己推進的であったり、あるいは特定の形態をもつように見えるもの——舌、口、手、顔といった社会的刺激のコピーのような）特定の刺激によって引き出せる反射的な反応ではなく、むしろ社会的なメカニズムであり、「初期のコミュニケーションに対してユニークなチャンネルを提供している。このチャンネルを使って、やり取りのタイミングや形式をパートナー双方が相補的に共有する機会を提供するのである」(Meltzoff, 1985, p.28)。つまり、乳児は知覚的特徴の単なる随伴性（連合）ではなく、社会的存在の間で生じる因果関係を期待するのである。乳児は人間が応答することや、社会的相互作用場面での相補的なやり取りを期待するのである。乳児は非生命体にはそうしたことを期待しないので、模倣対象は人間だけに限られ、非生命体（例∷ドアの閉まる音）を模倣することはない。大人の行動の模倣や、大人が子どもの行動を模倣することの気づきを通して、大人が獲得した多くの社会文化的な行為がもつ社会的意味が乳児に内化されていくのである (Barresi, 1984; Locke, 1980; Vygosky, 1962)。このように、他者を自分と類似していると認知することは内因的な要因であるが、模倣はそうした認知を促進させる生得的なメカニズムなのである。つまり自己と他者との等価性を写像する生得的な能力によって、乳児は自分自身の動作と人間の動作がもつ意味について学習するからである。

模倣は、人間の心について学習する発達過程において外因的要因と内因的要因とが容易に相互作用するメカニ

ズムの素晴らしい例である。乳児の推論過程が他者を「自分のようだ」と知覚させるのだが、社会的相互作用もまた誕生直後から人間の理解を促進させる役割を果たしている。すでに示唆したように、社会的相互作用は、おそらく他のどんな領域よりも人間の精神状態の理解に大きな役割を演じている (Tager-Flusberg, 1989)。他者との相互作用を早期から身近に体験できないとしたら、乳児は一体どのようにして人間の心について学習することができるのだろうか。

4 ──情動的気づき、情動の相互共有、生得的な調律感覚

乳児は人間の身振りを模倣するが、社会の行為を模した非生命的な物の動きは模倣しないという初期の証拠は、乳児が人間との類似性を知覚しているという考えを支持している。問題はこの類似性が何に基づくのかである。すでに示されたように、この類似性は物理的なあるいは知覚的なものではありえない。なぜなら、生命体と非生命体が物理的特性で等価であっても (こうした研究のレビューは Legerstee, 1992 を参照)、乳児はこの2つのクラスを区別するからである。メルツォフとムーア (1997) は、乳児が知覚された行為の等価性を通様相的マッピングとして認識するので、他者を自己と類似したものと知覚するのだと論じている。つまりメルツォフとムーア (1977) にとっては、通様相的マッピングという知覚的メカニズムこそが乳児の出発点なのである。

私の見解では、乳児は情動共有装置 (affect sharing device：AFS) を備えて誕生しており、それが他者を「自分のようだ」と知覚させるのである。情動共有装置は相互に作用しあう3つの部門からできている。それは、(1) 対人的な気づき：自己推論的過程：自分自身の情動の知覚を通して自らの精神状態を乳児に気づかせる、(2) 対人的な気づき：乳児に他者の情動を認識させる、(3) 情動調律の生得的感覚、である。乳児は世界共通の幸せな情動や不幸せな情動を知覚する能力を備えて誕生する (Izard, 1971)。新生児はこうした情動を区別し模倣する (Field et al., 1982)。

40

第2章　発達におよぼす内因的影響と外因的影響

乳児はある情動状態で、特定の精神的経験をする（Reddy, 2003; Hobson, 1989）。つまり、最初の単純な精神状態は感情や情動と関連する。自分の情動を反映し返してくれる他者と関わるとき、乳児には情動共有装置（AFS）が働き、自分のものと同じ精神状態を他者に帰属させるのである。

情動共有装置は、前言語的な相互作用場面で乳児に他者とコミュニケーションさせ、その発達を促す。乳児は、生得的な情動調律感覚を通して、自己と他者の情動が同じレベルにあるかどうか、それらが一致しているかどうかを認識する。その認識ができれば、乳児は自分を人と同一視し、この理解を通して共有表象（shared representations）を発達させる。調律された相互作用は、共有表象の部分的な重なりを低減させたり、防止したりする。そうすることで、社会的そして認知的な独立性を育てるのである（Vygotsky, 1978）。

トロニク（Tronick, 2003）は、乳児には他者と相互作用しようとする生得的動機、つまり関係を求める意図（relational intentions）があると主張した（Bruner, 1999; Fogel, 1993 も参照）。こうした示唆を支持する経験的な証拠がある。乳児は誕生時から、人間との相互作用に特化された組織的な行為を実行する。こうした相互的な会話場面で、乳児はパートナーをほぼ絶え間なく見つめ、同時に、発声や、顔、身体、手、腕の情動的身振りを通して情動状態を共有する（Fogel & Hannan, 1985; Legerstee, Corter, & Kienapple, 1990）。こうした原会話は明確な交替構造をもつ（Jaffe et al., 2001）。それは母親と乳児の休止（pause）と発声活動（vocal outbursts）として出現する（Kaye, 1982; Legerstee & Varghese, 2001; Trevarthen, 1979; Tronick, 2003）。つまり、乳児には「もしも私が微笑めば、私は幸せに感じる。もしもあなたが微笑めば、あなたもまた幸せに感じるのだろう」といった単純な推論を行う能力が存在する（図2–2参照）。

メルツォフとブルックス（2001）は、通様相的照合や模倣という道具を備えた「自分のようだ」メカニズムが、

41

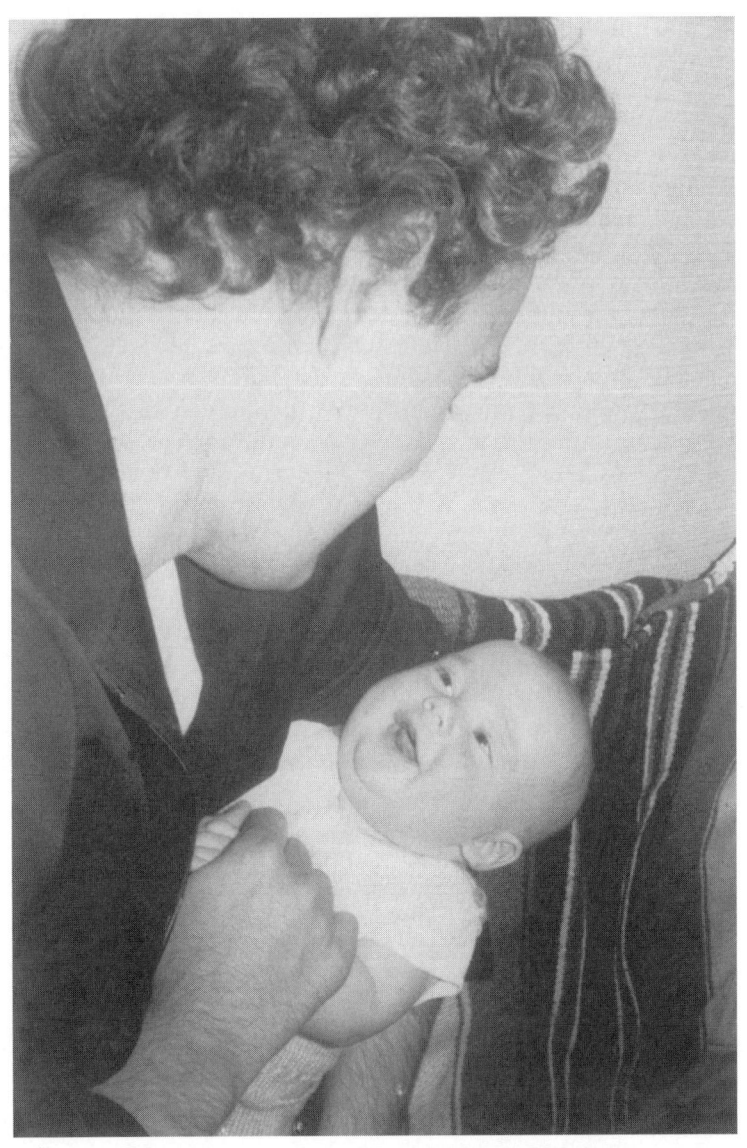

図2-2　凝視、微笑、クーイングを用いて情動を共有する5週児

第2章　発達におよぼす内因的影響と外因的影響

他者の中に生じた情動状態への気づきを早期に生じさせ、間主観的な共有が可能になるとも主張する。通様相的マッピングのような知覚的メカニズムが乳児と環境とを結びつけるという考えは、乳児が単純な精神状態の基礎となる認知構造をもたずに生まれてくることを示唆する。つまりメルツォフとムーア (1977) は、何らかの推論能力ではなく、通様相的マッピングという知覚された行為と実行された行為との間の等価性の認識が、乳児と環境とを結びつけると主張する。そうだとすれば、彼らは知覚的状態から出発し概念的状態へ至るという不連続な精神発達を支持することになるだろう。こうして、模倣と行為の共有により、乳児は精神状態を共有できるようになっていく。換言すれば、能動的様相間マッピングモデル (Meltzoff & Moore, 1977) では、乳児は行為を知覚することから、こうした行為へ導くものを想像すること（例：こうした行為を生み出す基盤としての精神状態の理解）へと発達するのである。

私は乳児による精神世界の理解が連続的だとする考えに賛同する。情動の共有には、特定の情動状態を表象する能力が必要になる。通様相的照合および情動共有のメカニズムを通して、乳児は誕生時から非様相的にも精神的にも情動と明確に出会えるのである。それが意味することは、乳児は（内的環境あるいは対人的環境からの）どんな社会的な刺激も非様相的に表象するので、あらゆる情報源からの情報を感覚間や場面間でも適用できるということである。スターン (Stern, 1985) によれば、養育者は乳児がしたことをそのまま模倣するのではなく、乳児の情動に調律的に応答するような声、顔、リズミカルな動きといったさまざまな様相を使って、乳児の情動を模倣する。フォーゲル (Fogel, 2001) によれば、あらゆる心理学的経験は環境との関係に依存する。情動は身体の関係力動的な出会いにおいて経験されるにもかかわらず、その経験は乳児の身体内で生じる。乳児による精神状態の構築に関する妥当な理論は、以下のフラヴェル (Flavell, 1999) の説得力ある説明に同意するに違いない。「生後数か月の乳児が誕生後の短い期間に真の精神状態に備わる特性を作り出すのであれば、

43

……それより幼い乳児がその先行者あるいは初期バージョンを実行することを想定するのは不合理ではない」。

乳児が個人内でも対人間でも推論するという主張は、自閉症児には情動の共有ができないことを説明することにもなるだろう。自閉的な子どもは、あるモジュールが欠落しているのではなく、自己が歪んで対人的推論が困難になっているとも論じることができるからである。

乳児は情動共有装置（AFS：個人内と対人間での推論と調律を行う生得的能力）の働きによって初期の会話場面で他者と情動状態を共有するという考え（例：「私が微笑めば、私は楽しく感じる。だから、あなたが微笑めば、あなたも楽しく感じるだろう」）を、他の研究者が必ずしも認めているわけではない。たとえばトマセロ（Tomasello, 1999）は、そうした解釈は他者が経験の主体であるという気づきを子どもに帰属させており（例：人には内的状態があり、意図をもつことができるという理解）、それは生後9～12か月頃までは生じないだろうと主張している。興味深いことに、乳児が第一次間主観性の能力をもつとする多くの研究者（Meltzoff & Gopnik, 1993; Meltzoff & Brooks, 2001; Legerstee, 1997/a; Trevarthen, 1979）と同じように、トマセロもまた乳児が他者を「生後最初の数か月の間に見られる人間に特有な生物学的適応」と知覚する能力を備えて誕生すると信じており、それを「自分のようだ」と呼んでいる（私もこのことに同意する）（Tomasello, 1999, p.309）。この能力により、乳児は相互作用の相手と緊密に関係できるのである。彼は新生児模倣をこの現象の一例としてもいる。しかしながら、トマセロにとって他者の精神状態の洞察を乳児に可能にさせるものではない。つまり、生後9か月頃になって初めて、乳児は同じ目標を達成するために異なった手段を使用し始めるのであり（Piaget, 1954 による）、それが乳児を意図的な存在にさせると論じるのであ生後9か月まではできないのである。彼は新生児模倣をこの現象の一例としてもいる。「自分のようだ」と思うことは、他者の精神状態の洞察を乳児に可能にさせるものではない。

第2章　発達におよぼす内因的影響と外因的影響

る。乳児が「自分のようだ」というメカニズムを使って他者を意図的な存在と知覚し始めるのはこのときなのである（この点では、彼はPiaget, 1954とは見解を異にする。ピアジェは乳児が他者を意図的な存在と知覚するのは感覚－運動期の最後になるとしているからである）。トマセロによれば、一群の三項的行動つまり共同注意能力（乳児が他者と物を介在させて相互作用する）がそのときほぼ同時に出現し（Carpenter et al., 1998を参照）、これに反する証拠を示す〉、心理的な存在としてのスタートが切られることになる。

上述したように、必ずしもすべての理論家が、乳児は行動を理解する行動学者の時期から心を読み取る心理学者の時期へと移行することを信じているわけではない。たとえ乳児が動作の共有から精神状態の共有へと発達するとかたく信じるとしても（Meltzoffを参照）、生後9か月を革命的な時期とみなすとは限らない。トマセロ (1999) が、「自分のようだ」の過程と学習システムとの関係、特に「自分のようだ」のスタンスが生後9～12か月で複雑な共同注意行動を発現させる因果関係を説明していないとして、メルツォフの開始状態生得説（the starting state nativism）を批判するのは興味深い。私にはトマセロ (1995) もまた説明していないと思われるからだ。生後最初9か月の間に、乳児がどのようにして行動的組織体から心理的組織体へと発達するのかを記述したトマセロの報告にも、その説明はなされていない。

トマセロ (1999) は、乳児が生後最初の2か月で行う複雑な二者の相互作用に、情動状態を共有しながら「間主観的」な性質 (Trevarthen, 1979) を反映する「発話交替」が含まれるとは思っていない。トマセロによれば、トレヴァーセンはこの間主観的性質を、「他者が「私のようだ」と感じる生得的感覚」であるような「仮想的な他者」(the virtual other) の生得的感覚に由来する、とみなしている。トレヴァーセンを支持するブルーナー (Bruner, 1999) もまた、乳児は誕生時から「自分の経験の焦点にある物に他者の注意を向けさせるように動機づけられて

45

いる」と主張する。ブルーナーはこれを「相互的気づき」(mutual awareness) と呼び、この能力こそが、他者もまた自分と同じ世界を共有すると解釈する生得的能力を乳児がもつ証拠だとしている。

多くの研究者が物への乳児の動作を目標志向的だとしている。この手伸ばしは目標志向的である（例：4か月児は手の届かないところにある物よりもいとも近いところにある物に簡単に分類するにもかかわらず：von Hofsten, 2003 にこのトピックに関する優れた議論がある）。同じ時期の乳児が行う社会的な相互作用には目標を帰属させようとしないのは面白い (Tronick, 1982)、同じ時期の乳児が行う社会的な相互作用には2つの物体の一方に手を伸ばしてつかもうとする意図はあるが、対話者と感情を用いてコミュニケーションしようとする意図はないというのは信じがたい。ブルーナー (1973) もトレヴァーセン (Trevarthen, 1979) と同じように、乳児は社会的領域を達成するように前適応した特有の行動を備えて誕生すると主張する。人間と相互作用するために乳児が使用する内因のあるいは生得的な動作パターンは、適切な社会的刺激によって引き出されるのであり、強化によって統制されるのではない。こうした巧妙に仕組まれた社会的活動は、未発達ではあるが、計画された動作であり、最初から精神的に表象された意図 (mentally represented intentions) のコントロール下にある。乳児を目標に向かわせるのはこうした表象である。つまり、世界に働きかけることを通して、感覚－運動期の終わりに意図の存在を認めるのではなく (Piaget, 1954 を参照)、ブルーナーは巧妙に仕組まれた活動が開始される時点で意図の存在を発達させるのである。

人間の乳児が仲間との相互作用を促進させる生得的動作スキルをもっていても驚くにはあたらない。多くの人間以外の種には、その種に特有な生得的反応が存在する。彼は、「同種の他者が提供する刺激パターンにはこうした特異的な知覚 (species specific perceptions) と呼ぶ。ゴットリープ (Gotlieb, 1991, p.6) はこうした動作を種メンバーが応答するのが普通だ」と主張している。

シャファー (Schaffer, 1971) はほぼ四半世紀前に、「乳児には誕生時から種に固有の認知構造が備わっており、

46

第2章　発達におよぼす内因的影響と外因的影響

それが特定の環境刺激に対する選択的な調律を可能にさせる」(p.37) と指摘した。その後の著作（訳注：明記されていないが、Schaffer, 1984 だと思われる）で、シャファーは乳児が「特定の刺激に選択的に注意を向けたり、特定の仕方で反応したりする傾向について言及し、それを社会的前適応 (social pre-adaptation)」(p.192) として論じている。彼は「視覚的側面でも聴覚的側面でも、乳児は他者が提供する刺激に特別に調律するように生まれてくる」とも述べている (p.193)。エムデ (Emde, 1989) は、「乳児は社会的相互作用に参画するための生物学的な準備性 (biological preparedness) を備えて世界に登場する」(p.38) とし、また関係を経験する際に果たす情動の役割を強調している。さらにアスティントン (Astington, 2001) は、生得性とはある機能が誕生時から文字どおり存在することを必ずしも意味しないと論じるが、乳児はまさに最初から人間に調律するように振る舞うだと述べている。タガー・フラスバーグ (Tager-Flusberg, 1989) もこうした乳児観に強く賛同し、その目的をより特定化して見せた。種に特有な相互作用パターンに対する感受性は、社会的相互作用にとってだけではなく、心の理論の発達にとっても欠かせないと主張したのである。

2節　外因的要因

総合的に見れば、内因的な足がかりの存在が、乳児が人間やその心を理解するための本質的な前提条件の一つだと考えられる (Hobson, 1998)。これとは別に、外界にあって発達を収斂させたり支持したりする（**外因的**）要因が存在する。すでに論じたように、**社会的相互作用**は、乳児が人間の身振り、動作、発声、顔の表情、さらには意図、欲求、信念を理解するためには不可欠である。後の章で、乳児が関係する社会的相互作用を対象にした

47

3節　内因的要因、外因的要因、その相互作用

さまざまな理論を取り上げるが、そこで扱われる経験的研究を適切に組み立てるために、ここでその理論モデルを概観しておくことが重要である。内因的要因と外因的要因が発達の過程で相互作用し、心の理論の発達を促進させることは言うまでもない。

すでに示したように、人間についての学習を支える固有のモジュールあるいは傾向をもつという知見（Legerstee, 1991b; Trevarthen, 1979; Bruner, 1975）は、物理的理解と心理的理解とが別々に発達するという見解を支持する。発達の初期において、物理的理解や社会的理解の発達が領域一般ではなく領域固有の原理に基づいて誘導されるなら、それらの変化は同時ではなく領域ごとに独立して生じることが可能になる。こうした推理は、対象の永続性が物理的領域より社会的領域で早く生じるという知見によって支持される。たとえば、レゲアスティ（1994b）は、6、8、10か月児を対象にして、生命性（人間と玩具）となじみ（母親と見知らぬ人、実験室の玩具と家庭での玩具）がそれぞれ異なる対象物に対する探索行動の発達を検討した。その結果、類似した条件（かくれんぼ遊び）で相互作用した自分の母親やなじみのある物を探すように求められると、自分の母親を非生命的な物よりも早く探すことが見出された。

たいていの理論が内因的要因と外因的要因とが発達の過程で相互作用することを強調する（例：古典的認知主義者、社会認知主義者、力動的システム論者、制約的構成主義者）。しかし、内因的過程だけ（モジュール論者）や外因的過程だけに焦点を当てる人たち（例：環境的行動主義者）もいる。実際には、相互作用の立場を取ってい

第2章　発達におよぼす内因的影響と外因的影響

ても、自らの発達概念においては外因的要因より内因的要因を強調する研究者もいる。

大多数の発達の理論家は、乳児の認知構造が外界の事物との相互作用を通して変化することを強調するが、発達に寄与する準備性の程度の評価には違いがある。第1章で問題にしたように、理論家は乳児と環境との結びつきをどう捉えようとするのだろうか。こうした結びつきが反射によるとする理論の一番低い位置にあり、（連合学習あるいは構成のいずれかによる）発達の役割を一番高く捉える。もしもその結びつきがモジュールであるとするなら、その理論は「準備性」スペクトラムの一番高い位置（つまり、その後の発達や構成の役割が一番低い位置）にある。そこでは、知識の獲得に対してもつ生得的なモジュール（内因的な能力）が多ければ多いほど、乳児が経験（外因的要因）から利益を得ることは少なくなる、というトレードオフが働いている。

1　ピアジェと認知的構造

すでに説明したが、ピアジェ（1954）によれば、誕生時の乳児には認知的構造がまったくない。乳児が備えているのは反射と、同化、調節、均衡化という生物学的なメカニズムである。つまり、乳児にはヘッドスタートのための領域固有の（内因的）知識がない。乳児は反射を実行することで、環境に対してより高度な動作を可能にさせる認知構造を発達させる。ピアジェはこうした動作を動作シェマ（action schemas）と呼んだ。それゆえ、人間の乳児は思考することのない長い時期を経験する。感覚－運動期の終わり近くになって初めて、おおよそ18～24か月の頃までに、乳児は概念的な仕方で世界を表象することが可能になる。このとき、動作シェマが変化して精神シェマ（mental schemas）になり、乳児には想起できる物の概念を形成することが可能になる。こうして、生

後2年目のうちに、物の主観的理解から客観的理解への漸進的な移行が生じる。ピアジェは人生の最初の2年間を感覚－運動期と呼んだ。この時期の乳児は**知覚的な**知識だけをもつ。知覚的弁別をする際、乳児は人間と物を区別する直接的な感覚刺激を利用する。概念的な弁別をする際、乳児はその2つを区別する、より永続的な特性を利用する。子どもは知覚的刺激を利用する。概念的な区別は、乳児がこの知識を知覚的にではなくむしろ精神的に表象していることを意味する。それゆえ、概念的な区別は、乳児が知覚的刺激がなくてもこうした永続的な特性を利用できる。乳児は人間と物について考えたり、それらが目の前になくても思い出したりすることができる。乳児は自分自身を外界から切り離し、さらに自分自身を他の物と共通する空間に置き始める（Brenner, 1988）（知覚的気づきと概念的気づきのより詳細な議論は第4章を参照）。ピアジェによれば、この段階で乳児は社会的になり、意図的な応答が可能になる。人間が物理的次元ではなく、社会的次元で物から区別されるのは、まさにこの時点である。

ピアジェが予測しなかった年齢で、乳児が他者の内的状態に気づくという証拠が積み重ねられた結果、ピアジェの構造主義学派の妥当性が問題にされた。多くの理論家たちは構造主義者であり続けながら、乳児期に新しく発見されたそうした先行能力を心の理論に組み入れそして承認もしてきた（例：Flavell, 1988, 1999）。最近、さらに新たな理論が発達し、ピアジェの理論が問題にされた。一つは心の理論の理解と構造主義者の生得性を提起することから（Fodor, 1983; Baron-Cohen, 1991; Premack, 1991）、もう一つは生得主義者の原理と構造主義者の原理とを統合しようとする議論から（Chapman, 1992; Karmiloff-Smith, 1998; Legerstee, 2001a; 1997a; Wellman, 1993）、である。

2 ―― 行動主義と認知的構造

乳児には誕生時に認知的構造がなく、乳児を外界と結びつける反射が備わっているという見解は、乳児が白紙

50

第2章 発達におよぼす内因的影響と外因的影響

（タブラ・ラサ）のような心をもつとする行動主義者の仮説と似ている。行動主義に、乳児は生理学的な知覚システムや、連合学習や模倣学習そして条件づけの法則に従って働く一般的な学習メカニズム、つまり領域一般的で生物学的に特殊化された過程を備えて人生を歩み出すと主張する。

ピアジェ派も行動主義者も、乳児は入力の意味を理解する生得的構造（内因的要因）をもたずに生まれると主張するので、乳児はこの世界を最初はまとまりのない感覚として知覚される混沌に満ちたものと感じていることになる。ピアジェ派と行動主義者には誕生時の乳児の見方に一定の類似性はあるが、その2つの理論には多くの重要な違いもある。ピアジェ派によると、子どもは2年間の知覚的経験を経て心の理解の世界を形作る。他方、行動主義の理論家は心について語る理論をもたない。そのため、心の発達についてはまったく語ろうとしない。

2つの学派は子どもの**動機づけ**水準についても見解が異なる。行動主義では、子どもは快の性質をもつ環境刺激の受動的な受け手とみなされ、その行動は強化子によって条件づけられる。ピアジェ派の子どもは世界と相互作用するように情動的に動機づけられた能動的な生き物である。すでに反射の段階で（0～1か月）、探索好きな乳児は、同化と調節という生物学的なプロセスによって、また外界との能動的な相互作用を通して、反射的動作を動作のシェマに変形させている。こうした出来事が生じると、認知構造が発達し、物理的世界や社会的世界のより進んだ相互作用が出現する。

3──生得主義と認知的構造

心の理論の発達に対するバロン・コーエンの生得主義的な説明によれば、乳児は心の理論に結びつく特殊な先行体を備えて誕生する。彼はこれを〈フォーダー派の意味で〉モジュールとは呼ばず、同種の仲間との相互作用

51

（外因的要因）に基づかない個々の神経系の成熟機能（内因的要因）がもたらす「神経学的メカニズム」という用語を好む。カーミロフ・スミス（Karmiloff-Smith, 1992, p.6）によれば、モジュールを領域とその知識と混同してはならない。その結果、領域は特定の知識の範囲（例：言語、物理）の表象から構成されるが、「モジュールはこの知識とその計算の場所を提供する情報処理のユニットである」。つまりモジュールは、より固定的であり柔軟性に欠ける。その結果、モジュールは乳児に最初の段階では多くの情報を提供するが、変化しにくい。経験的証拠によれば、心とその知的過程は環境からの入力に対して非常に多彩に応答する。つまり、心の構造の個体発生とその結果生み出されるものは、モジュール論者の立場が示唆するものよりもはるかに大きく変動することを示している。

バロン・コーエン（Baron-Cohen, 1991）のモデルは、乳児の内部にある意図性の発達を、社会的環境からの影響を求めず、3つの内因的要因の成熟に基づいて説明する。この3つの神経―認知的メカニズムは誕生から生後18か月の間で成熟する。一つは意図検出器（ID：intentionality detector）であり、それは方向性（運動）のある刺激を意志的と解釈する原初的な知覚メカニズムである。あらゆる自己推進的なものが、知識が更新され修正されるまでは、主体があるようにみなされる。視線方向検出器（EDD：eye direction detector）は目や目に似た刺激の存在を検出し、目の向きから視線が自分に向いているのか、他のもの（社会的対象あるいは非社会的対象）に向いているのかを察知する。さらに他者の目の方向は見ることを誘導する。IDもEDDも誕生時から生後9か月まで機能し、自己と他者という二者関係のもとで意図を推論させる。この2つのモジュールの作用が9～11か月の間に共有注意メカニズム（SAM：shared attention mechanism）の成熟をもたらす。共有注意メカニズムの働きにより意図検出器の出力が視線方向検出器で利用される。乳児は共同注意的な相互作用（joint attentional interactions）の場面で、第3の対象物に対する他者の関心を推測できるようになる。1.5～2歳で成熟する最後のモジュールが心の理論メカニズム（To

52

第2章 発達におよぼす内因的影響と外因的影響

MM：Theory of Mind mechanism）である。心の理論メカニズムによって、乳児は知的な精神状態（振りをする、考える、知る、信じる、想像する、夢を見る、推測する、騙すなど）を表象する能力を獲得する。

初期の意図性の知覚で最も重要なモジュールは意図検出器であり、それは独力で動くように見える「多くの刺激の運動の中に目標や欲求という精神状態を読む」(p.517)ことを乳児に可能にさせる。しかしながら、意図性が特定の運動パターン、たとえば自己推進的運動や特定のゴールに向かう運動によって起動されるという考えは一つの興味深い仮説でしかない。それは、2つの対象物の運動が一定であるときでさえ、乳児は誕生直後から生命体と非生命体に対して異なった関わり方をするという知見と矛盾する (Spelke, Phillips, & Woodward, 1995)。たとえばレゲァスティ (1997b) は、人間と物が3か月児と随伴的に相互作用した玩具）にはしないことを見出している。また、明らかに自己推進的（自動車、飛行機など）だが、生命をもたないものが沢山ある。つまり運動だけでは生命体を決定することはできない。さらに、モジュールは社会的パートナーの援助がなくても成熟するというバロン・コーエンの主張は、経験的な知見によっても支持されない。ミュアとヘインズ (Muir & Hains, 1999) は、バロン・コーエン (1991) の理論を詳細に論じ、「乳児の感受性は情動的行動の変化（例：微笑）によってのみ引き出されるということははっきりしているが、視覚的注意は大人のどんな新奇な行動によっても引きつけられるように思われる」と書いている。これはそれらの反応には異なる基盤があることを示唆する。見ることは一般的な学習メカニズムによって動機づけられるが、微笑や発声には潜在的な社会的意味があるのかもしれない。つまり、心の理論の発達といった社会認知的能力に対する乳児の理解を推論するためには、見るという行動を利用するより、社会的反応を考慮することが必要であるように思われる。こうした社会的反応は、独立して動く社会的対象物によっても引き出され、非生命的対象物によって引き出されることはない (Legerstee, 1992; 1997b)。これらの知見は、人間

との相互作用が乳児における心の理論の発達の本質であることを強く示唆している。

4 ── 力動的システムと認知的構造

環境が発達にとって重要だという考えは、「発達するあらゆる生活システムの基本的特性は、特定の環境に開かれており、その環境と相互作用することである」(Schore, 2000, p.158) と主張する力動的システム論者たちからも支持される。力動的システム理論では、社会的環境からの入力と関係づけながら、乳児は自分の行動を**能動的**に探索し調整すると主張される。つまり、力動的システム論者は、乳児を環境が印字するタブラ・ラサではなく、内因的要因の成長に必要な社会情動的学習を実行させる人間との関わりに能動的に参加しようとする有機体とみなす (Fischer, Shaver, & Carnochan, 1990 を参照)。外因的要因と内因的要因との相互作用とその質が、人間の心への気づきの発達といった自己組織化の将来のルート (例：新たな発達形態の出現) を形作る。フォーゲル (1993) の非常に魅力的な本では、関係性に基づく発達が取り上げられている。関係性に基づくことなく人間の心と自己を理解しようとする試みは、芽を出し成長するかもしれない。しかし、それが食用になる実を結んだり美しい花を咲かせたりする可能性はないだろう。人間の認識と自己感の基盤や根源は関係的であるからである。」(p.4) という主張には説得力がある。関係性は、養育者と乳児との間で繰り返される共感的な枠組みを発達させ、おそらく共同調整がもたらす創造活動 (the creativity of co-regulation) の結果、その関係性の中で何かが生じ、養育者と乳児のペアの関係性は異なるレベルに移行するのである。

5　制約的構成主義と認知的構造

制約的構成主義者も、乳児を誕生時から自分自身の発達に能動的に寄与する有機体とみなす。制約主義者は、乳児が他者の中に精神状態を知覚するモジュールを備えて誕生するとは主張せず、乳児には領域固有の傾向（**内因的要因**）があり、これが心の理論の推理に必要な入力刺激に注意を向けさせるとする。十分に発達した心の理論は人間との相互作用（**外因的要因**）から構築される（Karmiloff-Smith, 1992; Tager-Flusberg, 1989)。

私の見解では、正常な社会－情動的で認知的な発達は、乳児が最初から自分を他の人間と似ていると知覚する能力に基づいている。その後の発達は、この類似性に対する知覚と、乳児が仲間との間でもつ相互作用による。乳児には社会的な対象を理解する固有な生得的傾向があり、それは非生命的対象物に対するものとは異なっている。第3章では、社会的な世界と非社会的な世界とを区別する乳児の能力について詳細に論じる。

4節　乳児研究の方法

ここまで論じられ、またこの後の章で示されるさまざまな理論的立場や仮説を支持する経験的データを示す前に、乳児を研究するための主要なパラダイム（たとえば、「理由とその内容」[Bornstein & Lamb, 1992, p.61]）を手短に紹介しておくことが重要である。換言すれば、乳児の能力がどのように理解されてきているのかに注意を向けておく必要がある。

乳児に関するピアジェの研究の多くは、彼自身の3人の子どもを対象にして行われた。ピアジェの実験的操作は非常に巧妙であったが、彼の方法は本質的に観察であり、乳児の手による能動的な操作反応が対象にされた。

このアプローチの問題は、身体能力と知的能力が交絡する可能性があることである。たとえば、ピアジェ（1954）は乳児における対象の永続性を手を使った操作課題によって評価した。この対象の永続性課題に成功するのに必要な協応的な動作は、生後8か月以下の乳児には複雑すぎる感覚−運動的行動であり、幼い乳児の概念的知識の評価として使用するには信頼性に欠ける。過去40年の間に、乳児研究ならではの新たな方法が発展してきた。

これらの新しい乳児研究法は、手を使った能動的な操作活動ではなく、といったより受動的な反応システムに注目している。乳児がさまざまな視覚刺激や聴覚刺激を区別するために利用される。たとえば、選好注視パラダイム（preferential looking paradigm）では、横に並んだ2つの刺激が提示される。もしも乳児が一方の刺激を他方の刺激よりも長い時間見るなら、乳児はその2つの刺激を区別しているとみなされる。（無論、ある刺激を他の刺激よりも見やすくさせるバイアス、つまり特定の方向を選好するバイアスを回避するために、刺激の位置をカウンターバランスさせることが必要である。）

自発的な選好にあまり依存しない方法が馴化パラダイム（habituation paradigm）である。乳児がある刺激を見た後では、注視時間が低下する。換言すれば、乳児はその刺激に馴化する。馴化はまた弁別の測度としても使用できる。乳児にある刺激を提示し、視線を向けなくなったら、別の刺激を提示する。もしも乳児が脱馴化する（注視時間を増加させる）なら、その2つの刺激を区別していると仮定することになる。もしも乳児が2つの刺激を区別しないなら、乳児は脱馴化しないだろうということになる。

刺激の選好と弁別を評価するもう一つの方法は、空吸い（non-nutritive sucking）パラダイムである。このパラダイムは、聴覚刺激などのような見えない刺激に有用である。乳児が記録装置につながった乳首を吸うと、聴覚刺激が提示される。たとえば、/ba/と/pa/の音素の聞き分けができるかどうかを調べたいなら、（サッキングの

56

第2章　発達におよぼす内因的影響と外因的影響

ベースラインのデータを得ておいて）/ba//ba//ba/という音素を提示する。するとサッキング数がベースラインより増え、その後、減少する（馴化）ことに気づくだろう。その乳児に、今度は、/pa//pa//pa/という音素を提示するのである。もしも乳児のサッキングが回復すれば、乳児はこの2つの音素を聞き分けたと言える。

これらの方法には以下のような問題がある。この種の弁別行動から選好を演繹的に推論できるが、乳児が選好しないからといって、たとえば、ある刺激と別の刺激に対する注視やサッキングの量に違いがないからといって、乳児が必ずしもこの2つの刺激を区別していないのである。刺激の特徴を巧妙に変化させることで、乳児が区別に失敗する理由をさらに検討することができる。

馴化法は、物理的出来事や社会的出来事に対する乳児の期待や信念をテストするためにも使用することができる。乳児はなじみのある出来事より、新奇な出来事のほうを長く見る傾向がある（Spelke, 1985）。典型的な実験では、乳児に2つの出来事、一方はありうる出来事、もう一方はありえない出来事を提示する。もしも乳児が、ありうる出来事はこの信念と矛盾する。もしも乳児が、物は別の物によって覆われても存在し続けるという信念をもっているなら、この信念に矛盾するだろう（驚くだろう）。この期待違背パラダイム（violation-of-expectation paradigm）を使用して、ベイヤールジョンと共同研究者たち（Baillargeon, 1993）は、生後2〜3か月までに、乳児は対象物が見えなくなっても存在し続けることに気づいていることを示した。この実験や、スペルキと共同研究者たちによって行われた多くの実験は、馴化が誕生直後から物理学のいくつかの基本法則に敏感に反応することを示している。

馴化パラダイムは、社会的原理に対する乳児の理解を検討することにも使用することができる。私は、以前の研究で、人間と非生命的な玩具（例：握ることができる玩具）を提示すると、乳児は人間とはコミュニケーション

57

しようとするが、玩具に対しては握ろうとすることを見出した（この研究の概要を知るためには Legerstee, 1992 を参照）。その後の研究で、この応答性の違いは乳児が見たものの結果だったのか、それともこうした反応はより深い意味のある結果だったのか、非生命体には動作をするという社会的ルールを使用したのかを明らかにしようとした。この仮説を検討するために、遮蔽物の後ろに隠れて見えない対象に対して、大人が語りかけるシーンを乳児に見せて馴化させた（Legerstee, Barna, & DiAdamo, 2000）。馴化した後で、乳児に2つの刺激、人と箒を提示した。このテストの場面で、乳児は人間より箒のほうを長い時間見つめた。つまり、乳児には人間が非生命体に語りかけることが驚きになるのである。こうした知見は、乳児が、人間は他の人間とは一定の距離を取ってコミュニケーションや相互作用をするが、非生命体にはそうしないことを理解していることを示唆している。

したがって、馴化研究は、それが課題特異型学習（task specific learning）のように別の解釈の可能性が適切に統制され、また十分に再現されるなら、誕生直後からの社会的理解に対する気づきや、学習を促進させる領域固有の原理の存在を示す証拠を提供できる。

乳児が人間との相互作用から学習し、またその相互作用の質が発達に影響するなら、乳児を相互作用パラダイムで研究するだけではなく、こうした相互作用で得られる従属変数に対して、相互作用に関わる個別要因がいかに寄与するかを明らかにする分析が必要とされる。つまり、「子どもの発達は親と子の間で共同して構築される相互作用のプロセスの積算された経験によって形成される」（Hui-Chin Hsu & Fogel, 2003, p.1061）と論じるなら、この二者関係を明確にする方法を工夫するだけではなく、相互作用の相補性を明らかにする統計的分析を用いて、外因的要因と内因的要因の間の関係を測定することが必要である。系列的対数線形分析（sequential loglinear analyses）は、母親の相互作用戦略と乳児のコミュニケーション行動の間で生じる興味深い随伴性を示すことがで

第2章 発達におよぼす内因的影響と外因的影響

き、こうした力動的なコミュニケーションによる相互作用の相補的性質を明らかにする（Fogel & Hannan, 1985; Legerstee et al., 1990; Legerstee, Van Beek, & Varghese, 2002）。親子の相互作用の相補的性質が重要であるにもかかわらず、二者の相互作用の対称性、非対称性、そして一面性の程度が決定されることが必要であるし、二者システムの自己組織化の過程に及ぼす二者のコミュニケーションの歴史（最近のものもそうではないものも）の影響が明らかにされる必要がある。力動システム論に従って、スーとフォーゲル（Hsu & Fogel, 2003）は生後6か月間における母子の対面的コミュニケーションの安定性と変動性を検討した。方法論的また統計的に必要な3つの要件、すなわち（1）二者の相互作用者の行動を分析のユニットとして使用するコーディング・システムの開発、（2）時間の経過とともにコミュニケーションが発達する二者の力動的過程を示すデザインの利用、（3）現在観察されるコミュニケーションに及ぼす「累積史」（cumulative history）の影響を検討可能にさせる統計法の使用、これら3つが実行された。こうした野心的な方法論や統計法を使用した結果、生後6か月間における母子のコミュニケーションの関係的、力動的、そして歴史的な性質が明らかにされた。

次章では、乳児と人間との相互作用だけに焦点を当てるのではなく、乳児と人間との相互作用が非生命体との相互作用とは異なることを示す経験的証拠を提供することになるだろう。こうした知見は、乳児が生命体と非生命体に対してそれぞれ特有な反応をするように仕組まれて誕生することを示唆している。

第3章 生命体／非生命体の区別

1節 社会的認知と非社会的認知との関係

第2章で、乳児は人間に関する表象や、人間との相互作用の仕方に特定の原理を適用させる生得的領域を備えて誕生すると論じた。それが正しければ、乳児は物理的な対象物を表象する領域を別にもっていなければならない。乳児が人間や物と相互作用するために個別の領域をもっていても驚くにはあたらない。人間と生命のない物とは重要な点で異なっており、物理的な対象物との相互作用で働く規則と調整は、人間との相互作用で使用されるものとは異なるに違いない。このことは、社会的な理解と物に対する理解が別々に発達することを示唆している。本章では、乳児が生命体と非生命体をいかに区別するのか、その発達を論じたい。生命体と非生命体の区別が子どもの中でどのように発達するかを知ることは、乳児の社会的能力を明らかにするだけではない。すでに述べたように、それは社会的認知と非社会的認知がどう関係するのかというさらに大きな理論的問題に関わってく

第3章　生命体／非生命体の区別

る（Gelman & Spelke, 1981; Glick, 1978）。領域一般理論を支持する研究者によれば、認知は単一なものであり、人間と非社会的な物は同じ認知過程を通して理解される。手短に言うと、ピアジェ（Piaget, 1952）は、乳児が人間を他のあらゆる物のうちの一つとみなす抽象的な領域一般原理をもつと主張した。人間との相互作用を通して、乳児は人間を他の対象物とは異なる主体として理解するようになる。しかし第2章で紹介したように、人間を研究し始めた研究者たちは、社会的な領域を認識の古典的な発達モデルと同種のものとはみなさないことを示す知見を見出してきている（例：Glick & Clarke-Stewart, 1978）。たとえば、物の運動は物理的な力がそれらにどう働くかという知識から予測可能だが、人間は自分で動くことができる（Glick, 1978; Hoffman, 1981）。さらに、人間は非生命体と比べて取り扱いが格段に複雑である。物は安定した予測可能な反応をするために詳細な記述が可能になる。他方、社会的な事象は曖昧でその予測不可能性ゆえに、完全には記述しきれないことが多い（Gelman & Spelke, 1981）。物理的領域と社会的領域の間に違いがあるなら、2つの領域で異なる処理を行える知識の存在が期待されるだろう。

この論点について、領域一般理論家は、乳児が人間と物で異なる反応をするのは両者に知覚的差異があるためだと論じる。彼らは、自己推進的運動（Premack, 1991; Gergely et al., 1995; Rakison & Poulin-Dubois, 2000）、目、手、あるいは音声（Johnson, Slaughter, & Carey, 1998; Johnson, Booth, & O'Hearn, 2001）、随伴的運動（Watson, 1972, 1985）といった人間の身体的刺激を非社会的な物と関連づけることが可能なら、乳児はこの2つに対して異なった反応をしないだろうと主張する。こうした予測を検討する一つの方法は、このような変数をコントロールした研究を行うことである（Legerstee, 1992; 1994a; 1994b; 1997a; 1997b; Legerstee, Barna, & DiAdamo, 2000; Legerstee & Barillas, 2003; Legerstee & Markova, 2005）。本章ではそうした経験的知見を紹介したい。こうした知見は、乳児による人間と非生命的運動主体との区別はより深層で働いており、単なる表面的な物理的現象によるものではないことを示している。

2節　生命体と非生命体の区別の定義

1981年、ロチェル・ゲルマン（Rochel Gelman）とエリザベス・スペルキ（Elizabeth Spelke）は魅力的な論文を書き、人間と物に対する成熟した概念に含まれるべき条件を詳細に説明した。その説明では、人間と物には物理的特性（大きさと形）が存在する点で似てはいるが、この点で2つは異なっていると論じられた。人間と物は異なった運動を行い、感情や意図や思考をもつのは人間だけがコミュニケーション、成長、生殖、独立した運動を行い、感情や意図や思考をもつ点で似てはいるが、この点で2つは異なっていると論じられた。人間と物は異なった特性をもつだけではない。それらは異なって知覚される。

しかし、注意の焦点は主として情動や意図といった人間がもつ精神状態に向けられる。物には内的状態がない。それゆえ物には物理的特徴とその機能にしか注意が払われない。こうした違いから、大人はこの2つに対して異なる関わり方をする。大人は人間とはコミュニケーションするが、物にはコミュニケーションするときには、対話者は相手に対し言語的にも相補的なやり取りを期待する。非生命的な物には物理的な特性に注意を向ける。非生命的な物を動かそうとすれば、手で扱わなければならない。つまり、人間には精神的な状態があり、自己発生的な運動をし、コミュニケーションが可能であることを理解している。しかし、さらに重要なことは、大人は人間に対して非社会的な物とは異なった関係性を発達させることである。

人間との関係には情動や社会的ルールがあり複雑である。情動は強力であり、その後の認知過程を促進したり、逆に妨害したりする可能性がある。物と相互作用する際に引き起こされる情動は弱いことが多く、それは課題に

62

第3章 生命体／非生命体の区別

成功するかしないかによって生じる（Hoffman, 1981; Legerstee, 1997a）。

3節 生命体と非生命体の区別に関する理論的視点

人間と物とを区別する能力は人間の発達の基盤であるため、ピアジェ（1954）、ラインゴールド（Rheingold, 1961）、ワトソン（Watson, 1972）、ブルーナー（Bruner, 1973）、トレヴァーセン（Trevarthen, 1979）といった多彩な理論家たちは、乳児が人間と物とをどのように区別するようになるのか詳細に記述した。モジュール理論に立つ研究者は、乳児が早熟な認識主体であり、人間と物とを本当に区別するとみなすが、大人が人間と非社会的な物を区別する際に使用する多くの能力は乳児期以降に発達するのであり、環境刺激との相互作用を通して構成されるように思われる、とする。乳児期以降に発達するのは、心理学的特性を人間に帰属させる道を歩みだす子どもにとって、最初はそうした能力が必要ないからである。すでに述べたように、乳児が人間についてもつ生得的表象は、自分と他者を情動と意図をもつ似たものとして認識させるが、成長し生殖するという複雑な生物学的プロセスが似ていることまでは認識できない。こうした概念は年齢とともに構成されるのである（Gelman & Coley, 1990; Gelman & Markam, 1986）。

1 — 生命体と非生命体の区別に関するピアジェの見解 (アニミズム) —

ピアジェ（1954）は、乳児が生命体と非生命体の区別の理解をいかに発達させるかということを、コミュニケーション、アニミズム、因果性に関する研究として取り上げた。乳児には最初は認知的構造がない（生得的な

知識がない）ので、誕生時の乳児は社会的な生物でも認知的な生物でもない。生後最初の2年間で、自己、他者、非生命的な物の区別を次第に学習する。その間に、乳児は人間の行動についての期待を発達させ、人間には意図があることを認識するようになる。伝統的なピアジェ派の仮定では、社会的世界と物理的世界を理解するためには乳児期の間にそれらに働きかけをしてその世界を構築することが必要だと主張される。それゆえ具体的操作期までは、精神的な出来事と物理的な出来事とを混同し（アニミズム）、外的な状態と内的な状態を区別しない（例：話すことと考えること）。しかし経験的な証拠はアニミズムに関するピアジェの立場に異議を申し立ててきた(Rakison & Poulin-Dubois, 2000; Legerstee, 1992, 1997a; 2001bのレビューを参照)。

新しい研究では、言語的課題の場合に、就学前児になれば精神的なものと物理的なものとの区別が可能であること (Carey, 1985)、非言語的課題が使用されれば、18か月児でも人間の行動を意図的なものとして扱い、非社会的な物とは異なる対応をし始めることが示されている (Meltzoff, 1995; Rakison & Poulin-Dubois, 2000も参照)。

伝統的な知覚研究では、幼い乳児による人間や非社会的なものさまざまな形態の変化（例：物や顔の線画、写真、ビデオ記録）(Muir, Cao, & Entremont, 1994参照) に対する感受性を視線だけを利用して評価した。その研究は最初はピアジェの理論を支持した。こうした研究者は、社会的情報をより「単純な」形式へ還元すれば「社会的意味」をもつ本質的な特徴の手がかりが明らかになり、意味の理解がより容易になると仮定した。しかし最近の研究は、社交能力に備わる気づきに欠かせない情報が排除され、社会的な刺激がもつ力動的で時間的な成分を除去すると、社会的な場面で乳児を観察せず、乳児に2次元の情報それは乳児の能力を損なうことになることを示している。社会的な手がかりが取り除かれてしまうのである。こうした操作は乳児にとって課題をより困難にさせると、社会的な気づきではなく、情報処理能力を測定する場面にしてしまう (Moore, Hobson, Lee, & Anderson, 1992)。

64

第3章 生命体／非生命体の区別

社会的相互作用を重視する研究者は、乳児が人間と一緒のところと非社会的な物と一緒のところを自然な場面で観察し、両者の間でまったく異なる姿が見られることを示した。生後2か月目の乳児でさえ、人間に対しては社会的対象として扱い、微笑や発声をし、動作を模倣するが、非社会的な物に対しては見つめたり手を伸ばしたりする目標として扱った（Legerstee, 1992; 1991a; Legerstee, Corter, & Kienapple, 1990; Legerstee et al., 1987）。こうした応答性の違いは、遅れのない乳児と同等な精神年齢あるいは知覚－認知的能力水準に達したダウン症児でも見出されている（Legerstee & Bowman, 1989; Legerstee, Bowman, & Fels, 1992）。このような健常児と障害児の経験的データに見られる一致は間違いなく興味深い（図3－1）。

幼い乳児は人間の行為に相補性も期待する。生後5週の乳児は、人間が応答しなくなるとぐずりだすが、物が動かなくなってもぐずることはない（Legerstee et al., 1987）。人間がモデルになれば開口や舌出しという模倣をするが、物がこうした動きをしても模倣はしない（Legerstee, 1991b）。さらに3か月児は、非社会的な物とは異なった関係を人間に対してもつ。人間が乳児に応答的なほうが、物が乳児の動作に随伴するときより、3か月児は幸せで（クーイングや微笑など）、その

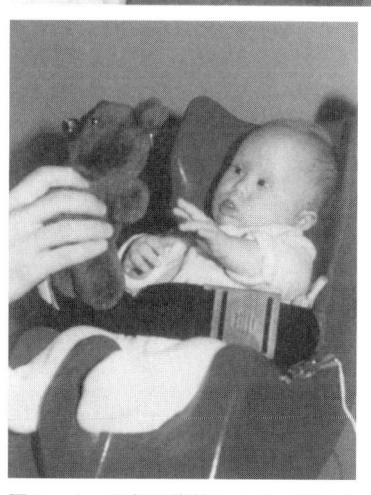

図3－1　母親に微笑みかけ、玩具をつかもうとするダウン症の6か月児

後の情報処理が早くなる（例：多様相な刺激に対する馴化）。しかし、人間がランダムな行為をすれば、乳児は苦痛を表現し、その後の認知課題への馴化に失敗する。対照的に、非社会的な物が乳児の動作にランダムに応答しても、乳児の機嫌を損ねたり、外界の環境とのその後の相互作用に影響したりすることはない (Legerstee, 1997b)。したがって、非常に幼い乳児でさえ、人間との関係は非社会的な物との相互作用より強い情動を誘発し、人間との関係だけが学習への動機づけに影響するように思われる。

こうした結果は、乳児が社会的対象物と非社会的対象物に対して異なった反応をすることを示すだけではなく、「力動的ではない理論が信じていた時期よりずっと早くから、つまり生後5か月の間に、乳児は、空間的に結びつき、個別に運動し、全体的で、永続的な対象物の世界を知覚する際に力動的な情報を利用する」(Butterworth, 1990, p.63) ことを示唆している。

2　運動理論家

幼い乳児が人間と非社会的な物に対して見せる異なる反応にどんな意味があるのだろうか。乳児が人間と非社会的な物に対して見せる異なった反応を説明しようとする最近の試みの多くは、運動に焦点を当ててきた。人間と物との間にある最も明確な異ないの一つは、「生命的 (animate)」という言葉に含まれている (Legerstee, 1998)。つまり、人間は動作の発生源であり、内的に動機づけられ、ときには意識の中枢をもっているとみなされる (DeCharmes, 1968)。ピアジェ (1954) は、感覚-運動期が終わる頃、人間を対象にした永続性が非社会的な物を対象にする永続性より早く生じることに気づき、その発達パターンの違いを論じた。彼はこの違いを以下のように説明した。乳児は、人間が因果の自律的な起源であるが、非社会的な物はそうではないことに気づいている。それゆえ、物よりも人間のほうが乳児を認知的に動機づけ、乳児は非社

66

第3章 生命体／非生命体の区別

会的な物より早く調節活動に従事する。乳児が人間と物に対する概念的理解を開始する時期や、その後の生命体と非生命体の理解の発達の道筋に違いがあるという知見は、この知見が固有の領域から発生することを示す証拠だと論じることができるだろう。しかしながらピアジェは、「水平的デカラージュ（horizontal decalage）」（訳注：同一の発達段階内で、同じ精神機能の遂行が内容の差とみなし、「水平的デカラージュ（horizontal decalage）」（訳注：同一の発達段階内で、同じ精神機能の遂行が内容の違いによって時期的にズレること）の観点から論じた。乳児は2つの集合に対し同じレベルの能力を同時に獲得するが（領域一般説を支持）、乳児にとっては人間のほうが魅力的な刺激であるがゆえに、この能力（例：対象の永続性）を人間に対して早く示す（遂行）のだと論じたのである（Legerstee, 1994a; 1994b 参照）。ラキソンとポウリン・デュボア（Rakison & Poulin-Dubois, 2000, p.1）もまた領域一般学習を支持しており、乳児が人間と非生命的主体とを区別するのに使用する最初の手がかりとして運動に注目している。彼らは人間と物を区別する運動のタイプとして以下のような特性をあげる。（1）運動の開始（自己推進的運動／誘導的運動）、（2）軌跡のライン（スムーズ／不規則）、（3）因果的動作（距離／接触）、（4）相互作用のパターン（随伴性／非随伴性）である。大多数の理論家が4つのうちの1つを他のものより強調するが、人間の運動にはこうした4つの特性のほとんどが含まれており、人間の相互作用のパターンは随伴的、自己推進的、軌跡のラインが不規則で、離れたところで生じる運動が多いことが知られている。

乳児による人間と物の区別を運動特徴から論じる研究者は、領域一般的メカニズムを支持するだけでなく、乳児は人間と物を区別するために外面的な特徴を利用していると考えている。乳児は概念的特徴より知覚的特徴を使用すると論じるのである。第1章で指摘されたように、さまざまな理論家が人間に対するある種の概念的理解は誕生時に存在すると主張するが（領域固有の知識の結果として）、乳児は後になって知覚的属性や特徴を概念的知識に転換するのだと論じる理論家もいる（領域一般論者）。

本章の残りで、生命体と非生命体の違いを取り上げた理論を少し詳細に論じたい。生命体と非生命体を区別する基盤、そしてそれとその後の心の理論の推理との関係に興味があるので、生後最初の1年間で人間と物とを区別するために乳児が使う固有の原理やモジュールを重視する理論に注目してみたい。

〈随伴性分析――ワトソン〉

ワトソン（1972; 1985）によって提唱された随伴性理論（contingency theory）は、乳児が社会的環境にいかに適応するかを説明しようとするものであった。1972年に書かれた「微笑、クーイング、ゲーム」という独創性豊かな論文で、ワトソンは乳児が人間と物との区別を学習しなければならないとした。彼は、乳児が随伴性検出メカニズム（contingency detection mechanism : CDM）という生得的なモジュールをもって誕生すると論じた。生後3か月間、CDMは完全な随伴性にセットされており、そのため乳児は自己と外界との区別ができる（例：乳児は枕に頭をのせる、乳児は母親にさわる、など）。生後3か月までは、不完全な随伴性を選好することはない。乳児が自分の行動と環境からの応答報酬との不完全な随伴性（社会的であれ非社会的であれ）が乳児に注意や感情を引き起こさない。対照的に、応答刺激が非随伴的であれば、それはどんなものであれ乳児に注意や感情を肯定的な情動を引き出す。つまり生後3か月までは、あらゆる随伴的な反応刺激を選好する。乳児が自分の行動と環境からの応答報酬との不完全な随伴性を知覚するようになると、微笑やクーイングが発生する。

ワトソンとレイミー（1985）によれば、乳児に人間か物かの区別をさせるのは間欠的な随伴性の知覚である。自然環境では、人間だけが乳児の動作に対し間欠的な仕方で応答することは多くの論文で支持されてきた。ワトソン（1972）とワトソンとレイミー

第3章 生命体／非生命体の区別

(Watson & Ramey, 1972)は、環境をコントロールすると、乳児は非社会的な物に対して随伴性を学習できることを示した。彼らは、乳児がモビールを動かすために、モビールと紐で結ばれた自分の足を多く動かすかどうか検討した。2か月児に対し14日間毎日続けて10分間だけ非随伴的なモビールの回転運動を見せた。その後、その乳児に実験室でモビールの動きをコントロールさせると、その課題の学習に失敗した（転移効果）。これは以下の実験群の乳児と対照的であった。同じ2週間の間、随伴的なモビール経験をする別の実験でワトソンは、（a）乳児の反応の50パーセントが強化され、（b）一分間に6回の非随伴的応答を受けると、乳児の足けり行動は増加した、しかし、連続強化の後では、足けり反応は増加しなかった、という知見を得た。この知見から、乳児は生後3か月までに「不完全だが明確な随伴性」によって意識がより活性化されるようになると主張した。

ワトソン (1972) によれば、乳児は人間と物とを区別するために不完全な随伴性を利用するが、生後3か月までは不完全な随伴性を選好しないため、乳児はその月齢までは人間と物に対して異なった反応をすることはない。第10章では、3か月以前の乳児が間欠的な応答に敏感ではないという考えに異議を唱える研究を考察する (Markova & Legerstee, 2006 参照)。本章では、乳児が人間と物（例：人形）の随伴性に対して等しい感受性をもつという考えを批判的に論じたい (Legerstee, 1997b)。

社会的刺激と非社会的刺激を使って行われたフォローアップ研究で、社会的刺激の場合には、自然な場面 (Dunham & Dunham, 1990) でも訓練実施の後 (DeCasper & Carstens, 1981) でも転移効果が認められた。しかし非社会的刺激を使った研究では、転移効果に一貫性が認められなかった (Finkelstein & Ramey, 1977; Gekoski & Fagan, 1984; Millar, 1972; Ramey & Finkelstein, 1978)。こうした違いは、非社会的随伴性研究に見られる多くの方法論の違いと関係するのかもしれない。だがそうだとすれば、社会的刺激を使った研究でも方法は異なっているため、転移課題は

69

社会的刺激が使用された場合でも失敗するはずである。もっと適切な仮説がダンハムら（Dunham et al., 1989, p.194）によって提案されている。その研究では、乳児が発声するたびに実験者も声を出して乳児の足に触れるという随伴的強化を与えると、3か月児は社会的行動を表現しながら課題への関心が強く、最初から課題への関心が強く、複数の感覚様相をもつ刺激（multimodal stimuli）に対して早く馴化した。非随伴的な刺激を受けた乳児は、転移課題における複数の感覚様相をもつ刺激に対して困惑した感じがあり、ほとんど関心を示さなかった。しかしながら、持続的に回転するモビール（非社会的な物）を見せられたコントロール群の乳児はネガティブな情動もポジティブな情動も見せず、転移課題の場面では非随伴的な社会的刺激群の乳児より多様相の刺激に強い関心を示した。筆者らは「そのパラダイムの転移課題前に行われた随伴的／非随伴的な段階での**社会的**刺激の使用が、転移効果には決定的に重要になるのだろう」と示唆した。

もしも生後3か月までの乳児が、（強化スケジュールが統制されたときに）物よりも人間の随伴的な応答に敏感であるなら、乳児の社会的行動は、ワトソン（1985）によって示唆された活動水準のような一般化された反応ではありえない。むしろ乳児の情動的な状態は、乳児と社会的なパートナーとの間で交わすコミュニケーションがもつ力動性の結果であろう。このことは乳児の社会的発達や認知的発達にとって重要な意味がある。なぜなら、ある種の社会的経験が認知的機能に一般化（転移）するような変化が3か月児で生じるからである。経験が持続されるなら、乳児や養育者のいずれかがもつ不適切な相互作用シグナルは、その後の発達に長期的な効果をもちうることが予想される。

乳児が随伴的に応答する人間や物に異なった反応をするかどうか、そしてこうした相互作用がその後の認知的活動に影響するかどうかを見出すためには、人間や物のさまざまな随伴性レベルを一つの実験パラダイムの中で

第3章 生命体／非生命体の区別

互いに競い合わせるような実験を行って乳児を観察する必要がある。しばらく前にそうした実験を行った (Legerstee, 1997b)。2種類の随伴性レベルで乳児に応答する人間や物に対する3か月児の反応が2つの実験で比較された。実験1では、人間と物の随伴的応答がコントロールされた。両方の実験で、随伴的相互作用は乳児に異なった効果をもたらした。実験2では、随伴的応答とともに、顔／発声の力動性がコントロールされた。両方の実験で、随伴的相互作用は乳児に異なった効果をもたらした。「演者」が人間か物かによって違いが生じたのである。さらに、人間との随伴的な相互作用が、その後の転移課題での非社会的な刺激に対する乳児の注意の状態に影響した。特に、人間との随伴的な相互作用を経験した乳児は、人間との非随伴的な相互作用を経験した乳児と比べて、肯定的な情動を表現し、より高い水準の刺激を求めようとした。人間との非随伴的な相互作用を経験した乳児は、否定的な情動状態を表現し、その後は非常に低いレベルの刺激を求めようとした。対照的に、物との間で随伴的あるいは非随伴的な相互作用を経験した乳児は、情動表現にそうした違いがなかった。むしろ、あらゆる条件で中立的な顔の表情をすることが多く、その後の転移課題での多くの感覚様相をもつ刺激に対する関心が著しく低くなることも高くなることもなかった。

人間と物（人形）には類似した随伴的運動と顔の形があるにもかかわらず、乳児が異なる反応をするのは、2つの集合をこうした特徴だけによらずに分類する基本的カテゴリーを乳児がもつことを示唆している。ワトソンであればこの結果をおそらく次のように説明するだろう。最初は、乳児は随伴性の知覚によって「社会性」のカテゴリーを分類するが、生まれてから3か月間の随伴性学習の歴史（変率的な社会的強化と直接的な非社会的強化）が、非社会的な物に対する3か月児の反応に違いをもたらすのであった。しかしながら、乳児が誕生から3か月までの間に、異なる条件づけ過程に基づいて社会的なカテゴリーと非社会的なカテゴリーをどのように形づくるのか、それを理解するのは困難である。生後3か月までの間に、乳児は人間とは随伴的なゲームを経験するが、運動能力に乏しい（たとえば、手を伸ばしたり、握ったりすることしかできない）乳児が自然な環境で一人で

物を操作したり働きかけたりするのには大変な制約があり、「完全で明確な随伴性」を知覚し分析する経験はほとんどできない可能性が高いからである。

ワトソン (1972, p.108) 自身は、生後2〜3か月の時期は反応回復が遅く随伴性記憶が短いため、乳児は自分の行動とそれが物理的環境にあたえる刺激効果との随伴性に気づきにくいためだと記述している。

〈動きだけでは不十分──ゲルマン〉

レゲァスティ (Legerstee, 1997b) の結果は、乳児が随伴性知覚能力を生得的にもつというより、人間を認識する領域固有の知識があり、それが人間を非生命的な物と区別させることを示唆している。たとえば、ゲルマン、ダーギンとカウフマン (Gelman, Durgin, & Kaufman, 1995) によれば、乳児はさまざまな細かな違いに注意を向けて生命体と非生命体とを区別する領域固有な構造をもって誕生する。生命的構造は人間（と他の生命体）には自己発生的運動が可能であり、また非生命的構造は物が動くためにはそれを動かす主体が必要になると規定する。しかし、ゲルマンは人間と物との区別が知覚（空間−時間）レベルで生じるとは信じていない。なぜなら、彼女の言うところでは、知覚的情報は曖昧で不完全なことが多いからである。むしろ、そうした構造により、乳児は物の運動の解釈を変えることになる。ゲルマンら (1995, p.183) は以下のように書いている。「もしもわれわれが砂漠で棘をもった丸い物に出会えば、それが動き始めるまではサボテンだと考えるだろう。しかし、いったんハリモグラだと気づけば、最初と同じように、それが動かなくなることはなくなるだろう」。つまりゲルマンによれば、生命体と非生命体の区別をしようとする際には、乳児は運動と外的な特徴の両者から知覚的情報を得て解釈する。

しかし、たとえ乳児が生命体は自ら動き、それらしく見えるはずだと気づいていても、生命体を人間とみなすために

72

第3章　生命体／非生命体の区別

は、人間が特定の社会的規則に準拠して行為しているという認識が必要になると考えられる。多くの研究者が、他者の中に意図を知覚する能力を、人間の概念的な理解の前提とみなしている。そうした能力が社会的世界と物理的世界を明確に切り分けると主張するのである (Frye, 1981)。

ラキソンとポウリン・デュボア (2000) によれば、乳児は生命体と非生命体とを区別するために、さまざまな運動形態に加え、心理的特徴（目標志向／無目的）や精神状態の影響（意図的／偶発的）を利用している。しかし彼らによれば、2歳頃になるまではそうした心理的特徴は感覚情報から抽出されている。乳児には連合学習のメカニズムがあり、感覚情報が引き金を引くと、2つの特徴間で関係が成立し、それが生命体かそれとも非生命体のいずれの特徴であるか、子どもは予想する。そうした観察を繰り返し経験しながら、人間を生命体の原型として認識していくのである。

別のところで、物理的特徴と心理的特徴は両方とも生命性 (animacy) の概念の発達に重要だと論じたことがあるが (Legerstee, 2001a, b)、心理学的カテゴリーが2つの知覚的観察が可能な特徴の連合によってどのように作り出されるかを理解するためには、その連合学習に制約を導入しない限り難しい。曖昧な刺激が多いことを考えれば（例：遠隔操作されたオモチャの車）、目標に向かって動く自己推進的な物を観察することによって、子どもがどうして意図的主体の概念を獲得できるようになるかは不可解な謎だと思われる (Gelman et al., 1995 も参照)。進化論的な観点に立てば、誕生時の乳児には人間を心理的存在とみなす能力が備わっており、2つの物理的変数間の関係の表象を備えているというのは根拠がないだろう。人間を心理的存在と知覚することのほうが、社会的動物にとってはより適応的であるからである。

さらに、2歳以前の子どもが人間を自己運動しながら随伴的に相互作用する物ではなく社会的な存在だと気づくことは、乳児が他者とは社会的な相互作用をするが、随伴的に動く物とは社会的な相互作用をしない理由を説

73

明することになるだろう (Legerstee, 1997b)。乳児は物理的な物にはない情動共有のようなタイプの情報 (Hoffman, 1981 参照) を引き出しているに違いない。それが人間としかできないコミュニケーション交流を魅力あるものにするのである。

結論を言えば、「自分のような」運動 (Rakison & Poulin-Dubois, 2000; Premack, 1991) や身体行為 (Meltzoff 他) の知覚が、乳児に生命的か非生命的かの区別をさせる基盤なのである。確かに知覚レベルでは、乳児は誕生直後から人間と物とを区別して反応する (Legerstee, 1992 参照)。この研究で重要なことは、乳児は生まれつき社会的な刺激を選好し、それらと相互作用する能力があることを示唆しているのことは、乳児には生まれつき人間であったボルドウィン (Baldwin, 1902, Hobson, 1990 から引用) は、誕生直後の乳児は他者の行動に見られる「人間らしきもの」(suggestions of personality) に応答しながら人間と物を区別すると主張している。つまり、ボルドウィンの場合、他者についての経験は「本能的」コミュニケーションがもつ特有な現象に基づくのである。

幼い赤ちゃんは「人間らしきもの」をどのように確認するのだろうか。第 2 章で、乳児には生まれつき人間に応答する一定の傾向があると論じる研究者 (例: Bruner, 1973; Fogel, 1993; Schaffer, 1984; Trevarthen, 1979) の提案について論じた。

また、誕生直後の乳児は人間を自分と似たものとしても認識している。なぜなら人間の模倣はするが、こうした身振りを真似る非生命的な主体の模倣はしないからである (Legerstee, 1991b)。つまり、乳児は社会的刺激や非社会的刺激の運動には気づくが、模倣するのは社会的対象が行った運動だけなのである。レゲアスティ (1991b) の研究で重要なことは、乳児は「自己運動物」(self moving object) であればどんなものでも社会的対象として出会うとする考えとは相反する結果が得られたことである。乳児が人間には模倣反応をするが、物理的な物には模倣反応をしないという事実は、模倣が社会的反応であることを示唆するだけではなく、「乳児は自分と他者が同

74

第3章　生命体／非生命体の区別

じように行為できることを暗黙に『知っている』」というゲルマンとスペルキ（Gelman & Spelke, 1981, p.54）の主張を支持するといえるだろう。このことは生後数日間の対面的な交流場面でとりわけ重要になる。乳児は非情動的な顔の身振り（実験室で提示される舌だしや開口）を模倣するだけではなく、自然な交流場面では人間の情動を模倣する（Field, Woodson, Greenberg, & Cohen, 1982）。つまり、乳児は人間を非生命的な物より選好するだけではなく、モデルとなった人間と自己との類似性を知覚し、彼らとの間でのコミュニケーション照合に参画する。他者の情動を模倣することによって、乳児は情動を共有し、自分自身と他者の心的な状態の同等性に気づく。こうした発達早期に見られる人間との類似性の単純な認識は、その後の複雑な情動交流によってより多面的なものになる。人間に対するより複雑な概念的理解が構築されるのは、こうした間主観的な交流形式によるのである（Chapman, 1992; Legerstee, 1997a）。つまり、自己組織化の過程や共同調整者としての大人の役割が基盤になり、乳児は自分自身の意図的行動や他者の精神状態の気づきに最も重要な役割を演じる情動的気づき（emotional awareness）へと向かうのである（Freeman, 2000; Fogel & Thelen, 1987）。

要約すると、第2章で説明したように、乳児は他者を自分とよく似たものとして知覚する内因的過程を備えて誕生する。この認識は、運動、顔の特徴、手、あるいは様相間の等価性には立脚しない。認識の基盤は情動的な気づきにある。乳児が他者を「自分のようだ」と知覚するのは、この生得的な情動的気づき（innate affective awareness）による。その後の情動共有によって、乳児は自分自身の精神的状態の認識が可能になり、同時に、他者の精神的状態も垣間見ることになる。情動共有の重要性は、養育者が乳児との相互作用的に情動的な感受性を欠くとき、望ましくない結果になることを示す経験的な知見によってもよくわかる。第7章では、乳児の情動への感受性の欠如がいかに乳児と物との関係を混乱させ（Freud, 1949; Mahler, Pine, & Bergman, 1975）、その後の社会的能力や認知的な能力をいかに乳児と物との関係を遅滞させるかが論じられるだろう（Legerstee & Varghese, 2001; Legerstee, Van Beek, &

Varghese, 2002)。以下本章では、乳児が人間と物とを誕生直後から区別するという考えを支持すると思われる研究について考察してみたい。

4節 人間と物を区別する乳児の能力——生後6か月間

生後8～10か月に満たない乳児が（見ることができない自分の）固有受容感覚的な動作を模倣できるという知見は、古典的な構成主義者（ピアジェ派）や社会的学習論者（Bandura, 1962）の説明と矛盾する。先に論じたように、こうした理論家によれば、乳児には自分と他者の類似性を理解するための内因的な知覚能力もない。だから乳児は自分の顔と仲間の顔との類似性を、手の操作（養育者の顔に触り、その後に自分の顔に触る）（Piaget, 1954）や条件づけ（Bandura, 1962）によって学習しなければならない。そのため、乳児は生後1年目の終わり頃になってようやく顔の動きといった固有受容感覚的動作の模倣が可能になるのである。

すでに指摘したように、誕生から3か月の間に、知覚的手がかりがコントロールされると、人間に対する乳児の反応は社会的な性質をもつように思われる（Legerstee, 1992）。そうしたデータを見れば、認知発達論者も学習論者も物ではなく人間が発生させるある種の刺激に対する選好反応だとみなすだろう。これまで、異なる知覚刺激をコントロールしたパラダイムで人間と物を区別する乳児の認識に関して論じてきたが、部分的に交絡した他の刺激次元を知覚して反応した可能性はまだ残されている。

すでに論じたように、人間と物が提示されると、乳児は人間とはコミュニケーションし、玩具は手で操作しよ

第3章 生命体／非生命体の区別

うとする (Legerstee et al., 1987; 1990)。乳児のこの行動の違いは、知覚できる手がかりによるのか、それとも人間に対するより深い気づきによるのだろうか。この検討のために、「かくれんぼ」遊び場面を用いて、隠れて見えない人間や物に対する反応を研究した (Legerstee, 1994b)。その結果、乳児は人間がその後ろに隠れた遮蔽物に対しては手を伸ばした（物は乳児からは見えない人が隠した）。乳児は対象を再び見ようとして発声をし、物が隠された遮蔽物に対しては手を伸ばそうとして異なるタイプの反応をしたのであり、これは知覚的な手がかりがない場面でも乳児が人間と物の特性に気づいていること（内的作業）を示唆している。乳児は、人間とは相互のやり取りが可能で、離れていても動作を惹き起こせるが、非生命的な物には身体的接触が必要であることを認識していたのである。

こうした自然場面での研究から、生後数か月の乳児は有能な社会的知覚者であり、生命体と非生命体に対して異なる反応をすることがわかる。しかし、乳児が他者の行動に何かを期待しているかるかはわからない。特に、他者が人間には話しかけ、物には操作することを乳児が期待するかどうかは不明である。もしも乳児が他者の内部に知覚する人間と身体で働きかける人たものとして知覚するなら、乳児の内部で生じる変化は、乳児が他者の内部に知覚する変化と類似したものになるだろう。この問題に取り組む研究を行った (Legerstee, Barna, & Diadamo, 2000; Molina, Van de Walle, Condry, & Spelke, in press も参照)。その研究では、一群の6か月児には遮蔽スクリーンの背後に向けて語りかけている人間に対して馴化させ（図3−2a参照）、別の6か月児群には遮蔽スクリーンの背後に手を伸ばしている人間に対して馴化させた（図3−3a参照）。つまり、乳児は遮蔽スクリーンの背後に向かって話しかける人間と身体で働きかける人間を見たことになる。

この実験の仮説は、乳児が人間を独立した自己推進的運動が可能で、離れていても交流できるような実体（主体）と解釈するなら、人が他者に向かって話しかける場面より（図3−2c）等に向かって話しかける場面（図3−2b）を見せられたら驚く（注視時間が長くなる）だろうというものであった。馴化後に、乳児には人間が等

(a) (b) (c)

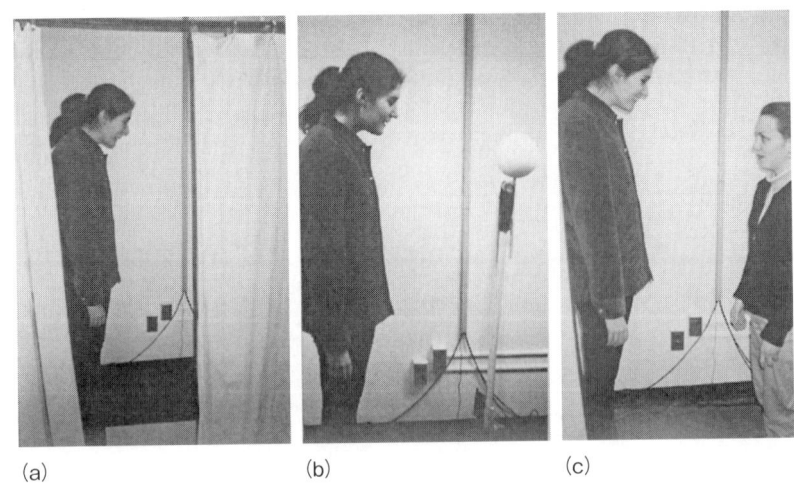

図3-2 (a) 遮蔽スクリーンの背後に話しかける人、(b) 箒に話しかける人、(c) 人に話しかける人

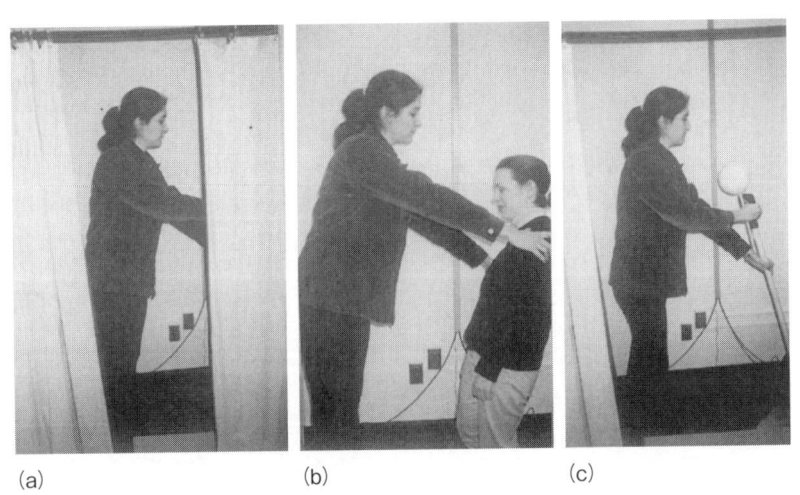

(a) (b) (c)

図3-3 (a) 遮蔽スクリーンの背後に手伸ばしする人、(b) 人を手で操作する人、(c) 箒を手で操作する人

第3章　生命体／非生命体の区別

か人間のどちらかに、手で行為をするか、あるいは語りかけるところが見せられた。すると、語りかけて微笑んでいる動作者に馴化した乳児は、テスト場面で箸が見せられると（図3-2b）注視時間が長くなった。手を伸ばしている動作者に馴化したときには、人間が見せられると（図3-3b）注視時間が長くなった。こうした結果は乳児による人間の動作を思考や信念の結果だと示唆するだろうか。テスト場面での乳児の異なった反応は、6か月児が人間の動作を思考や信念の結果の理解に何を示唆しているとまでは言えないにせよ、語りかけや手伸ばしという動作を単なる運動としてではなく、目標志向的な動作と解釈していることを強く示唆している。この実験結果をこう理解するためには2つの要因が想定される。第1は、人間には語りかけてメッセージを伝え、物を動かすためには手を使用するという乳児自身の意図的な動作能力である。第2は、他者の行動を推論する乳児の能力である。乳児は、大人の動作が乳児からは見えない対象に向けられていることを推論しなければならなかったし、実際に人間や物を見たときにはこの経験を思い出すことも必要だったからである。

1　連続性に反対する物質主義者の議論

行為者が働きかけた対象が何であるかを決定するために、6か月児が推論（連合的メカニズムではない。すでに論じたRakison & Poulin-Dubois, 2000も参照）を使用することを示唆したレゲァスティら（2000）によるデータ解釈は、ガーガリー（Gergely, 2001）から批判された。ガーガリーはわれわれの実験が「適切にコントロールされ、よく計画された馴化実験であり、6か月児は人間が非生命体より人間に語りかけ、物理的な操作を人間より物に対して行うという結果を明確に示した」ことを認めたうえで、その解釈に異議を唱えた。ガーガリーは、彼が共同研究者と集めたデータを示した（Csibra et al., 1999; Gergely et al., 1995）。この議論はどの程度妥当なのだろうか。彼の研究では、6か月～12か月児を対象に

79

して、大きな円のところへ向かうために障害物を乗り越えねばならない小さな円を提示して馴化させた。テスト段階では、障害物だけを取り除いた同じ画面が乳児に示された。乳児には、小さな円がまっすぐに大きな円に向かう映像（合理的な出来事、新しい動作）、障害物がないにもかかわらず乗り越えて大きな円へ向かう映像（非合理的な出来事、古い動作）のどちらかが見せられた。乳児は、新しい動きよりも、非合理的な古い動きのほうを有意に長く見つめた。ガーガリーは、6か月児ではできないが、9か月児と12か月児は主体の目標に対する推論は、過去の連合に基づくのではなく、動作主体が各自の目標を追求しようとするものだ、という単純な合理的動作理論が乳児に生じることに由来するのであり、志向動作の合理性を評価できたと論じた。「われわれの統制された実験から明らかなように、新たな手段的なやり方で自分の目標を追求しようとする動作主体に与えられた現実の制約の中で最も効果的な動作主体の合理性を評価できたと論じた」(Gergely et al., 1995)。つまりこれらの知見から、生後6か月から9か月のどこかで、乳児は2つの主要な運動タイプ（自己運動／誘発運動）、2つのタイプの軌跡（目標志向／ランダム）、2つのタイプの随伴的運動（距離がある／直接的な身体接触）の違いに敏感になる。自然環境では、自己推進的で目標志向的な運動は生命体（人間と動物）と関連し、非生命的な物は動かされるものであり目標を志向することはない。ガーガリーらの研究で答えられていない重要な問題は、乳児が各タイプの運動と特定の物とを連合させ始めているかどうかということである(例：Ball, 1973; Legerstee, 2001b; Poulin-Dubois, 1999参照)。乳児は非生命的な物と特定の物を志向する仕方で運動するのを見る実験は物の原理に関する乳児の知識を明らかにするだけである。異なった仕方で運動する非生命的な物に乳児が示す異なった注意パターンを「動作主体が最も効果的な仕方で目標を追求する」と解釈するなら、乳児は生命のない事物に帰属させてしまうことになり、それはこうした運動の理解を混乱させることになる。これは**アニミズム**と呼ばれる。乳児の目標志向性／主体性への気づきを証拠だてるためには、生命体と非生命体が相互に競合するパラダイムを用いて検討

80

第3章　生命体／非生命体の区別

することが必要だろう。こうしたパラダイムだけが、乳児による生命体（人間はその原型。Carey, 1985 参照）と非生命体の知覚様式について明らかにできる。ウッドワード（Woodward, 1998; Leslie, 1984 も参照）は、手か棒がスクリーンの左右のどちらかにある目標（玩具）に接近する場面で、目標の場所が左右に入れ替わっても接近する道筋が同じであるとき、乳児は棒には脱馴化をしないが、手には脱馴化することを示した。これとは対照的に、目標（玩具）は同じ場所にあるが、動く道筋が変化すると、手ではなくて棒のほうで脱馴化した。こうした知見を総合的に考えると、生後6か月の間に、乳児は生命体と非生命体の行動を異なったものとしてコード化していることがわかる。乳児は目標志向性を人間だけに帰属させるのである。

5節　乳児は人間に意図を知覚し非生命体では知覚しない——10か月児

18か月児を用いた記念碑的研究で、メルツォフ（Meltzoff, 1995）は人間とその代わりの物が課題完成に分解できるようになっているダンベルを引き離す）に失敗するとき、乳児は人間の動きだけを完成させ（例：ダンベルを引き離す）、非生命体の動きは完成させないことを明らかにした。動作者が実行を意図したがその結末が示されなかった場面を見ただけでも、乳児はその結末動作を模倣しており、そのためには乳児は動作者が行った動作以上のものを理解することが必要になる。つまり、乳児はこうした動作の一部に過ぎないことを知っていた。人間による意図的動作は完成させたが、代理物では完成させなかったというこの知見は、乳児が意図を人間にだけ帰属させたことを示唆する。

メルツォフ（1995）の研究は、他者の意図の気づきを評価するための有用なパラダイムを模倣研究に提供し、

この能力の開始時期や意味を明らかにしようとする研究を刺激した。たとえば、ベラガンバとトマセロ (Bellagamba & Tomasello, 1999) は、18か月児では同様の結果が得られるが、12か月児では得られないことを再確認した。18か月児だけが、モデルが完成動作を行わなくても、その動作を完成させた。さらに、子どもたちに最終の状態 (例: ダンベルの部品が2つに切り離されて一緒に置いてある状態) を見せただけでは、12か月児と18か月児の目標動作の実行は、完成動作を見せた場合や不完成動作を見せた場合ほど多くなかった。別の論文で、その課題はこうした幼い子どもには複雑すぎる可能性や、あるいは課題を成功させるにはさらに多くの例示行動が必要である可能性が論じられた (Carpenter et al., 1998)。

少なくとも生後15か月までに、子どもは例示された不完成動作を完成させることを示す証拠が存在する。ジョンソンら (Johnson et al., 2001) の研究では、子どもがオランウータンのぬいぐるみを操作し、意図的な主体が行動するように振った (顔や目があり、自己発生的に運動し、随伴的に行動した)。15か月児はオランウータンのぬいぐるみが行った不完成動作を完成させたので、彼らには精神的主体の概念的表象があり、それは顔や手や相補的行動によって引き出されると論じられた。

ジョンソンら (2001) の知見は顔の存在や独立した相補的な応答といったいくつかの重要な特徴に対する乳児の感受性に光を当てたかもしれないが、非生命的主体の条件と比較されなければならない人間以外の主体の条件が欠如しており、15か月児の他者に対する反応が物理的動作を基盤にして行われている可能性を排除できない。私が指導している学生のヤリサ・バリラ (Legerstee & Barillas, 2003; 第5章参照) と一緒に行った最近の研究では、12か月児が人間には叙述的指さしといった意図的動作をするが、人間以外の主体 (目が随伴的な瞬きをし、相補的な動きを自主的に行うオモチャの犬) にはしないということが見出された。

これまでの知見を見る限り、18か月より幼い子どもの物を使った模倣 (Meltzoff, 1995 参照) が、人間の動作の

82

背後にある意図の理解を示すかどうかについては明確でない。その年齢での模倣行動のすべての形態が必ずしも他者を意図的な主体として理解することを必要としないからである。その目標を理解することなく盲目的に再現する。一方、**模擬**（emulation）では、例示者の実際の行動や行動戦略や目標に関わりなく、結果だけを再現する。**物真似**（mimicry）、**模擬**、**刺激強調**は、他者を意図的な主体と理解していなくても生じるタイプの社会的学習である。意図的模倣（intentional imitation）は、乳児が他者の動作の背後にある意図に気づくときに生じる。生後最初の1年の終わり頃に生じる乳児の模倣に関する古典的な研究の大多数が、乳児が物真似をしているのか、模倣をしているのかを明らかにしていない。なぜなら、そうした研究は必要なコントロールをしていないし、それとも意図的な enhancement）は、大人が物を手に持って何かした後で、乳児が単純に好奇心からそれを操作する場合に生じる（Bellagamba & Tomasello, 1999）。**刺激強調**（stimulus ある。したがって、乳児の模倣が意図的な構えを示すかどうかに関して明確に答えることはできない。

メルツォフ（1995）に鼓舞されて行った再演パラダイム（re-enactment paradigm）を使用した最近の研究（Legerstee & Markova, 2005）で、10か月児が人間と非生命的主体を対象に、模倣、意図の概念、生命性の概念の関連を検討した論文はない。その実験で用いられた非生命的主体は、心の存在を示唆するとされるいくつかの特徴（Johnson et al., 2001 参照）、すなわち顔、両手、そして独立した運動という物理的刺激を備えていた。テスト場面で乳児に提示したのは、人間のモデルと人間ではないモデル（犬）であった。どちらのモデルも、「乳児が社会的主体と非社会的主体の行動を読み取るのかどうか」（Meltzoff, 1995, p.846）それとも乳児もまた身体運動からその行動を純粋に物理的に解釈するのか、完成行為も不完成行為も演じて見せた。モデルがなくても自然にその動作をするかどうかを検討するために、ベースライン期が設けられた。このベースライン期では、明らかにし、また刺激強調をコントロールするために、ベースライン期が設けられた。このベースライン期では、

人間のモデルあるいは人間ではないモデルが目標行為を示さずにテスト素材を手で操作した。その後、いくつかの場面で、乳児が目標行為を遂行する傾向を比較した。その場面とは、(a) 乳児が操作されるテスト素材を見るが、目標行為の実行も試みもされなかった直後の場面、(b) 目標行為が完全に遂行された直後の場面、(c) 目標行為の遂行の試みが不完成に終わった直後の場面、であった。

9〜12か月児では（1）物を用いた複雑で新奇な動作を模倣し (Kaye & Marcus, 1981; Killen & Uzgiris, 1981; Meltzoff, 1988)、（2）非生命的主体ではなく人間を意図的存在と知覚する (Legerstee & Barillas, 2003) ことが示されてきたので、10か月児は人間の不完成動作は完成させるが、非生命的主体の不完成動作は完成させないという仮説を設定した。

30名の10か月児が3つの課題に取り組んだ。それらは（1）中に入れる課題、（2）取り出し課題、（3）ブラシ課題であった。各課題には、ベースラインと完成動作、また不完成動作の実演があった。こうした課題は、人間と非生命的な主体によって実行された。人間（実験者）は顔をはっきり見せた。彼女は穏やかだが中立的な顔の表情をし、乳児の反応を強化しないように話しかけをせず、また非生命的な主体と同等な応答をするように教示された。

非生命的な主体もまた中立的で親しみやすい顔の特徴があった (Johnson et al., 2001)。顔、腕、手があり、それぞれが独立に、かつ相補的に動き、乳児に精神的な主体と認めさせるような特徴があった (Big Dog; BD)。BDは座ると人間と同じ高さであった。身体と前足を覆うセーターを着ていた。セーターの長い袖は人間実験者が身につけた。その長い袖は実験者が身につけた。その長い袖は人間実験者が身につけた。下がる白いカーテンの後ろに立った。そのカーテンには開いている箇所があり、実験者はそこから腕を出せた。つまり、実験者は腕をBDの長袖で覆ってカーテンの陰に隠れ、テストに使う物をあたかもBDが自分で動作を

84

第3章　生命体／非生命体の区別

しているように操作することができた。BD条件での動作の正確さを自分でモニターするために、実験者は自らの動作を自分の左側にあるビデオモニターで観察した。実験者はどちらの条件でも同じ動作ができるように訓練された。10か月児は、再演パラダイムでも非人条件でも手袋をした。15か月児や18か月児と比べると、目標行為を再現するのに必要な手と目の比較的微細な協応を可能にさせる身体能力が劣っている。メルツォフ（1995）とジョンソンら、目標行為をするかどうかにあった。ケイとマーカス（Kaye & Marcus, 2001）による研究では、コーディングの焦点は乳児が目標行為との類似度を理解しようとすれば、模倣形態と目標行為を詳細に分析する方法を作り出した。すべてのコーディングはビデオテープで行われた。乳児の反応は、目標行為（例：容器に玩具を入れる、容器から玩具を取り出す、皿をブラシで磨く）との類似性を基準に、以下のような定義で1〜5点のスコアで測定された。（1）目標行為にまったく似ていない。乳児は目標行為を構成する動作をまったく行わない。（2）少しだけ目標行為に似ている。乳児はモデルの動作に似たようなことをする。たとえば、玩具を持ち上げて下に降ろすが、物同士を互いに触れさせることはない。構成行為の複雑さの程度が低い。（3）高次な構成行為がある。乳児は、物を容器に入れたり、取り出したりするかのように、目標行為は再現されない。物同士は互いに触れるが、目標行為は再現されない。（4）目標行為の再現に非常に近い。テスト対象物は相互に触れ、玩具が容器の上に動かされる。そして、ぎこちなくそこに投げ落とされたり、取り出されたり、容器や皿と数回にわたって触れることがある。（5）目標行為を完全かつ即座に実行する。次の写真は、容器に入れる課題を完成させる人間に対する乳児の模倣反応（図3

本研究の目的は、乳児が人間の完成動作や不成功動作だけを模倣するのか、それとも意図的な主体のような行動をして見せる（顔や目があり、自己発生的に運動し、随伴的に行動する）非生命的主体の動作も模倣するのかということであった。この研究から、乳児は人間と非生命体の両者に目的と目標を帰属させることを意味するのだろうか。一部の文化化された人間以外の霊長類が他者の動作の完成動作をどちらも模倣することが見出された。このことは、乳児が人モデルと非人モデルに目的と目標を帰属させることを意味するのだろうか。一部の文化化された人間以外の霊長類が他者の動作の完成動作をどちらも模倣することが見出された。このことは、マカクザルでは模倣を通して伝達されるのかもしれない（Tomasello, 1996）、目に見える動作の再生はモデルの精神的な状態に気づくことの妥当な指標ではない。そうした能力を証明するためには、モデルが実行を意図したり欲したりするものを乳児が推論することが必要になるだろう。モデルの意図が何であるかを推論する能力が不完成動作課題で評価された。完成行為の模倣と対照的に、不完成行為の模倣は知覚的手がかりによるものではない。なぜなら、不完成行為の目標は完成行為の完成は人間の場合だけで生じることが見出された。人間のように見え、人間のように振る舞った非生命体というより広いカテゴリーにまでは般化しなかった。このデータは誕生後の数か月間の発達的傾向を明白に支持している。人間と物に対して異なった反応を示すことから明らかなように、早期から乳児は人間と物とをカテゴリー化しているのである（Legerstee, 1992; 1997b; 2001a; Rakison & Poulin-Dubois, 2000; Spelke et al., 1995 のレビューを参照）。

研究結果をまとめると、3つの課題いずれにおいても、人間の不完成条件の場合には、乳児は目標行為を完成させた。しかし、非生命体の不完成条件の場合には目標行為を完成させることはなかった。人間の条件と人間以

第3章 生命体／非生命体の区別

図3-4 人の条件で容器に入れる課題完成場面での乳児の模倣動作

図3-5 非生命体条件で容器から取り出す課題完成場面での乳児の模倣動作

第3章 生命体／非生命体の区別

図3－6　非生命体条件で皿を磨くのに失敗する場面での乳児の模倣動作

外の条件での反応に見られたこの違いは、乳児が模擬学習によって人間の動作を完成させるという考えに反する論拠を提供している。もしも乳児が、不完成テスト時に、行動の方略や目標に関わりなく目標行為を再現したとするなら、乳児は人条件でも非生命的主体でも同じように振る舞うだろう。こうした知見は、生後10か月までに、乳児は人間を目的や目標をもつ意図的な存在と知覚するようになるが、非生命的主体に対しては意図を知覚しないことを示唆している。

6節　生命体と非生命体の区別——基盤的な手がかりあるいは領域固有な表象

人間と非生命的な物を使ったさまざまな実験 (Legerstee, 1992; 2001a; Spelke et al., 1995 のレビューを参照) が示していることは、生命体と非生命体の身体的特徴 (顔や運動など) がコントロールされても、やはり乳児はその2つの集合を区別するということである。生後数か月でも、乳児は応答的な人間とはコミュニケーションするが (運動、大きさ、新奇性が人間と等しくても) 人形とはコミュニケーションしようとしない (Legerstee, 1991b; Legerstee et al., 1987)。生後2〜3か月の時点で、乳児は人間とは情動状態を共有することを期待するが、非生命体との間では期待しない (Legerstee & Varghese, 2001; Legerstee et al., 1990)。5か月までに、乳児は自分の顔や声をなじみのある刺激として認識し、それらを仲間や非生命的な物と区別する (Legerstee et al., 1998)。4か月までに、乳児は遮蔽物の後ろに消えたものに対して、それが人間なら声をかけ、玩具なら手伸ばしをする (Legerstee, 1994a)。6か月までに、乳児は人間が他者に対してコミュニケーションすることを期待し、非生命体に対しては手での操作を期待する (Legerstee et al., 2000)。10か月までに、乳児は人間の動作の中に意図を知覚するが、非生命体には知覚しな

い(Legerstee & Markova, 2005)。12か月までには、人間や非生命体の視線を追跡するよう条件づけられるが、人間に対してのみ指さしをして興味深い出来事に相手の視線を誘導しようとする(Legerstee & Barillas, 2003; 第5章参照)。

私の意見では、乳児は社会的対象と非社会的対象に対し異なったやり取りをし、異なった期待をもつ。乳児には各領域についての表象を含む生得的な傾向があるからである。この領域固有な知識が乳児の発達過程を支援する。その後、乳児は、特定の動作の出現頻度やこうした動作出現の間にある特定の関係の制約から、2つの集合について学習する。こうした制約がもつ正確な性質は不明確だが(生得的な直観から精密な規則にまで広がりうる)、乳児はこうした内因的な要因を検出するための連合がもつことはできないだろう。概念を探索するために、乳児には新しい情報や領域固有な原理を検出するための連合が必要になるのである(Keil, Smith, Simons, & Levin, 1998)。

本章では、生命体と非生命体との区別を示す知覚的証拠と概念的証拠を用いて、人間と非生命体の物理的差異がコントロールされても、乳児はそれらを2つの集合に分類することを示してきた。乳児が人間に対してもつ表象的知識は、人間が特定の環境でどのように行動するかを予測させることも示してきた。この表象的知識は(その一部は領域固有なモジュールとして存在し、また一部は連合によって獲得されるのだが)、乳児による人間に対する気づきが成長することを示している。この次第に複雑化する社会的理解が子どもを心の理論の獲得へと向かわせるのである。

第 4 章　自己と意識

私は私が存在することを知っている。
問題は、私が知っているこの「私」とは何かである。

デカルト

乳児は、人間と物に対して異なる応答をし、かなり巧みな社会的関係性をもつ。そのため、乳児は人間という概念を発達させていると考えられる。しかし、一人の人間という概念がもつ重要な特徴は、それが自己と区別されるということである。「自己という概念は一人の人間についての一つの概念である。一方、人々という概念は単一の個人（一人の自己）だけに適用できる概念ではない。なぜなら、この場合にはもはや一つの概念を構成しないからである」(Hobson, 1990, p.165)。

自己を他者と同一視し、かつそれらを区別する能力は、間主観的な関係性において重要な役割を果たす。人間の適応には他者理解が必要になるだけでなく、他者とは異なる自己の理解も必要とされる。実際、自己は他者を

第4章 自己と意識

見る見方と切り離せないだけではない。それは人間をいかに表象するかにも深く関わっている。つまり自己は他者との関係で知覚されるのであるが、それは同時に社会的な環境でもある (Fogel, 1993)。第3章で論じられたように、「他者」が物理的な環境であるのはもちろんだが、また自己と他者を区別する。自己の概念の発達は、社会的発達の中心的な側面とされ、他者と自己を社会的なものとして同一視する際には重要で必要な条件になる。

自己概念はいかに発達し、いつ獲得されるのだろうか。この疑問に対する解答は、理論的方向性と「自己概念」をいかに定義するかにかかっている。自己の概念は多面的な現象である。それは自己の知覚的特徴の認知や、環境内の**生命的**対象と**非生命的**対象の区別以上のものを含んでいる (Legerstee, 1998)。つまり自己の認知には、自己の物理的側面、社会／精神的側面、表象的側面が含まれねばならない (Legerstee et al., 1998)。しかしながら、こうした議論、つまり乳児は大人のような自己概念をもっているという議論は、乳児には当てはまらないことを最初に述べておきたい。他の概念と同様、自己の概念はそのルーツを乳児期初期にもつが、自己の成熟した概念は年齢とともに形づくられ、児童期を通して複雑さを増していく。しかしながら、私は共生期のような段階を経験するとは信じない (Piaget, 1954; Mahler, Pine, & Bergman, 1975 参照)。私は乳児が自分自身の情動に気づいており、他者の中にある類似した情動を認識できると以前から論じてきた。乳児が自己と他者の情動の共有表象を形成するというこの主張は、乳児がある意味で他者を「自分のようだ（like me）」と表象することを示唆している。つまり、情動の相互共有を通して、自己－他者の気づきが乳児に出現するのである (Trevarthen, 1979)。こうして共有された表象は意味的に重なる場合もあれば、明確に異なる場合もある。私はスターン (Stern, 1985, pp.41-42) と同様に、乳児は人生の最初から「偏向や選好」をする能力や、「仮説を形成して検証する」能力をもち、「情動的かつ認知的な過程」に関わると信じている。この認知機能と情動機能は一体化されており、子

1節　哲学的省察

本章では、乳児を対象にして自己の気づきを論じるが、主として乳児がもつ自己の最早期の表象期を取り上げたい。精神的な自己の気づきは多様な側面に定義されており、理論的方向性の違いにより異なった発達の時期を想定するので、最初にさまざまな理論家が自己の気づきの発達をどのように見ているか概観しておきたい。一部の理論家は、自己のいろいろな特徴に関する知覚的気づきと概念的気づきを区別する。それゆえ、方法論的観点と理論的観点の両方からこの差異を議論することから始めたい。しかしその前に、自己の気づきに関する哲学的省察のいくつかを見ておこう。

デカルト (Descartes, 1641/1985) 以来、哲学者と心理学者は人間の存在の仕方を説明しようと努めてきた。デカルトは、自分が考えるゆえに、自分が存在することがわかると指摘した。しかしながら、人間が自分自身の精神的自己に直証的な証拠をもつとしても、どうして自分自身の身体や外的世界の存在に確信をもてるのだろうか。さらに難しいのは、どうして他者の思考や情動について確信がもてるのだろうか。**他者**が知覚したことだと思うことが、私たち**自身の心**や私たち自身の単なる想像の一部ではないことを、どうすれば知ることができるのだろうか。

自己の気づきの問題は、身体的次元を排除する立場に立っても解決されない。物質主義者や行動神経科学者は、心は完全に物理的現象だと主張する。しかし、ど

94

第4章 自己と意識

うすれば感覚や経験（例：Churchland, 1991; Hume, 1739/1888; Locke, 1710/1975; Watson, 1928; Watson, 1985）が自己の気づきへと導かれるのだろうか。理性主義者や経験的認識論者、心身一元論者や心身二元論者は、この問題に関わる発生的（ピアジェ派の発達的という意味）次元を扱わない限り、自己の気づきの問題を本当に検討することはできない。発達心理学全般でも乳児研究という個別の領域においても、こうした問題を扱った文献が膨大に生み出されており、哲学的な思索を補足し、誤りを立証したり検証したりすることが可能である（Teo, 1997）。こうした発生的認識論者は、自己には、物理的、社会的、精神的な自己というようにいくつかのレベルがあること、そうした自己は心の内部にあって（生得的）、人間は生まれて1年の間にそれらに気づくようになると主張している。

しかしながら、乳児期の自己概念の発達に関する多くの理論が推論的なのである。そこにはおそらく方法論的な問題があり、したがってこの領域で発展している多くの理論が推論的なのである。とはいえ、他者と意味のある相互作用をするためには、自己を人間として、また他者と類似したものとして同定しなければならない。自己概念の発達は、社会性、社会的相互作用、さらに心の理論の発達の基盤である。

1　知覚的方法と概念的方法

自己の発達を検討した理論的立場や経験的知見を示して自己の個体発生を深く議論する前に、これまでの章で言及したがここでも分析が必要な2つの問題、すなわち概念的気づき（conceptual awareness）と知覚的気づき（perceptual awareness）について手短に述べておきたい。最初に方法論的な観点からこれらの用語を論じたい。その後に、こうした用語をその枠組みの中で取り扱う理論的研究について論じることにする。

この章では、概念的気づきと知覚的気づきの違いを、研究者が自己の特定の側面の気づきを評価するために採用する実験パラダイムの違いとして取り上げる。乳児の反応から知覚的気づきだけしか論じられない方法もあれ

ば、乳児には安定しかし独自性の感覚もある自己の概念的理解があるという解釈を可能にさせる方法もある。乳児の知覚的自己への気づきに関する情報を提供する周囲の刺激の知覚やそれとの直接経験が生み出すものに基づくものが多い。たとえば鏡像研究では、乳児が物理的自己のある側面となじみがあると主張できるにすぎない (Legerstee et al., 1998)。そうした研究は精神的自己に関する直接的な自己に関する情報をほとんど提供しない。18か月児が額につけられた口紅の斑点をぬぐい取るという研究でさえ、自己知覚や自己認知について語られるだけである。こうした研究では、鏡像の自己認知が自己の概念的気づきを示すと論じるために、鏡像の自己認知が自己の概念的気づきになる (Lewis & Brooks-Gunn, 1979)。チンパンジーやオランウータンもまた、自分自身の顔を繰り返し見せられると、一定の自己認識を示す (Gallup, 1982)。こうした大型の霊長類は、乳児と同じように、物理的自己の諸側面を同定するために随伴性（自分が動けば、その鏡像も動く）を使用することが可能である。乳児の自己感覚が精神的能力や概念的能力になる時期を明らかにすることは、さらに困難になる。

その月齢で見られる他のシンボリックな行動タイプ（赤い斑点に気づいたときの恥ずかしさといった自己意識的情動を示すような言葉や傾向）の出現を利用するのが普通である

自己の概念的気づきや表象的気づきの証拠を提供することを目的にする研究は、乳児が直接的な感覚経験がなくても自己に気づけることを示さなければならない。この場合には、乳児の自己同定は自分の精神的能力（推論、表象など）の産物だといえる。乳児は知覚刺激が利用できなくても、この知識を利用することはできるだろう。たとえば第5章では、乳児は人間から見られると「非常に強い情動で (with deep-seated emotions)」応答することを根拠に、乳児が生後数か月の間に自分自身が注意の対象であることをどうすれば証明できるかを論じる。そこでは、心理的に関わろうとするものを人間は視線の方向で示すことを、乳児は理解するのだと主張されるだろう。もしもそれが正しければ、そうした気づきは、人間や自己に対する精神的な概念作用が存在

96

第4章 自己と意識

する証拠になりうると思われる。この章の後の部分で、自己の概念的気づきについて詳しく述べることにしたい。要約すると、これから論じる理論的仮説に資する証拠を提供するためには、知覚的な方法と、自己の内的な表象から乳児が推論するものによる方法とを区別することが重要だということである。

2 知覚的か概念的か——理論的方向性

多くの理論家が、知覚的な自己の気づきは、概念的な自己の気づきに先立つものだと論じている（例：Berkley, 1975; James, 1890; Mahler et al., 1975; Merleau-Ponty, 1942; Piaget, 1954）。こうした理論家は、乳児の自己への気づきには、外的あるいは内的な物理的刺激による知覚によってのみもたらされる発達期があると主張する。このタイプの自己概念は、こうした刺激がないところでは存在しないため、安定的でも持続的でもない。自己に関するこの最初の知覚は発達につれて失われ、より適切で（現実的な）表象的な自己の気づきに変化する。それが生じると、乳児は持続的な自己概念、つまり内省によって接近できる概念を獲得する（Piaget, 1954; Barresi & Moore, 1996; Perner, 1991）。こうした立場からは、乳児は最初の段階は行動的存在であり、次の段階で心理的存在になると論じられる。知覚と概念の差異という問題は、この2つの認知的過程（概念的つまり高次機能モードと経験的つまり低次機能モード）をいかに区別するかということであり、そして同時に、同じ起源、つまり生得性と経験の相互作用に由来するこうした2つの処理モードをいかに説明するかということである（Pascual-Leone & Johnson, 1998）。

必ずしもすべての研究者が知覚と概念との区別をしているわけではない。多くの研究者が、原初的な自己の気づきや意識は誕生時に存在し、成長するとともにより複雑な意識に発達すると主張している（Butterworth, 1995; Gallagher, 1996; Gibson, 1995; Kant, 1781; Karmiloff-Smith, 1992; Legerstee, 1997b; Meltzoff, 1990）。知覚と概念を区分する研究

者は、乳児は経験的／知覚－運動的な自己の気づきから、質的に異なる精神／概念的な自己の気づきへと発達すると主張するが (Legerstee, 1998, pp.628-630)、意識の気づきの連続性に賛成する研究者は、乳児は自己の物理的／社会的側面と精神的な側面の原初的表象を含む低次な意識から、完全に発達した自己概念を含む高次な自己意識へと発達すると主張する。さらにこうした理論は、自己の内的な表象の多くが社会的な**環境** (milieu) との相互作用を通して豊かに構築され、それが強い自己同一性と自己についての理解を生み出すと主張するだろう。

2節　ピアジェと自己

ピアジェ (Piaget, 1954) は、乳児が自己を独立した対象として理解できるようになる前に、他の対象を理解することが必要だと論じた。精神的自己の発達に関するピアジェの理論は、自己の気づきや心の理論に関する最近の理論構成に影響をあたえ続けており、特に知覚（動作）と概念（表象/操作）との間の関係を考えようとすれば (Frye, 1981 などを参照)、現在の表象理論はピアジェ理論との対照が必要になる。ピアジェによれば、乳児は最初の発達段階（反射、第1次循環反応、第2次循環反応）では**自他未分化** (adualistic) な状態にあり、自己と環境の区別をしていない。ピアジェが言う自他未分化とは、乳児が自己中心的であること、つまり自分の社会性や精神状態に気づいておらず、環境にも気づいていない状態を意味する。乳児の世界は基本的に唯我論的 (solipsistic) である。この時期の乳児の動作は反復的で、その中心は常に自分自身の身体である。たとえば、乳児がガラガラを手にすると、関心はガラガラが出す音に向かうのではなく、自分自身の腕の延長としてのガラガラを知覚し、自分自身の快のために、循環的で反復的な仕方で特定の動作をし続ける。ある意味で、乳児は世界の中心であり、

第4章 自己と意識

最初の8か月間は他の対象物からの分化が非常に乏しい。第二次循環反応の段階になると、動作はその動作がもたらす快のために続けられるが、乳児は音がガラガラから出ることに気づきだす。音を続けて聞こうとして、ガラガラを振り続けるのである。自己と他者の分化はこの頃開始されるが、自分自身を他者とは異なるものとして表象し、空間内の独立した対象物として見ることができるようになるのは、第6段階（生後18か月頃）になってからである。これが概念的知識の始まりであり、乳児は世界や自分自身に対する主観的理解を、客観的理解へと変化させる。このように、ピアジェは知覚的な気づきが概念的気づきに先行し、それらは質的に異なると主張しており、自他未分化な混乱（Piaget, 1954）あるいは「正常な自閉（normal autism）」（Freud, 1961; Mahler et al., 1975）という最初の状態が存在することに賛同する。最初の自他未分化な状態の後に、乳児は自己とそれ以外の社会的対象物や非社会的対象物とが分化される二元的状態に入る。さらにマーラー（Mahler et al., 1975）のような精神分析家は、誕生時の乳児は共生的な状態（undifferentiated：未分化）にあると論じている。この状態は、乳児が場当たり的に行う行動に応答する養育者によって維持される。成熟するにつれて（生後10か月頃）、たいていの養育者は応答に「満足の遅延（delay of gratification）」を組み込み始める。こうした経験から、乳児は自分自身を取り巻く環境と自分自身の存在（イド／エゴの分化）に気づきだすのである。

乳児は自己に気づけない状態から気づく状態に発達するという考えは、鏡像研究によって最初に支持された。乳児は鏡を物のようにして遊んだり叩いたりするが、18か月頃になって初めて鏡の中に「自分自身」を見出し始める。それまでは鏡に触っていたが、この頃には気づかれないように額に塗られた赤い斑点を触り始めたり、（額についた斑点を見て）恥ずかしがって顔を背けたり、顔を手で覆ったりする。しかしながら、すでに述べたように、鏡での自己認知は自己の知覚的な気づきとして解釈できるに過ぎない。以下の議論で示されるように、乳児に自己を同定させる方法は他にも多くのものが存在する。

3節　生物－社会的理論と自己の気づき

18か月時点での鏡像認知は自己の概念的な気づきの幕開けとされてきたが、多くの研究者はこの気づきはもっと早期に生じるとしている。たとえば、ホブソン (Hobson, 1998) は、「自己概念」に関する考察の歴史をさかのぼり、生態学的自己 (ecological self) と対人的自己 (interpersonal self) あるいは「私－それ (I-It)」と「私－汝 (I-Thou)」とも呼ばれるものの違いを論じている。ホブソンは、乳児は他者と深い情動の（精神的）を結ぶ（間主観性）生物学的な傾向をもつと論じる。こうした社会的相互作用は、自己内省や自己意識、指標的思考 (indexical thought) 世界の客観的見方の先行条件である。ホブソンは、自閉症児は生態学的 (I-It) 自己をもつが、対人的 (I-Thou) 自己はもたないと論じている。自閉的な子どもには、情動的にパターン化された経験や対人的な関係を首尾一貫して体験するための生物学の基盤が欠けており、それゆえ主体的な相互作用に入れないとされる。自閉的な子どもは、自分が他者の精神や心の中に存在することに気づいていない。

トレヴァーセン (Trevarthen, 1979) は、乳児は伝統的な認知論者が提案するように振ったり自己について考えたりするだけでなく、ホブソンと同様に他者と関係する生得的欲求をもつと主張する。こうした生得的な直観力は、乳児が同種の仲間と敏感で応答的な情動共有を行う社会的相互作用の場面で表現される。乳児が生得的にもつ対人感覚 (sense of people) は、対面的なコミュニケーションで交換される情動状態を、情動、目標、意図として解釈させる。こうしたすべてのことが自己と他者の中にある情動／精神的な状態に対する気づきを意味している。

第4章　自己と意識

フォーゲル（Fogel, 1993）によれば、社会的相互作用は自己の発達で特別な役割を果たしている。なぜなら、人間は応答するだけではなく、相互作用をしながら児の動作を洗練させようとするからである。それゆえ自己は対話的（dialogical）である。つまり自己は想像的認知（imaginative cognition）というより、参加的認知（participatory cognition）の機能として経験される。この参加的認知の結果、乳児は自己参照的な情報に留まらず環境との個別的な関係性も検出する（Fogel, 1993, p.148）。

トロニク（Tronick, 2004）は、乳児が対人的な結合（interpersonal connectedness）を強く求めており、結合ができないと情動的、精神的、そして身体的健康に深い痛手を被ると主張する。他者との結合に失敗すると意味の創造ができなくなるからである。もっと正確に言えば、結合すなわち二者で一組の意識状態（dyadic state of consciousness）が形成できないと、自己の意識状態を確立したりあるいは拡張したりすることができなくなるのである。

このように、乳児期における間主観性の発達に関する研究は、自己の概念的な気づきのルーツが乳児期早期に見出せることを示している。母親による情動の鏡映化や母親からのシグナルに対する乳児に特有な感受性は、情動共有の相互性に関係し、それは乳児自身がコミュニケーションに貢献していることに気づいていることを示唆している。実際、乳児は他者が自分たちとコミュニケーションすることを期待している。なぜなら「静止した顔（Still-face）」の研究が示唆するように、相手が相互作用を拒絶すると、動揺し引きこもってしまうからである（Legerstee et al., 1987; 1989; Legerstee & Varghese, 2001; Tronick, 2004）。このように、人間との相互作用を通して、私たちは自分たちがどのように知覚されているかを**経験**する。その経験が、自分への振り返りを可能にし、その行動や思考を分析させ、自己適応を促進させることになる。情動の調整は、乳児の中だけ、あるいは養育者の中だけで行われているのではない。それは二者関係的であり、共同創出的なものなのである（Tronick, 2002）。あなたを通

して、私は自分の情動を感じ、自分の動作を価値づけ、自分の「自己」(self) を知覚する。つまり、自己は養育者と乳児の相互調整的なやり取りの一部として発達するのである。それゆえ特殊な社会的関係性には、個人個人が他者の精神的また情動的な状態の評価に基づいて参加の仕方を修正するようなコミュニケーションが含まれている (Fogel, 1993)。

4節　生態学的理論と自己の気づき

トレヴァーセン (1979) やフォーゲル (1993) と同じように、ナイサー (Neisser, 1993) もまた初期の自己知覚に関する重要な情報源が社会的相互作用に見出されると論じている。ナイサーは自己をいくつかの種類に区別する。生態学的自己 (the ecological self)、対人的自己 (the interpersonal self)、拡張自己 (the extended self)、私的自己 (the private self)、概念的自己 (the conceptual self) である。彼は、自己知識の基盤には多くの異なった種類の情報があるため、この最初の区分が必要だと論じる。

ナイサーは、乳児は最初から自己に暗黙裡に気づいていると主張する。それが、運動から生じる視覚的流動や身体感覚や物との相互作用を通して知覚される生態学的自己と、他者との相互作用を通して知覚される対人的自己である。生物－社会的理論家と同様に、ナイサーは、対人的自己が人生の初期に出現し、コミュニケーションの相手が乳児に向ける情動的シグナルによって明確になると主張する。他方で、乳児は自分が相手の行動に及ぼす体系的な効果からも自己に関する情報を知覚する。つまり、対人的な自己に関する情報は社会的相互作用に由来する。ナイサーによれば、こうした初期の自己は表象されるというより直接知覚されるものである。表象的自

102

第4章 自己と意識

己や概念的自己の出現は生後2年目になり、それは鏡像認知課題に成功する時期に対応すると主張される。

ナイサーの理論は、自己に関する情報がそのまま知覚されると提案したギブソン（Gibson, 1969, 1995）の生態学的理論を利用している。たとえば、知覚は解釈される必要がある網膜像から始まるという古典的な認知発達の見方とは異なり、ギブソンは知覚が一つの活動だと論じた。「知覚は、知覚者を取り巻く環境内の力動的な配列から情報を獲得することである。この活動は誕生直後から開始される（いくぶんかは誕生以前に）」（1995, p.5）。ギブソンによると、乳児自身の身体に対する最初の気づきは、自己受容的な感覚経験に由来し、それには内的な（筋肉と関節）受容器と外的な（視覚的そして聴覚的）感覚が含まれる。自己の気づきは、筋肉の感じと腕や足の運動を見ることとが同時に生じることによって明確になっていく。物理的自己は身体運動から、また社会的自己はコミュニケーションの社会情動的形態から、それぞれ個別に知覚される最初の水準である。つまり直接知覚の理論では、自己の自己受容的な特定化（内因的にも外因的にも）は、乳児が環境内を動き回れる時期よりずっと早くから可能であると主張される。そのため、環境刺激から分離した自己の気づきの感覚を含む意識は、乳児期の最後（2歳）ではなく発達の開始時点で出現する。

自己に関する情報が誕生時に直接知覚されるとするなら、その情報には精神的な自己の気づきが含まれているのだろうか。ナイサーは、対人的段階にある乳児は情動的なコミュニケーションをしながら他者と関わり、他者の社会的な行動によって影響されると主張する。これが正しければ、乳児は他者と自己の精神的状態を知覚している。情動は精神状態であり、乳児は人間と情動調律をしながら相互作用することによって、最初は幸せや悲しみといった広範な情動に意味を与える兆候を示す（Izard, 1978; Field et al., 1982）。ブレムナー（Bremner, 1998, p.207）によれば、「……ある社会的関係には、ある特殊な相互作用の形態が含まれるが、そこでは個々人が他者の精神的そして情動的状態を評価しながら、自らの寄与の仕方を修正している。そうした関係は心の理論に先行するも

のである。なぜなら、そこでは自己と他者に対するある特定の知識や、『精神的自己』(mental self) と『精神的他者』(mental other) の知識を探索することが求められるからである」。こうした議論に基づけば、ナイサー (1993) の精神的自己は同時に対人的自己へと発達する。つまりその発達時期は感覚－運動期の最後ではなく乳児期が始まる時点だと思われる。

5節 制約的構成主義と自己の気づき

制約的構成主義者の立場から見ると、乳児は最初から社会的自己や精神的自己に気づいている。そうした気づきの一部は、心の理論表象を促進させる人間の顔、声、そして動きに対する乳児の領域固有の注意バイアスに基盤をおくモジュール化の漸進的過程によってもたらされる (Karmiloff-Smith, 1992)。またその一部は、乳児の「自分のようだ (like me)」という原始的な経験に起因する。それは模倣だけではなく、人間の内部での気づきや対人間での気づき、そして情動調律の内的な感覚を通しても獲得される。模倣を通して、乳児は自己と他者との間の身体的な等価性を検出するだろう。なぜなら乳児は他者を模倣するだけではなく、他者からも模倣されるからである。しかしながら、情動調律の生得的な感覚を通して、乳児は他者の中にある情動（単純な精神状態）を知覚し、それらが自分自身の情動（例：自己）と似ていたり、異なっていたりすることを認識するのである (Wellman, 1990; Hobson, 1993; Trevarthen, 1979; Tronick, 2003)。

どんな経験的証拠がこうした提案や考え方を支持するのだろうか。次に、新生児が自分の身体的自己、社会的

104

第4章 自己と意識

自己、そして精神的自己に気づいていることを示すデータの一部を提供しよう。

6節 物理的自己の意識

身体的／物理的自己の意識の存在は、乳児が他者から自己を分離できないまま人生を歩み出すという考えに異議を唱えることになるだろう。非常に多くの研究が、乳児は周囲の環境に気づき、自分自身を物理的な主体として知覚することを証明している。乳児は他の乳児の録音した泣き声を聞くとぐずりだすが、その録音が自分の泣き声ならぐずりだしたりしない (Dondi, Simion, & Caltran, 1999)。また生後1週の間に、視覚情報を使って自分の姿勢をコントロールし (Berthenthal & Bai, 1989; Butterworth & Hicks, 1999)、自分自身の身体を探索し、開いた口を調節しながら自分の手を接近させようとする（例：Butterworth & Hopkins, 1988）。また乳児は視覚的な情報に導かれて手を伸ばす (Hofsten, 1980)。3次元の物には手伸ばしをするが、それを2次元で表現すると手伸ばしをしなくなるという事実も (Rader & Stern, 1982)、この行動が無意識や反射ではなく、乳児が物の知識と自己との結びつきに気づいていることを示している。同様に、顔に接近してくる物には回避反応をしない (Ball & Tronick, 1971; Yonas et al., 1979)。それは乳児が絵をはっきり見ようとして空吸いの数を増やしていることを示している。さらに自己の知識の存在は、乳児が絵をはっきり見ようとして空吸いの数を増やしていることや (Kalins & Bruner, 1973)、モビールを回転させるためにモビールと紐で結ばれた足の運動を増加させる (Rovee-Collier & Fagan, 1981) という知見でも証明されている。乳児は環境のコントロールをすることもできるように見える。紐がはずされ8週児は、自分の足首に結ばれた紐を引っ張って、面白い出来事を発生させることを学習できる。紐がはずされ

ると、乳児は苛々して、そうした出来事を生じさせようといっそう強く足蹴りをする。したがって、生後2か月までに、乳児は個人的な主体感覚を表現し、自分が物理的領域の環境をコントロールできるという気づきを示す。

1 ──なじみがある社会的刺激としての顔と声への気づき──

幼い赤ちゃんは、自分たちが個別の存在であることを知っており、通様相的な等価性と空間的な統合性の探索に能動的に関与しながら、生後最初の数か月の間に身体的自己や社会的自己の知覚や学習を促進させる。乳児が自分自身の顔と声を自分のものとして認識し始めるのはいつなのだろうか。18～24か月の間に、乳児は自己や他者の映像を表現する代名詞（例：me and you）を使用する（Legerstee & Feider, 1986）。より幼い乳児の言語スキルはもっと限定される。乳児が見た顔、聞いた声がなじみのものであるかどうかを明らかにするために、研究者はこうした特徴に対する乳児の再認現象に注目してきた。

顔の認識は、自己認知の重要な側面とされている。もしも乳児が自分の顔を認識するなら、鏡に映った顔と比較する自分の内的な顔表象があると仮定される。ギャラップ（Gallup, 1982）は、高等な霊長類の自己気づきの発達には、自分の身体的特徴の認識が重要であることを証明した。彼はさまざまな研究を行い、鏡を3日間経験したチンパンジーの鏡像に対する行動が、威嚇の身振りから、歯から食べ物を穿り出すといった自己志向的な行動へと変化することを見出した。10日間の鏡経験をさせた後で、ギャラップはチンパンジーに麻酔をかけて眠らせ、顔に赤い斑点をつけてみた。麻酔から醒めると、チンパンジーは明確に自分の顔の変化を認識した。なぜなら、鏡経験がないチンパンジーより、その赤い斑点に触れることが多かったからである。乳児に対してギャラップの手続きを適用した研究で、顔につけられた赤い斑点に触れることを指標にすると、人間の乳児では少なくとも18～24か月になるまで

106

第4章　自己と意識

は自己認識が出現しないことが報告されている。マイケル・ルイスとブルックス・ガン (Michael Lewis & Brooks-Gunn, 1979) は、母親に頼んで、乳児の顔をぬぐう振りをしながら、気づかれないようにその顔に赤い斑点をつけてもらった。彼らは次のように予想した。「自己」がどう見えるか乳児にわかるなら、たとえば鏡に映った子どもが誰かがわかるなら、鏡の正面に置かれた乳児は赤い斑点が他の子どもではなく自分の額についていることに気づき、その斑点をぬぐい去るだろう。その結果は次のようであった。9か月児はその斑点に触ることがなかった。15〜17か月で乳児では斑点を取り除く子どもが出始めた。18〜24か月ではほとんどの乳児が斑点をぬぐい去った。

このルージュ課題は、幼い乳児には適切ではない課題であるため (能力/遂行の混同)、方法論的に批判されてきた。生後最初の数か月間での情動共有や (Legerstee, 1992; 1994a; 2001a; Fogel, 1993; Hobson, 1989; Reddy, 2003; Trevarthen, 1979; Tronick, 2003)、新生児模倣 (Meltzoff & Moore, 1977; Meltzoff & Gopnik, 1993) のように自己受容的動作と知覚的動作との結びつきを乳児に可能にさせる通様相的能力を用いた他者の動作模倣から、乳児が他者を自己とある点で類似している知覚する生物学的能力をもって誕生すると仮定するなら、幼い乳児よりも年長の乳児で鏡課題の成績がよくなる理由の一つは、課題が要求するものの理解がよくなることや、鏡が反射することによる困惑が弱まるためであることが示唆されるだろう (Loveland, 1986)。

乳児の自己認知の発達を研究するためにはさまざまな方法がある。最近の研究でバーリックら (Bahrick et al., 1996) は、5か月児が自分の顔の特徴をなじみのある刺激として認知することを見出している。5か月児は、同じ月齢の他児の映像より、以前に撮影した自分の映像を見る時間のほうが短かったのである (なじみがあることを示す)。バーリックら (1996) の研究では、乳児が自分の顔を見ることを自己に属すものと認識しているかどうかはわからないが、その知見は自己受容的な随伴性がコントロールされているので興味深い。その実験では、自分の顔と他

107

児の顔とを見分けるかどうかを検討するために、以前に記録した自分のビデオ映像と他児のビデオ映像が見せられた。鏡を使うと、鏡像の視覚的情報と身体の動きによる自己受容的フィードバックとの随伴性の違いが手がかりになるからである。またどちらも黄色のローブを着ており、他の違いもコントロールされた。乳児は自分と他児を顔の違いだけを使って区別することになるため、この実験で示されたのは、自己の気づきというより顔の認識についての知見であった。

自分自身の顔を認識するという知見は、乳児が自分の顔の特徴の一部をなじみのあるものと知覚していることを示唆するが、乳児がこうした顔を自己に帰属させているのか、あるいは社会的なものとして知覚しているのかは不明である。私の指導学生と一緒に行った最近の研究 (Legerstee, Anderson, & Schaffer, 1998) は、自己に関する何らかの情報が5～8か月児で表象される可能性を示唆している (Legerstee et al., 1998)。使用されたパラダイムはバーリックら (1996) を修正したものである。すべての乳児を2回訪問した。最初の訪問では、微笑んだりクーイングしたりしている乳児の視覚データと聴覚データを得るために、母親との相互作用場面を撮影した。5分間の相互作用のテープから、2回目の訪問用に60秒間のデモンストレーション用テープが作成された。これらのデモンストレーション用テープには、顔を動かしながら、バースト (発声期) とポーズ (休止期) のパターンで発声している乳児が撮影されていた (トータルで約6秒間の発声の3回の連続的なバーストと、乳児が発声しない1秒間のポーズ、これが繰り返されて合計で60秒間)。このパターンは、バーストとポーズのパターンは、人間の相互作用パターンをシミュレートするために使用された。2回目の訪問では、乳児は大きなテレビのスクリーンの前に座らされ、自分、他児、人形のデモテープが見せられた。それらは大きさや髪の色がそろっていて、いずれも黄色のローブを着ていた (図4-1を参照)。顔の認識における運動の役割を検討するために、静止した映像条件と動いている映像条件が

第4章　自己と意識

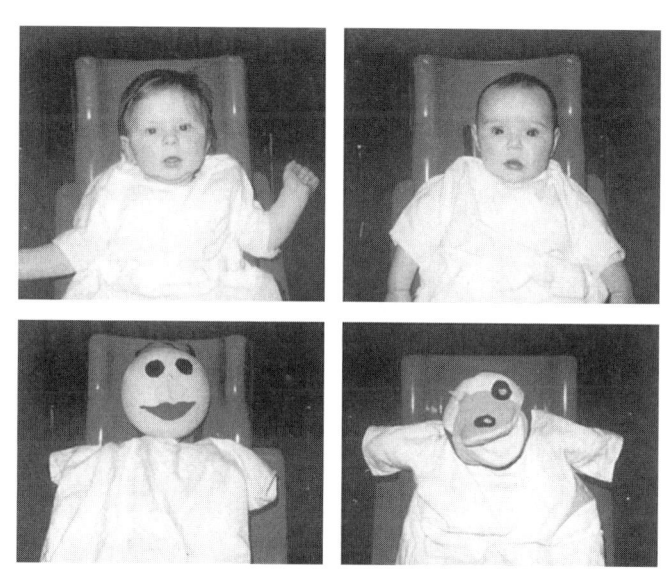

図4-1　運動条件と静止条件のもとで5か月児に提示された自己、他児、人形の顔刺激

設定された。運動条件では、人形は実験者によって上下左右に動かされ、また顔の内部も変化させた（実験者が指人形の顔を動かした）。また、乳児は大人と相互作用しているときに見せる自然な動きをした。静止した条件では、乳児は動きのない自分、他者、人形の映像を見た。運動条件でも静止条件でも音声は提示されなかった。その結果、5か月児と8か月児に、他児、人形の無音声の動画を提示すると、両群ともに、他児を見る時間が長く（新奇対象の選好）、自分（なじみのある対象）を見る時間が最も短かった。しかしながら、静止条件では8か月児では他児の静止画を見る時間が長かったが（新奇性効果）、5か月児では静止した自分の顔を見る時間が長かった。幼い5か月児では静止した自分の顔を見慣れないものとみなすが、動画ではそうではないというこの知見は、自分のイメージの認識が生後5か月の間に経験する動きのある顔刺激によって発達することを示唆している。親には実験前に、赤ちゃんがどのくらい鏡をみたことがあるか、質問紙への記入を依頼した。この質問紙によれば、

すべての乳児が養育者との遊びの中で、少なくとも1日に1度は鏡で自分を見ていた。親は、乳児が最初は鏡の中の親を見るが、そのうち自分に気づくと報告した。また乳児がクーイングや微笑をし始めるのは、自分の顔を見たときだと報告された。われわれのデータも同様の応答パターンを示した。乳児は他児よりも自分の顔に対して微笑やクーイングが多く、人形に対する応答パターンを示した。乳児は他児よりも自分の顔に対して微笑やクーイングが多く、人形に対する応答が最も少なかった。このことは、乳児は鏡を見せられると、運動感覚や視覚によって特定化される自分自身の顔の特徴を見きわめようとしたことを示唆している。

乳児は顔の視覚的認識以外に、人間の聴覚情報を選好し、自分自身の声をなじみのある音として認識する。聴覚条件では、5か月児群8か月児群ともに、ぼかされた映像で、発声だけが聞こえる社会的なデモテープが提示された。非社会的な音としてベルかシンセサイザーのどちらかが使用され、乳児の発声のリズムや頻度（バーストーポーズパターン）と対応させられた。結果は、自分の発声（なじみあり）を聞くときより、他児の発声（新奇）を聞くときの方が画像を見る時間が長かった。最も見る時間が少なかったのは、非生命的な音の場合であった。微笑と発声は乳児が人間の声を聞くときに最も頻繁に生じ、ほとんどの発声が自分自身の声になじみをもち、自分に起こった。つまり、乳児は自分の声と非社会的な音とを区別するだけでなく、自分の発声になじみをもち、自分が出す音声との類似性を認識していた。このことは、乳児の反応が種や、他児や、そして自己に特異的なものであることを示している。

7節　社会‐精神的自己の意識

上述した研究知見は、生後数か月の乳児がさまざまな自己受容感覚を通して自分の身体運動や声を知覚するこ

と、また自分の反応を通して自分自身が身体をもち音声を出す対象であることに気づくことを示している。つまり、身体的自己 (physical self) を確認する状況は、音響的情報、運動感覚的情報、そして前庭感覚情報によって絶えず明確化されている。社会的自己 (social self) に関する意識は、乳児が同種の仲間と相互作用する場面で明確になる (Fogel, 1993; Legerstee,1997b; 1998; 2001a; Legerstee & Bowman, 1989; Legerstee et al., 1990; Neisser, 1993; Stern, 1995; Trevarthen, 1979)。新生児は人間がモデルになった顔の表情を模倣することができる。つまり、乳児は自分自身の顔の表情に由来する自己受容的なフィードバックを使って、他者の顔の表情と照合することができるのである (Legerstee, 1990; 1991b; Meltzoff & Moore, 1977)。こうした知見は、乳児が自分自身の身体図式に気づいていることを示している。この身体図式は「乳児期の最も早期から原初的だが心理的」なものとして存在する (Meltzoff, 1990, p.160)。自己受容的運動を模倣する能力は、以前の研究論文で示したように表象に依存する必要はないが (Legerstee, 1991b)、口の運動 (例:舌だし) という特定の刺激が誘発する反射的あるいは無意識的なタイプの反応ではない。つまり、模倣によって、社会的自己 (自分のようだ) が確認されるのである (Legerstee, 1991a, b; Meltzoff, 1990)。

8節 表象的自己の発達

自己への気づきは加齢につれて発達し続け、自分自身の内的な思考を内省できる自己に成熟する。さらにその自己は、他者の内的な思考、特に願望や信念について思い浮かべることが可能になる。4〜5歳児におけるメタ表象的思考 (meta-representational thought) を説明するさまざまな理論がある。それらは、バロン・コーエン (Baron-Cohen, 1995) やフォーダー (Fodor, 1992) のモジュール理論 (the modularity theory)、ハリス (Harris, 1992) のシミュ

レーション理論 (the simulationist theory)、そして理論説 (the theory-theory) あるいは制約的構成主義理論 (the constraint constructivist theory) (Gopnik & Wellman, 1992; Gopnik & Meltzoff, 1997; Karmiloff-Smith, 1992) としてまとめられる。これらの理論には幼い乳児が含まれていないので、ここで論じるつもりはない。しかしながら、原始的な自己の気づきが、内省可能で、かつ語ることができる自己にどのように発達するのかという疑問は残される。

カーミロフ・スミス (Karmiloff-Smith, 1992) は、知識が子どもの中でどのように発達するのか、興味深い理論を展開させた。カーミロフ・スミスは、ピアジェ (1952, 1954) が深く研究したトピックである、空間、時間、因果性、言語といった特定のタイプの情報処理の仕方が生物学的に制約されてはいるが、こうした概念をもつ大人の知識は能動的に構成されない限り獲得されないと主張している。一部のタイプの知識の最初の段階を記述するが、心による自分自身の表象（例：表象的心）の理解は、表象的書き換え (representational redescription) (the RR モデル) の過程を通して達成される。カーミロフ・スミスは、手続き化 (proceduralization) や明示化 (explicitation) の過程を通して、知識は表象的書き換えの漸次的プロセスを歩むとする。知識は少なくとも、暗黙的 (I)、明示的-1 (E1)、明示的-2 (E2)、明示的-3 (E3) の4つの段階で表象される。レベルE1では、表象（感覚-運動的知識）は意識的接近や言語報告を利用することはできない。レベルE2では、表象は再度書き換えられた後に、意識的な接近や明示化を通して、暗黙の知識が明示的になる。しかし、それはまだ言語報告をすることはできない。レベルE3になって初めて、知識はシステムが交差したコードに再コード化される。そして、他の認知領域や言語報告を利用することができるようになる。より高次な明示化への移行は、子どもがある領域内で一定のレベルにある「行動的熟練 (behavioral mastery)」に達するまでは不可能であることに注目することが重要である。

表象的書き換えの過程は、あらゆる領域で同じだが（領域一般）、領域内での微細な操作は、内容やその領域

112

内での表象の明示性レベルによって制約される。その結果、子どもの表象がある領域ではレベルE1にあるが、別の領域ではより低いレベル、あるいはより高いレベルにある可能性がある。これはピアジェの段階モデルとは対照的である。ピアジェの段階モデルでは、発達はさまざまな認知段階を経過する結果であり、それは全体的な認知システムにわたった変化を含んでいる（しかし、第3章での水平的デカラージュ（horizontal decalage）のピアジェ派の議論を参照すること）。

つまり、カーミロフ・スミスの表象的書き換えモデルは、意識化できない最初の手続き的な表象レベル（例：感覚運動的表象）を、認知的に利用できる第2次的な表象（例：概念的形態）に書き換えるプロセスと理解することができる。こうした2次的な表象は再び書き換えられ、接近可能な意識的気づきになる。

9節　乳児は自分の心や身体に気づく社会的創造物である

本章の冒頭で、一部の哲学者は自己の気づきが心の中で発生すると主張することを紹介した。どちらの理論も、心の気づきと身体の気づきとの不連続性を主張する。こうした二元的な乳児が解決すべき問題は、自分自身や他の人々が身体をもっていることや、心をもっていることを発見することである。これまでの研究知見は、乳児は最初の1年間に、自分自身の身体と（相互の情動共有として示されるような）精神状態に気づき、他者を（身体的行為の模倣によって示されるような）初期的な精神状態をもつものとして知覚するようになることを示している。乳児の知覚的能力は、乳児が外界や身体的自己の原初的意識に気づいていく発達の過程で生産的な役割を演じることを示す証拠がある

(Gibson, 1995)。社会的刺激に対する乳児の特別な選好、自分が仲間と似ているという認識、この両者は、原初的な意識の段階でも自己意識の高次な形態においても、最初から人間に対する乳児の感受性に貢献している (Butterworth, 1995; Fogel, 1993; Legerstee, 1997b; Stern, 1995)。

1 ── 特異で神秘的な存在としての自己

上述した自己の発達に関する説明で、自己の気づきのいくつかの側面や自己感が最初の1年間でいかに発達するかを詳細に述べてきた。しかしながら、自己は、神経学的、物理/社会的、そして物理的自己に加え、何か特異的で神秘的な創造物である (Kenny, 1988)。そうした特異性が創出される過程とは何なのであろうか。この知識の一部は、特定の領域で表象される。人間との社会的、精神的自己に対する原初的な気づきをもつことを示す。人間との発達するにつれて、領域特異的な原理が乳児をガイドし、自己の気づきに関連する入力を確認させる。相互作用を必要とするこの過程を通して、乳児は自己と他者とで共有する表象と、自己と他者とで異なる表象を発達させる。次第に複雑になる人間との相互作用を通して、新しい認知構造が創出され、他者についてだけではなく特異な存在としての自己についてより深い表象が生じる。それは共同活動場面で生じるため、乳児とパートナーはそれぞれが単独で保持する知識を共有するだけでなく、単独では保持し得ない知識を構成することになる (Chapman, 1992)。人間に備わるこの知能の生産性がユニークで神秘的な自己の基盤を形成するのだが、それは自己と環境との関係性の均衡化 (equilibrations in the self-environment relationship) だけではなく、間主観的な均衡化 (inter-subjective equilibrations) にも由来する。ユニークで神秘的な自己という真に新しい知識の形態が創造されるのは、この対話的な問いかけ (dialectical inquiry) の場面に限られる。

第5章 二項的相互作用

1節 二項関係期における精神状態の気づき

> 言語が相互作用の道具となるまでは、何らかの原言語的な「心の理論」がなければ、他者との人間的な相互作用は起こり得ない。(Bruner, 1990, p.75)

乳児は（他のほとんどの哺乳類と同様に）社会的な生物であり、養育者との密着した関係を保持しながら生活し始める。しかし、人間の乳児には他の哺乳類とは異なる特殊な社会認知的能力があり、それが人間の乳児を他の動物とは異なる特有なものにさせる (Tomasello, 1999)。人間の乳児には、他の高等な哺乳類と同様に自らの種と無生物とを区別させる特殊な内因的要因が備わる (Tomasello & Call, 1997) だけではなく、情動知覚を通して自らの原始的な精神状態を知覚できる自己推論機構 (self-inferential mechanisms) も生まれつき備わっているからで

ある。この生得的な対人的気づきによって、乳児には他者の中にある自分に類似した情動/精神状態の認識が可能になる。乳児が生後最初の数か月の時点で、人間の動作に目標指向性（goal directedness）や意図性（intentionality）を知覚できるのは、精神世界に対するこの非常に原始的な気づきによるのである。つまり、乳児は「間主観性（inter-subjectivity）」という能力を生まれつき示すように思われる。この能力が心の理論の知識に先行するもの、つまり原型である。

本章では、生後最初の数か月間に焦点を当てる乳児の初期の気づきを示すと思われる社会的能力の諸側面を記述する。先の章で論じたように、多くの理論家が、人間の社会性のユニークな形態は他者の精神状態に対する気づきにあり、その気づきは乳児が生後1年目の後半の三項関係期にならなければ出現しないと論じている（Tomasello, 1995）。三項関係期の乳児は他者との相互作用場面に外界の物や出来事を組み込み始める。乳児には人間と物に対する注意を統合させる能力がある。それゆえ、乳児は人間が精神的主体であり、さまざまな手段を使って獲得できる独立した目標をもつことを理解する。この理解ができるので、乳児は成人を社会的参照点（social referencing point）として利用し始め、他者の意図の理解を反映させる生活体であるだけでなく、自分が注意をする対象を決定するものでもある。二者の外側にある物への注意は、周囲にあって有効に利用できる文化的人工物や言語といったシンボリックなタイプの行動を使用し、参加されるべく意味づけられた人工物の使用の仕方や参加の仕方を観察しながら、彼らの立場に自分自身を置くことを想像できなければならない大人の使用の仕方や参加の仕方を観察しながら、彼らの立場に自分自身を置くことを想像できなければならないと論じている。トマセロ（Tomasello, 1999）は、使用される人工物や言語といったシンボリックなタイプの行動を使用し、参加されるべく意味づけられた社会的実践に参加するために、子どもはなるべく意味づけられた人工物の使用の仕方や参加の仕方を観察しながら、彼らの立場に自分自身を置くことを想像できなければならないと論じている。この想像を可能にするためには、次の2つが必要になる。第1に、三項関係期に乳児自身が初めて意図的主体になるということ、第2に、他者を自分と似ていると知覚する生物学的傾向の結果、乳児がこの能

第5章 二項的相互作用

力を他者に投影するということである。

物への注意、そして物に注意し、物に対して言語表現をする人間への注意、この2つの注意が乳児に文化的な人工物やそのラベルの学習を可能にさせるのはその通りかもしれない。しかしそれは必ずしも三項関係期以前の乳児が人間の精神状態に気づいていないことを意味するものではない。この章では、乳児が二項関係期でしていることを詳細に論じてみたい。人間は意図をもつことに乳児が気づいているかどうかを明らかにするために、三項関係期以前の乳児に見られる相互作用を分析してみたい。

乳児による精神状態の理解の時期が遅く設定される理由の一つは、初期の社会的能力が非社会的な状態から発達するという広くいきわたった偏狭な考えにある。「目に見えない精神的なものの理解は、概念的にしかできず、そしてそれには困難を伴うという主張を受け入れ続けていることにもその一因がある」(Reddy, 2003, p.247)。

二項関係期の乳児はすでに物の世界の萌芽的な理解者ではないとする考えには驚かされる。乳児は3つの原理を使って非生命体について推論する。その原理とは、凝集 (cohesion)、連続 (continuity)、接触 (contact) の原理である (Baillargeon, 1986; Spelke, 1988)。乳児は、非生命体が凝集して運動し、永続的な実体として連続して動き、接触されたときにだけ運動することに気づいていることが明らかにされている。こうした原理は、目に見える物の実験にだけ適用されるのではなく、隠れていて目には見えない物にも適用される。つまり、乳児は知覚的指標が欠如した場面でも物の知識を利用するようにみえる。このことは、物の性質の概念的理解を確実に示唆しており、乳児はそれを必要なときに利用できるのである。

二項関係期が乳児の心理的発達にとって重要ではないとする理論家は、乳児がその時期に従事している行動を無視している。事実、二項的段階には精神活動に対する気づきがないと論じる多くの理論家は、この時期におけ

る乳児の社会認知的スキルの個体発生の起源を検討してはいない。この章では、応答的な大人と関わる生後最初の数か月間で乳児に何が生じるかを記述し、乳児は単純な精神的生活を営み他者の意図に気づく意図的存在だと論じる基盤が存在することを示したい。こうした知見は、最初の1年間の乳児の行動が条件づけされた反応であり、精神状態の気づきを示すものではないと主張する説明とは相容れないものである。

2節　精神状態の起源

精神的なものと物理的なものとを区別しようとして、ブレンターノ (Brentano, 1874/1973) は精神的なものは目的として(自己以外の)他の何かを志向していること、つまり精神的なものは何かに**「ついて」**(about) のものであり、何かに**「言及する」**(referring) ものだと指摘した。この**「何か」**(something) は存在する必要はない。それは外界に現実にある必要はない。われわれは対象物を想像したり、出来事のことを考えたりするときに、それを精神的に表象する。つまり、ブレンターノ(や他の多くの心理学者)は意図を人間が対象に対してもつ関係だとしている。人間の行動が心理的に物と何かしら関係するなら(それに注目する、それに言及する、それを欲しがる等々)、それはある物 (an object) についてであり、あるいは何かについてである。子どもたちは、人間には表象された世界(それは子どもが表象しているものとは異なるかもしれない)があることを、どのように理解し始めるのだろうか。ブルーナー (Bruner, 1999, p.329) は、**言及**あるいは指示 (indicating) という行為に固有な意図を検討している。彼は以下のように指摘する。

第5章 二項的相互作用

他者に注意させたいと願う特定の意図の焦点が存在することをいかに相手に伝達し、そのお返しとして、相手がいわば「そのメッセージを受け取った」という何らかの徴候をどうやって得ようとするのか。これを説明するためには、送り手は（a）自分が他者の注意を何かに引きつけようとすることを示し、（b）自分が他者の注意を引きつけようとしたものが何であるかを示し、（c）自分が他者の注意を引きつけようとしたものが何であるかを受け取り、そして（d）もしもこうしたことができなければ、他者の手助けの有無にかかわらず、取るべき次のステップが何かを見つけださなければならない。

ブルーナーによる参照の意図性の定義は、2人の大人の間だけではなく、乳児と大人との間のコミュニケーションの分析にも使用できる。ブルーナー (1999) によれば、誕生時からすでに、乳児は二者の対面的な交流場面で、自分たちが**感じている** (feel) ことを他者の**注意** (attention) に持ち込むように「動機づけ」されているように見える。つまり、ほとんど最初から、乳児は経験を共有するために、対話者の視線をモニターするのである。

乳児は、大人が視線を合わせると、社会的で情動的な行動で反応するが、それは大人の視線をコミュニケーションへ誘うものとして知覚していることを示唆している (Legerstee et al., 1987; Stern, 1985; Bruner, 1999)。ブルーナー (1999) は、視線は常に外界に焦点を合わせ、（社会的であれ非社会的であれ）対象物を志向するがゆえに本来参照的なものであり、乳児はそれを最初から知っていると論じている。これは興味深い指摘である。なぜならそれは、乳児が（自分と同じような）人間を最初から見ていることに気づいているのと同じように、自分が見られていることにも気づいているからである。このことは、必ずしも乳児が表象的な内容（例：見ている他者が乳児を表象していること）に気づいているからである。そうした理解には、少なくとも暗黙裡に「私は「もしもあなたが私を見ていれば、あなたは私のことを意味している」「もしもあなたが私を見ていなければ、あなたは私のことを考えていない」ということを知っている」というメタ表象

能力が必要だろう。そうした複雑な精神能力が幼い乳児に存在するなら、もうそれ以上発達する必要などないだろう。それどころか、このタイプの単純な気づきは乳児の精神状態の反映ではあるが、乳児がアクセスできるそのような種類の気づきではない（第4章の表象の水準を参照）。このタイプの気づきについて考えるその後の能力に**先行するもの**（precursor）なのである（例：Hobson, 1989）。

たとえば、乳児は自分が養育者の注意の焦点であることに気づいている。なぜなら、養育者が視線を向けるとすぐに情動的な相互作用に関わり始めるからである（Legerstee et al., 1987; Murray & Trevarthen, 1985; Stern, 1985; Fogel, 1993; Reddy, 2003）。こうした情動的な相互作用は、顔の特徴だけによって誘発されはしない。なぜなら、乳児は生命のない人形と顔を合わせても情動的なやり取りで反応することはないからである（Legerstee, 1992; 第3章を参照）。さらに、もしも大人が乳児を見て微笑まないなら、乳児はぐずりだす。しかし、それまで「相互作用的」であった人形が動かなくなってもぐずりだしたりしない（Legerstee et al., 1989）。こうした行為は生後5週児で出現する（Legerstee et al., 1987）。乳児は、二者の相互作用の場面での大人の応答の欠如を、視線の出会う場面で相互に感情共有するという期待に違反した行為と受け取るようである。

アイコンタクトをしたりしなかったりしながら（パートナーとの見つめあいと目そらし）、乳児は社会的な相互作用を調整する。言葉を話す前の乳児に見られるこの視線交替は、コミュニケーションする大人同士の間に見られる行動の調整と似ている（Perry & Stern, 1976）。母親は乳児の「目そらし」をコミュニケーションの休止として捉えている。なぜなら、母親は乳児が目そらしをすると話すのを止め、乳児が再び注意を向けると対話を再開するからである（Legerstee & Varghese, 2001; Stern, 1977）。

生後4か月までに、乳児は大人に対する情動と注意の表現を減少させ、非生命的な物への選好を増加させる。二者の外側にある物への関心は、拡大した環境で効果的な相互作用や探索を可能にさせる運動と認知のスキルが

第5章 二項的相互作用

向上した結果である。つまり、この対象志向的な状態は、原初的な間主観性が働かなくなったからではなく、むしろ二者の外側にある物を含む新たなコミュニケーションモードへの進展を準備させるものであるように思われる。親や大人は、物に対する乳児の新たな注意を利用する。彼らはその物の名前を言い、それについて語り始める (Legerstee et al., 1987)。乳児は興味深い出来事へ向かう大人の視線を追跡することで反応する（第6章参照）。物を会話の一部にすることで、コミュニケーションの相手は乳児に参照的なコミュニケーションの始まりを示す。

アダムソンとベイクマン (Adamson & Bakeman, 1982, p.219) は、この発達期を非言語的参照段階 (nonverbal referencing phase) と呼び、この段階では「注視パターンや発声、そして身振りが、参照機能を次第に果たしだす。つまり、議論のための新しいトピックについて伝えたり、あそこにある物についてコミュニケーションしたりコメントしたりしたい、という新しいメッセージを伝えるのである」。他者の注意に焦点を合わせ、他者の視線を追視することによって、乳児は他者が注意を向ける物について多くのことを学習するのである。

最も初歩的な形態としての視線の追跡は生後5～6か月でははっきりし、数か月後には、自分の視線を社会的なパートナーと関心のある物との間で繰り返し交替させるようになるが、それは他者と世界を共有する経験をしながら、相手の注意をモニターする行動方略だといえる (Butterworth & Jarrett, 1991)。乳児は大人の視線追跡を習慣化させ、興味深い物を見つけ出すことを期待する。もしも面白いものが見出せないと、彼らは振り返り、大人の顔をチェックする。この行動は、乳児が初期に見せる世界の間主観的表象の証拠であり、他者と同じ世界を共有する信念の表現ともいえる (Bruner, 1999)。

つまり、経験的な証拠を見れば、乳児は誕生時からコミュニケーション交流の場面では、二項的文脈でも三項的文脈でもパートナーの視線を広範囲にモニターしており、それは乳児が精神状態に気づいていることを意味するように思われる。この考えは、精神状態の気づきが生後9～18か月の間に発達するという見解（例：Tomasello,

1995; Gergely et al., 1995; Barresi & Moore, 1996）に対して異議を申し立てることになる。問題は「この精神状態の気づきが（非常に単純なものであれ）どのようにして乳児に芽生えるのか」ということである。つまり、（1）他者の意図の知覚は連合学習これまでの章とはいくらか異なった理論的な観点から取り扱いたい。次に、この問題を、こに由来するという考え、（2）意図の知覚は「目のような（eye-like）」刺激を知覚する結果であり、検討したい。しかし私自身は、こうしたものとは別の視点から、つまり意図の気づきは間主観的な現象であり、その発達は意味のある社会的相互作用の結果としてのみ可能になるのだと主張するつもりである。

3節　理論的説明

1 ── 説明1 ── 精神状態を知覚する学習

準備性を想定する学習論者によれば、生後1年までの乳児は、運動のさまざまな形態の中にDubois, 2000; Gergely et al., 1995）、あるいは社会的刺激がもつ特別な魅力の結果として（Rakison & Poulin-1954）社交能力（sociality）を知覚するのであり、またその後生後18か月までは、連合学習に対する乳児の非常に強力な潜在能力に基づいて発達が生じると主張される。

たとえばコーカムとムーア（Corkum & Moore, 1995）は、乳児が他者の中にある意図を理解するのは生後2年目の最後になると想定している。彼らは誕生時の乳児をタブラ・ラサだとは主張しないが、ピアジェの使う言葉の意味で非社会的（asocial）だとみなす（例：乳児は感覚−運動期の最後までは、自分を世界の中で独立した対象だとは知覚しない。それゆえ、自分も他者も社会的な対象として知覚しない）。その代わり、彼らは随伴性学習に対する乳

児の能力に注目する。彼らは、他者の視線を追跡するように見える生後9か月の三項関係期を、乳児が大人の注意を対象物への気づきとして知覚する時期とはみなさない。むしろコーカムとムーアは、視線追跡行動は強化によって形成されると論じる（例：もしも私が母親のように頭を回せば、面白いものを見ることができる）。つまり、視線追跡は他者の中にある注意／意図の状態の気づきする行動ではない。他者が見ている場所を理解し始めるのは、乳児が自分を他者とは異なる独立した存在だと知覚し始める生後2年目の終わり頃になる。この気づきが乳児に他者の注意を興味深い対象へ誘導させるのである（叙述的行動）。

レゲァスティとバリラ (Legerstee & Barillas, 2003) はこの見解を検討した。彼らは12か月児を研究し、視線追跡や叙述的指さしのようなコミュニケーション身振りは、乳児が他者を意図的な主体と知覚したために出現したのか、それとも共同注意場面での特別な知覚的手がかり（例：頭の回転）によって引き出されたものに過ぎないのかどうか検討した。2つの実験が行われた。実験1では、32名の12か月児を対象に、(a) 随伴的に相互作用する人間、そして (b) 等身大の人形（手、目、顔、随伴的運動という意図的な特徴を備えている）、この両者による視線／頭の回転に対する追視を条件づけた（図5-1参照）。その後、乳児によく目立つ（バッテリで動く）玩具を提示し、乳児が指さしや発声を使って社会的主体や非社会的主体の注意をこの玩具に誘導するかどうかを検討した。乳児は、非生命主体より人間に対して、指さし、発声、視線を有意に多く示した（図5-2）。

強化が適切であれば、社会的刺激であれ非社会的刺激であれ「その頭が回転する」のと同じ方向へ乳児が視線を向けるように条件づけすることは可能である。ほとんどの乳児が、自分の頭を人間や非生命的な主体と同じ方向に向ければ、興味深い光景に出合えることを学習した。しかしながら、乳児は人間に対してだけその注意を興味深い光景に誘導したのであり、学習した行動を実行課題に転移させたわけではなかった。コミュニケーション身振りが人間に対してだけ行われたという知見は、乳児が意図を帰属させたのは人間だけであったことを示唆し

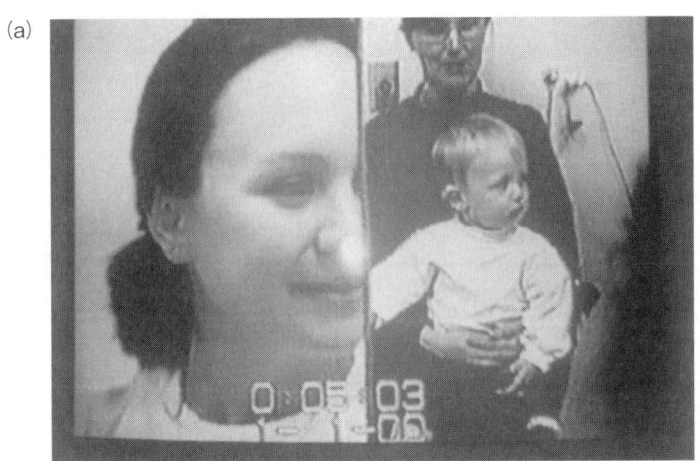

図5-1 随伴的に応答する (a) 人と (b) 人形の注視や頭の回転に追随するように条件づけされた12か月児

第5章　二項的相互作用

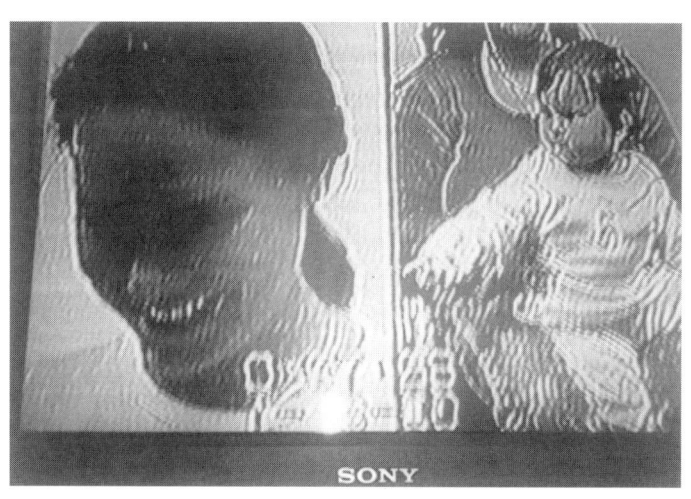

図5-2　人に対して指さしをした乳児

ている。

実験1では、乳児がコミュニケーション行為をしたのは自分と同じ対象物を見た人間に対してであったことに注意する必要がある。こうした身振りは、大人から何かを手に入れようとする命令的なものというより、叙述的なものだといえるだろう。命令的行為は、乳児が人間を出来事を起こさせる主体（機械的主体）として理解していることを示しており、一方、叙述的行為は、乳児が人間を意図や注意をもつもの（心理学的主体）として知覚していることを示している。相手が見ていない物を指し示す叙述的な指さしは、注意を別の方向に向けようとしており、そこには精神状態の認識が関与している。

11～14か月児が大人の注意の方向を変えさせるかどうかを検討するために、レゲァスティとバリラ（2003, 実験2）は自分の左側にある犬のぬいぐるみ（焦点になる犬）に対して感情を表現しながら見つめる実験者を乳児に見せた。その場面には、別の犬のぬいぐるみが実験者の右側にも乳児にも60センチ離れて置かれていた（焦点外の犬）。セッションは実験者が乳児の名前を呼ぶところから始まった。乳児が実験者を見ると、実験者は焦点になる犬を見た。ある条件では、この焦点になる犬が吠えて動き出

125

(a)

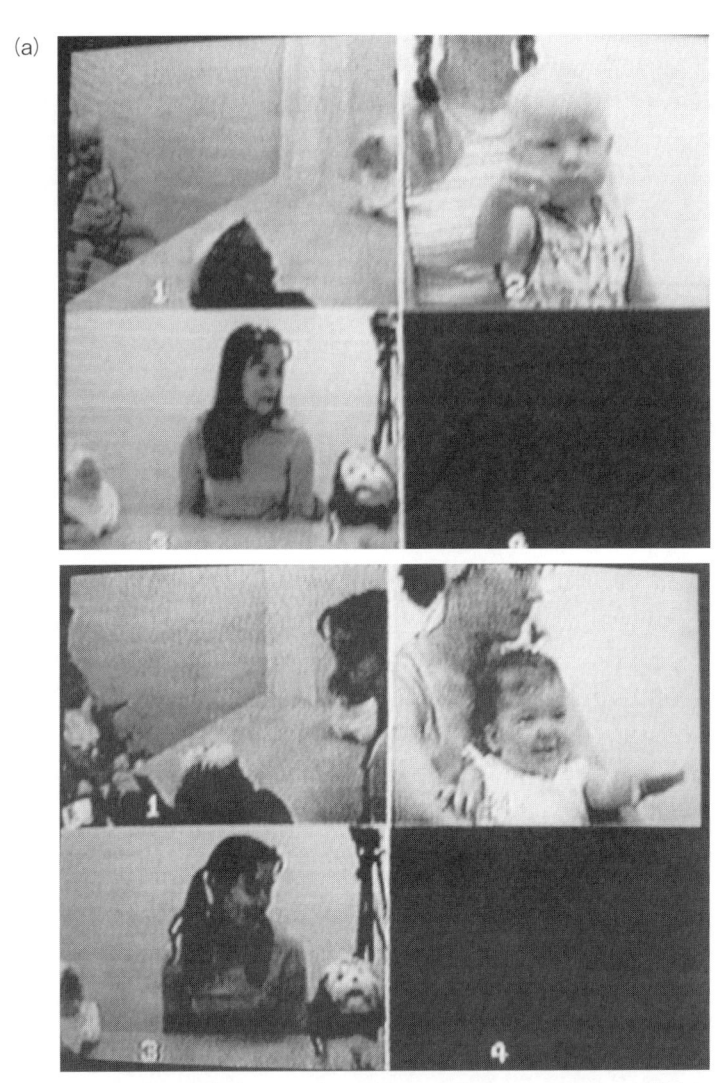

図5-3 12か月児の指さし：3名の乳児による焦点になる玩具への指さし (a) と8名の乳児による焦点外の玩具への発声と指さし (b、c：p.128-131)

第5章　二項的相互作用

(a)

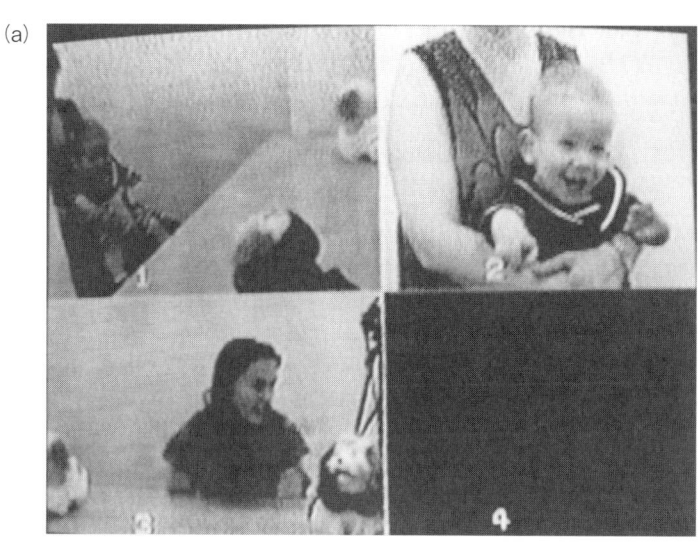

図5-3（続き）

した（5秒間、3試行）。別の条件では、焦点外の犬が吠えて動き出した。乳児は実験者が焦点外の犬に視線を向けたかどうかチェックしながら、焦点の犬より焦点外の犬に対して有意に多くの指さしや発声をした（実験者は決して焦点外の犬を見なかった！）（図5-3を参照）。

つまり乳児は生後12か月までに人間の注意の状態に気づくのである（第9章の実験3も参照：同じ実験が異なった理論的問題を取り扱うために使用されており、そこでは他者の意図に対する気づきを示す乳児の異なった行動が扱われている）。

このことは、感覚-運動期の終わりより何か月も前に、乳児は人間を心理的主体（psychological agents）とみなしていることを示唆している。乳児は自分を他者の調子に合わせ、また他者を自分の調子に合わせようともする。こうした行動は、その状況を盛り上げたり、物を要求したりする、単なる感情的な表現ではない（Moore & D'Entremont, 2001 を参照）。むしろその機能は、他者と環境内にある興味深い側面を共有しようとすることにある。つまり、18〜24か月という定説化された時期（Piaget, 1954 参照）のかなり前から、乳児は社会的気づきを明確に示すのである。上記のような

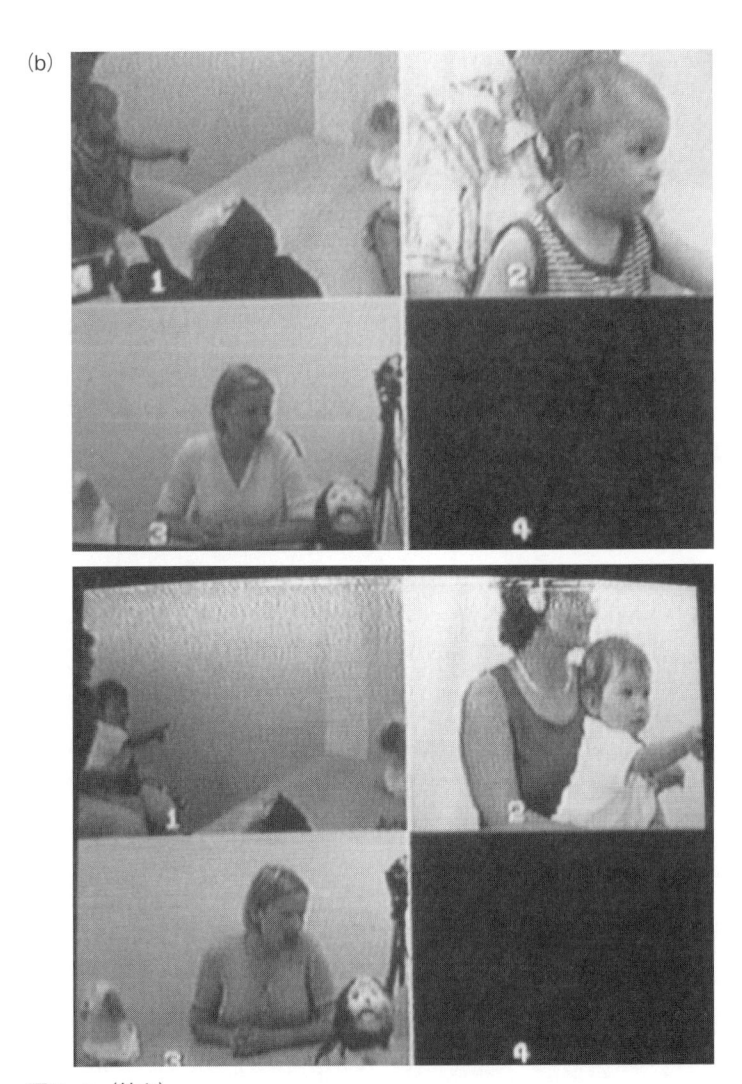

図 5-3（続き）

第5章　二項的相互作用

(b)

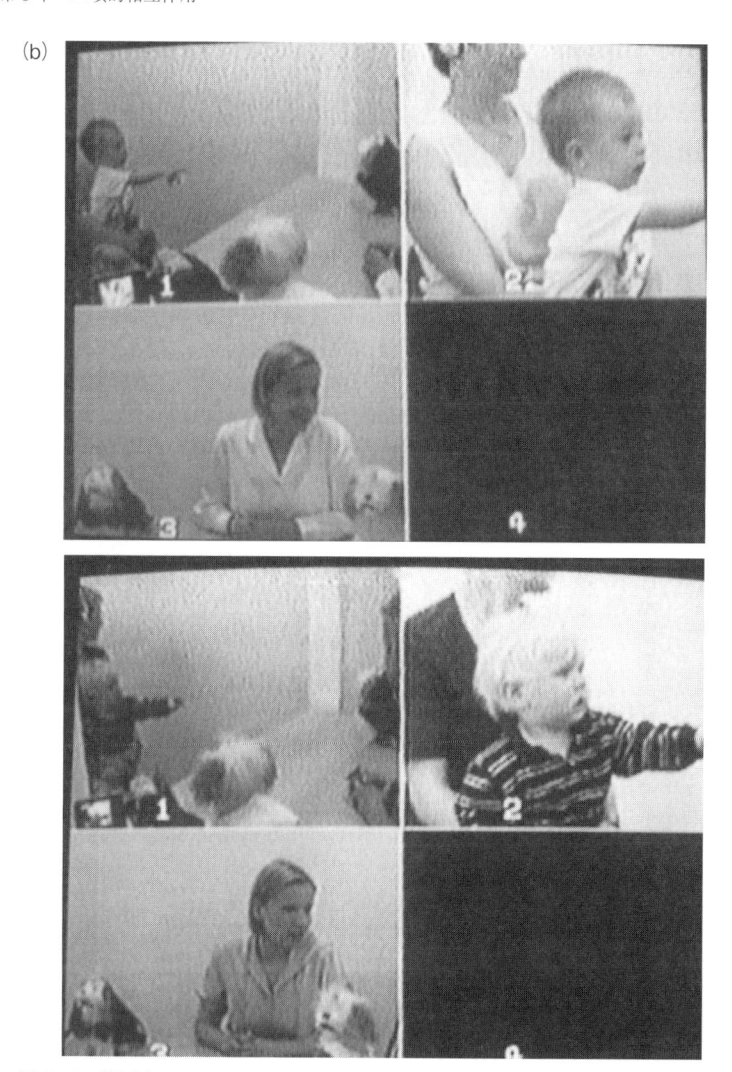

図5-3（続き）

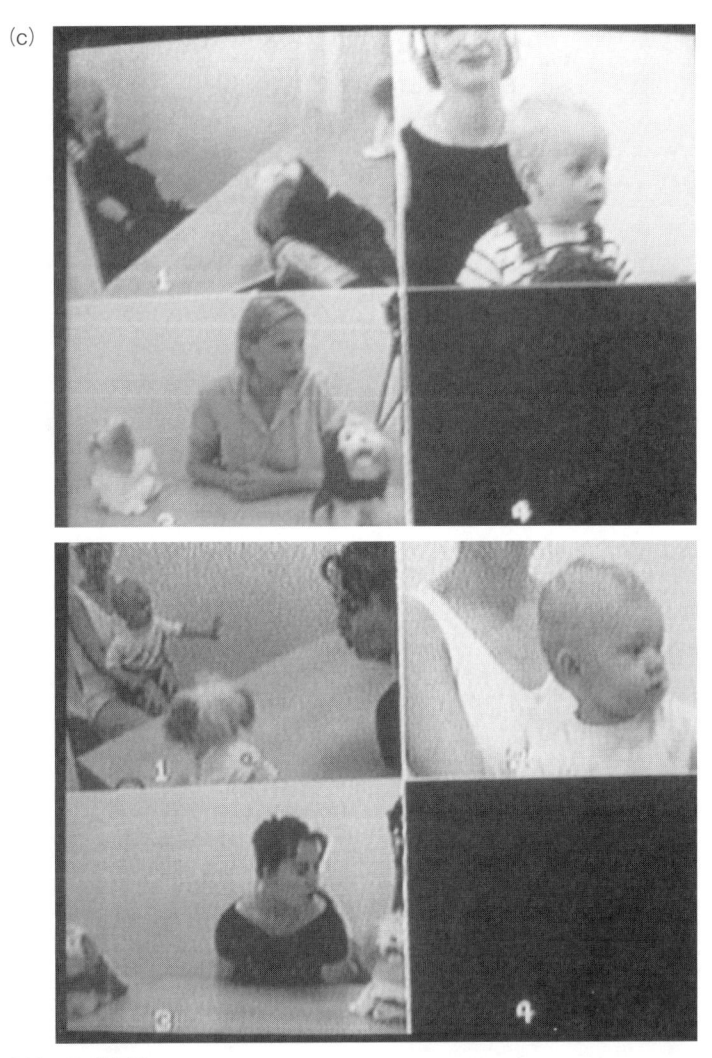

図 5-3（続き）

第5章 二項的相互作用

(c)

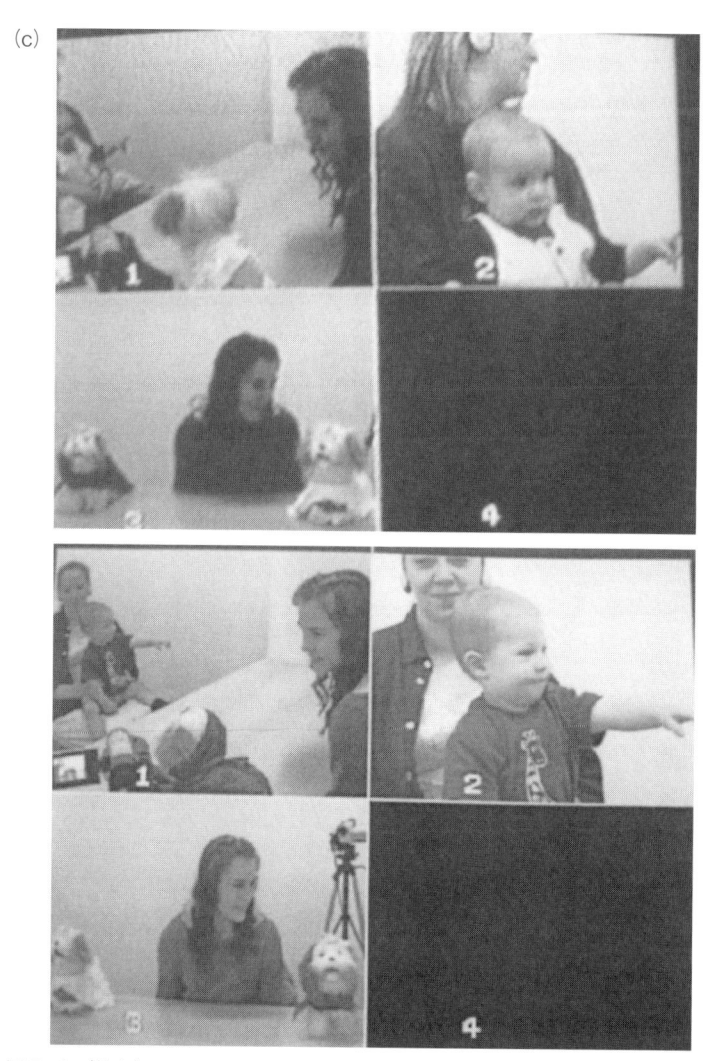

図5-3 (続き)

社会的認知領域での注目すべき行動は、心の理論につながる生後1年目の重要な先行体であり、心の理論の獲得に大きな発達的効果をもつと思われる(同様な解釈がCamaioni, Peruchini, Bellagamba, & Colonnesi, 2004に見られる)。

このように、2歳前の子どもが人間を心理的主体として知覚しないという考えは、現存するデータからは支持されない。さらに重要なことは、準備性を想定する学習理論の見解では、生後18か月以前の世界の知覚的理解から、その後の概念的理解へいかに発達するのか、この点に関する情報が提供されていないことである。換言すれば、乳児はどのようにして、行動の理解から心理の理解へと発達するのか、非社会的な存在から社会的な存在に発達するのか、その情報がないのである。学習理論の説明では、乳児の精神的生活の開始が生後2年目になる理由がわからない。なぜなら、参照的なコミュニケーション(例:単語の脱文脈化された使用。Barrett, 1989)といったシンボリックなタイプの行動の多くが、2歳という定説化した時期よりもずっと早期に生じているからである。乳児には社会的相互作用をするような生物学的準備があり、人間についてのすべての学習が発達するためには連合学習機構が有効だと論じることは正しいのかもしれない。しかしこの説明ですべてを物語ることはできない。明らかに、チンパンジーにも自分の仲間と相互作用する生得的な傾向があり、随伴性を分析するスキルもある。しかし人間の乳児とは異なり、彼らは自分たちの仲間の精神状態(例:意図)の理解を発達させることはないのである(Tomasello & Call, 1997)。

2 ── 説明2 ── 精神状態を知覚する視線検出

準備性を想定する学習理論者たちは、人間の精神状態に気づく前奏曲として乳児が従事する社会的学習の種類に多くの注意を払ってきたが、バロン・コーエンは乳児には生得的なモジュールである神経-認知機構があり、それらが生後18か月の間に異なった発達期を設けながら活動すると仮定している(第4章参照)。精神状態を知覚す

第5章 二項的相互作用

るのに重要なのは、二項関係期に働き始める意図検出器（ID）と視線方向検出器（EDD）である。IDは自己推進力 (self-propulsion) と対象方向性 (object direction) をもったすべての刺激を二項表象として解釈する。つまり、IDは主体（自己あるいは他者）と物とを意図的な関係により結びつける（行為主体が物を欲している）。EDDは乳児に対して目や目のような刺激に特別の注意を払わせる（必ずしも社交能力 (sociality) を検出する特徴ではない）。EDDは他者が見ている（例：行為主体あるいは自己が物を見る）場所を乳児に知覚させる。IDもEDDも生後9か月以内に活動を開始する。生後9か月までに、IDとEDDは共有注意メカニズム (SAM) として結びつく。こうしてSAMはIDとEDDが発生させる二項的情報を使用して、三項表象を生み出すことが可能になる（行為主体がものを見る／自己がものを見る）。つまり、バロン‐コーエンによれば、共同の関わりは神経‐認知的メカニズム（生得的モジュール）の成熟により可能になり、社会的相互作用や学習には依存しない。

他者の単純な精神状態であれ高次な精神状態であれ、それらを推論する際の中核として**眼球の物理的特性**の重要性を強調することは、「見つめあう (eye-to-eye contact) 場面で経験される快情動」が精神状態（意図）のより成熟した理解の基盤となり、またそうした理解と連続する相互的な気づきを含むと主張する社会的志向性が強い理論家の主張とは異なっている (Bruner, 1999)。情動を共有しない相互の見つめあいは、乳児に悲しみを引き起こす。

そうした悲しみは、乳児が等身大の人形の目と出会うときには出現しない (Legerstee et al., 1987; 1990)。こうした知見は、単に「目を見ること」が乳児に社会認知的能力の発生のタイムテーブルを引き出すとする考えに反している。

さらに、さまざまな社会認知的能力の発生のタイムテーブルが学習の影響を受けないという考えは、現在の経験的データから支持されるとは思われない（第7、8、9、10章を参照）。言うまでもないが、乳児の注意の焦点の足場作りをする養育者に育てられると、そうした足場作りを経験しない場合に比べて、乳児はより早くより多く

133

の共同的関わり行動を行うようになるという有力な証拠が存在する (Legerstee & Varghese, 2001; Legerstee et al., 2002; Legerstee, Fisher, & Markova, 2005; Legerstee et al., 2004)。

3 ──説明3──注意の対象物の存在を基盤に

ヴァスヴィ・レディ (Vasuvi Reddy, 2003) は、乳児が意図を早期に気づくことについて魅力的な説明をしている。彼女は、意識的な気づき (conscious awareness) の発達は、最初の誕生日に近づく頃 (Tomasello, 1995 参照) や1歳の誕生日以降 (Corkum & Moore, 1998 参照) というより、生後最初の数か月で明確になると論じる。レディの説明は、自己の気づき (self-awareness) や他者への気づき (other-awareness) に対するアプローチと密接に関連する。レディは生後数か月の乳児は他者が注意する存在であることに気づいていると主張する。古典的な認知論者や準備性を想定する学習論者とは異なり、注意の対象物の存在に対する気づきが自己や他者を心理的存在として表象することの最終結果ではなく、むしろそれらに先行するものだとレディは論じる。問題は、この先行する能力に備わる特性は何かということである。人間についての何らかの知識や、第2章で論じられたような固有な領域で表象される事物に対する注意の向け方に関する何らかの知識が存在するのかもしれない (Karmiloff-Smith, 1992 も参照)。乳児は早期から、いずれにせよ、注意の機能への気づきは、人間理解のための重要な特徴であるように思われる。注意の機能への気づきは、この知識が意識へのアクセスを可能にはしないだろう。乳児が自分に注意を向けていることに気づくとはいえ、数か月後の三項関係期になると、たとえば相手の注意状態をチェックし始めたり、相手の注意を物に向けようし始めたりして、それが可能になるが、それでもなお言語的な報告はできないのである。

レディは、非常に早期から存在する他者の注意に対する情動的気づきと、注意が向けられる物に対するその後の気づきを区別する。この気づきは、乳児と母親の「原初的共有」(primordial sharing) 状況で観察される。レディ

第 5 章　二項的相互作用

は、他者から見られる場面、つまり他者の注意が自分に向けられる場面で、乳児がどう反応するかに注目している。彼女によれば、乳児はすでに生後2か月までには、他者から見られると明確な情動を表出する。このことには次に示すような強力な経験的支持がある。目を合わせたり (Wolff, 1987; Legerstee et al., 1987)、自分の方向に顔を向けられたりすると乳児は微笑する (Caron, Carfon, Mustelin, & Roberts, 1992)。乳児の顔の目ではない部分を見るようにすると、乳児の微笑は減少する (Muir & Hains, 1999)。大人が表出行動を乳児の注意の表現と協応させると、乳児の情動表出が増加し (Trevarthen, 1979; Beebe, Stern, & Jaffe, 1979)、乳児を見続けたままでコミュニケーションを拒絶すると（静止した顔）悲しい表情をみせる (Cohn & Tronick, 1989; Legerstee et al., 1987; Legerstee et al., 1990)。しかし、乳児を注意や情動表現で過剰に刺激すると、視線をそらせて入ってくる刺激を調整しようとする (Murray & Trevarthen, 1985; Legerstee et al., 1987; Legerstee & Varghese, 2001)。乳児は人間が自分にいつ注意を向けるかを知っているだけではなく、生後4か月までには、人間が自分に注意を向けないと、呼びかけてその注意を自分に向けさせるようになる (Reddy, 1999)。

　4か月児に見られる大人の注意の再方向づけは、乳児が他者の注意に気づいていることを示すよい証拠のように見えるかもしれない。しかし、乳児が相互作用しようとする他者の試みに情動的に反応するのは、ある種の行動表現を産出する傾向を生まれつきもっているためであり、大人の注意が彼らに向けられていることに気づいているためではないと論じることも可能だろう (Markova, 2004)。この主張は、大人の注意を引きつけやすいこうした表現行動を生み出す生得的な衝動が乳児にあり、それが注意をはらう存在としての他者を乳児に実感させるのだ、ということを暗に示している。これは、**他者**の中にある注意の理解は、注意が向かう対象物の存在を知覚することから出現する可能性があることを意味している。つまり、ある時期まで乳児は「注意」の目的が何であるかを知らないのであり、注意が演じる参照的役割やブルーナー (1999) が示唆するような「認識的意図」(epistemic

135

intentions）に気づいていないのである。この場合には、コミュニケーションや注意は、生後1年目あるいは2年目において精神状態の理解を可能にさせるまでに発達した認知能力によるのだと考えられる（Tomasello, 1995; Barresi & Moore, 1996 参照）。しかしながらレディ（1991）によれば、誕生直後から「乳児のコミュニケーションには、他者を心理的な感受性がある者やパートナーとして知覚することが必要とされると思われる」。レディは、注意や情動的な関わりは身体レベルの行動によって強制されるのではなく、むしろそれは精神的な状態によって動機づけられると主張する。つまり、注意もコミュニケーションも乳児の行動レパートリーとして同時に生じ、それらは精神的な活動によって支えられると論じるのである。

生後半年を過ぎる頃、乳児は他者の注意を自己の特定の側面に向けさせ始める。乳児は、注意が払われているときに、さらに注意を引こうとしたり、おどけたり、からかうようにすることがある（Reddy, 1991; 2003; 他者のからかいに対する気づきに関する知見については第6章を参照）。こうした行動は、随伴的な強化の結果として学習される単純で決まり切ったものではない。レディによれば、乳児の多彩な行動は、自分がおかしな行為をするから他者は自分のほうを見るのだ、ということに対する意識的な気づきを示すのである。これは、乳児が同種の仲間と同じ経験を共有することを意味している。つまり、注意の対象としての自己理解が他者の注意の理解と同種であることを意味しており、その起源は二者間の相互作用の終わりまでに、乳児が物を他者と共有する関わりは明確になるが、これについては次の章で論じたい。最初の年の終わりの作用場面での心理的関わり（例：注意の対象あるいは自己に向けられる他者の注意を経験する生後4か月間の二者の相互作用場面での心理的関わり）（例：注意の対象あるいは自己に向けられる他者の注意を経験する生後4か月間の二者の相互作用場面での心理的関わり（Hobson, 1993; Bruner, 1999 も参照）。

つまり、レディ（2003）によれば、乳児は自己に向けられる他者の注意を経験する生後4か月間の二者の相互作用場面での心理的関わり（例：注意の対象あるいは自己に向けられる他者の注意）を出発点にして、自己（訳注：本文中には the object とあるが文脈から自己と表記した。以下の2つの自己も同じである）を操作（表現）したり（よく見せたり、注意を引こうとしたりする）、自己を知覚（存在の気づき）したり（観察されることへのはにかみや恥ずかしさ）、自己

第5章 二項的相互作用

を思い出したり（他者の評価の結果としての誇りと恥）するようになるのである。

したがって、レディが乳児における精神状態の気づきが連続的に発達すると仮定しているのは明らかである。レディによれば、生後2年間の注意の気づきの発達は、自己と対象との分離に対する漸進的な情動的な気づきの結果であり、それが他者の注意の理解を深めるのである。自己の最も早期の理解は他者の注意に対する情動的な気づきがゆえに、そこには単純であるにせよ精神状態の理解が必要になる。さらに発達すると、自己はさらに分化し、一つの対象となるだけではなく、他者の意図を意味する存在にもなる。つまり、乳児は人間に対する心理的気づきを個体発生的に突然発達させるのではない。そうではなく、人間を心理的存在として理解する仕方がより豊かになっていくのである。こうした初期の意識的な関わりは、自他の概念的な表象に先行し、それを**特徴づけて**いくのであり、自他の概念的な表象に**由来するものではない** (Reddy, 2003, p.397)。

意図性の個体発生と取り組んだブルーナー (1999) は、乳児は最初から自分の経験を他者に知らせ、他者の内的な状態を相互に気づきあうような圧力を受けていると論じている（原初的な間主観性）。乳児はこの意思を相互の見つめあいによって示す。生後最初の数か月間の直接的な視線交流による相互の見つめあいは、三項的コミュニケーションに先行するものである。三項的コミュニケーション場面では、二者が共同して注意を向ける会話の中に第3の対象物が含まれてくる。

ブルーナーは、乳児が他者は何か（例：自己、対象物、出来事）に注意を向けていることを認識する時期には認**識的意図** (epistemic intentions) を認め、乳児が他者の行為は目標志向的であると認識する時期には**道具的意図** (instrumental intentions) が必要だとする。どちらの形態も意図的な行動として分類できるが、乳児が意味を知覚できるようになるのはこの2種類の意図を組み合わせることができるときである。このとき、乳児は自分が意図するものについて考えることが可能になるのである。

問題は、乳児がいかに認識的意図の認識から道具的意図の認識へと発達するのか、たとえば、他者の行為の表面的な特質の認識から、他者の行為を支える意図への認識へとどのように発達するのかということである。ブルーナーは社会的パートナーがこの移行を促進させると主張する。乳児の動作に能動的な支援の足場を提供し、あたかも意図を備えた主観的生活をもつものとして扱うことにより、意図を備えた主観的生活が発達する条件が整うのである。しかしながら、この発達が乳児で生じるためには、人間が同じ世界を共有することを理解する生得的能力と、「誰と何」が他者の焦点にあるかに気づく能力が最初からなければ不可能だろう。つまり、レディと同じくブルーナーも、乳児は大人が自分を見ているときに自分が注意の焦点だと知覚する、言い換えれば、乳児は自分が他者の注意の「志向対象（aboutness）」であることに気づくと主張する。この気づきは、三項関係期でも生後2年目でもなく、二項関係期で開始される。それは目のような刺激を知覚する生得的な神経学的モジュールの働きというより、情動的な社会的相互作用によって作り出されるものなのである。

4 ──説明4──関係性としての意図

アラン・フォーゲル（Alan Fogel, 1993）は、進展し続ける関係性を通して自分自身や他者を知るようになるという連続的プロセスモデル（continuous process model）を提案し、次のように記述している。「乳児は最初からこうした関係への参加者であり、意味の創造を親と一緒になって行う」（p.85）。つまり、意味は2人のパートナーによる二項的相互作用場面で共同して作り出される。乳児と養育者は、社会的世界や非社会的世界に対する主観性や関係性の歴史を次第に複雑なものに経り合わせていく。この時期に、乳児と母親は自らの主観性や関係性の歴史を次第に複雑なものに経り合わせていく。コミュニケーションシステムには歴史がある。なぜなら、二者の相互作用場面で、乳児と養育者はそれ以前に発達させた期待を抱きあいながら出会うからである。その後の相互作用場面で、彼らの関係性は

第5章 二項的相互作用

新しい意味を獲得する。なぜなら、その関係性は新しい情報を作り出し、コミュニケーション関係の一部となるからである。こうした関係の共同構築に見られる多様性は、各パートナーがもつユニークな特徴に由来するだけでなく、彼らが関係しあった歴史からも作り出される (Hsu & Fogel, 2003)。乳児が自己を組織化し、相互作用の新しい形態や他者の精神状態に対する洗練された気づきを構築するのは、関係性を通してである。親との間の二者関係を通して、乳児は意味共有の合意的世界を次第に大きく発達させる。この発達は、いわば段階モデルがあらかじめ固定された知識を予測するように（例：それは自己の「中に」、あるいは他者の「中に」ある）、それぞれの参加者が「次の段階へ進もう」とする個別の決定によるのではない。そうではなく、この発達的変化のパターンは、二者の相互作用場面での相互交渉が創造するものによって推進されると説明することができる。

すでに生じた出来事の連鎖によって発達を説明しようとする連合学習や随伴性学習といった社会的学習のメカニズムでは、意味の新しい形式の創造を説明できないことは明白である。対面的コミュニケーションの自己組織化のダイナミックスは、模倣という社会的学習メカニズムによっても説明不可能である。乳児と大人は互いの行動を模倣し照合することが見出されており、大人は模倣によって、乳児に同意していることや、乳児が言わんとすることに理解や気づきを示そうとするが、実際に行われる行動を写し取ることは、新たなテーマを創造したり、新しい行動形式（合意的枠組）へと洗練したりするようなコミュニケーションではない。むしろ、乳児の初期の模倣と大人から模倣される経験は、乳児に大人の行動に気づかせ、パートナーとの同一性と個性の十分な発達を保証するには不十分である。模倣自体は、乳児に大人の行動に気づかせ、パートナーとの同一性と個性の十分な発達を保証する「注意の吸着装置」(attention getter)なのである。しかしこのメカニズムは、社会的な認知スキルと個性を促進させる「注意の吸着装置」(attention getter)なのである。しかしこのメカニズムは、社会的な認知スキルと個性を促進させる「注意の吸着装置」(attention getter)なのである。しかしこのメカニズムは、社会的な認知スキルと個性を促進させる「注意の吸着装置」(attention getter)なのである。つまり、乳児が人間についてすでに知っていることを示すために使うメカニズムに過ぎない(Legerstee, 1991b; Piaget, 1952)。つまり、乳児が人間についてすでに知っていることを示すために使うメカニズムに過ぎない。他者を真似する行動だけでは、母子の間でのコミュニケーションで生じる創造、洗練、拡張の予測はできないし、また他者の精神状態の気づきの発達を説明することもできな

い。

4節 人間に関する領域固有な知識、制約、学習

モジュール派の研究者や準備性を想定する学習論者の主張は、乳児が人間を理解する際に使用する重要な変数を明らかにしてきた。私は、人間という概念が他者との相互作用の際に経験される随伴性を分析する能力といった知覚的連合や模倣を通して獲得されるということに同意する。しかし、乳児が連合学習だけで人間の行動の特異性に有効な理論を発達させうる理由はほとんど考えられない。そうした発達を可能にするために、乳児は、人間の行動（言語的・非言語的身振り、動作、注意／意図）を解釈する際に、推理を引き出す理論という制約を課す唯心論者の方略を用いることが必要になる。

この点についてさらに論じるなら、初期の連合が転じて、後に推論活動を可能にさせる理論になることを示唆する証拠はない。実際、連合経験の頻度が高くなるにつれて推論能力が生じることを記述したものはないように思われる。むしろ、さまざまな理論的背景をもつ研究者が、早期から推論的思考に似たことがまったくできないなら、その後乳児がどのように推論能力を学習するのか、その方式を構築するのは難しいことを強調してきた(Flavell, 1999)。こうした理論家たちは、乳児が具体的知識を拾い上げ、そして社会認知的発達の中で概念に関する直観的期待をもつのだと主張してきた。こうした過程のもとで、幼い乳児による人間の動作の解釈が、人間に対するより成熟した概念的理解に先行し、そしてそれにつながっていくのである。上述した理論的また経験的

第5章　二項的相互作用

な証拠は、人間の行動の理解を知覚的処理への進行とみなすのではなく、乳児が誕生時から知覚的情報や具体的情報に対して探索をガイドする表象を保有することを強く示唆しているのである (Legerstee, Barna, & DiAdamo, 2000)。

このように、人間に精神的状態があることを乳児が学習するのは、多くの感覚様相の統合、模倣、社会的刺激に対する生得的な知覚的メカニズムといった知覚的メカニズムの結果であるとか、随伴的な応答といったある種の（自己指向的）運動の知覚の結果である、とする考えでは不十分なのである。これらは生物学的に準備されたスキルではあるが、こうしたメカニズムを精神状態の獲得の原因とみなす理論家は、乳児が本質的に非社会的で非精神的な存在として誕生すると想定する。初期の社会的相互作用の場面で、乳児が大人から受ける知覚的刺激のタイプに明らかに関係する情動表出を示す。この人間がもつ魅力の一部は、乳児が大人に対して広範な情動表出を示す。大人は（無意識ではあるが）、乳児に向けて「乳児」語 ("infant" speech) を使用する。この乳児に向けられた話し言葉は、ピッチ輪郭が上昇する（訳注：声の調子が高くなる）が、それ以外にも乳児の知覚を把握するような超文節的な (supra-segmental) 特徴をもっている。乳児に向けられたそうした話し言葉はあらゆる文化で観察されるので、普遍的な現象であると思われる (M. Papousek, H. Papousek, & Symmes, 1991; Fogel, 2001)。大人はまた、顔の表情を誇張し、多くの非言語的行動を用いて（頭でうなずく、揺する、触る等）、乳児の注意を自分たちに引きつけようとする。大人は非常に繰り返しの多いリズミカルな遊びをするが、これも乳児の応答に対応している (Fogel, 1977)。

ブルーナーもレディも、自分が大人の注意の対象であると認識している乳児の反応を分析し、乳児には見られているという意識があると結論づけている。社会的相互作用に関わる乳児の能力に関する実証的研究が積み重ねられており、それはこうした研究者がもつ理論的方向性を支持しているように思われる。こうした知見は、乳児

が他者と共通した世界を共有することを認識する生得的な能力をもっているという考えを支持している。なぜなら、乳児は最初から、何が他者の注意の焦点であるかを決めることができるからである。

要約すると、現存する証拠は、精神的な表象である一部は個人間の関係の中に基盤があり、その関係と連続していることを示唆している。ホブソン（Hobson, 1998）やフォーゲル（1993）は、乳児は他者との関係から出発することができると、また「志向性」（aboutness）の起源は、経験する者としての乳児と経験されるものとしての世界という2つの経験形式の間の移行は、他者との情動的コミュニケーションから生じると信じている（第4章と第7章も参照）。他者を自分と似たようなものと知覚し、自己と他者の精神状態をいくつかの非常に基本的な情動の共有を通して推論する乳児に自然に備わる傾向は、「複雑な精神的能力が対人関係過程の内化を通して生じる」（Hobson, 1989, p.296）ことを可能にさせる。この考え方は、多くのモジュール派の研究者、準備性を想定する学習論者、一部の社会認知的および古典的な認知論者が論じること、つまり対人的な過程（例：相互の情動の共有）が生後2年目の終わりになり動作シェマの内化や学習された連合を通して可能になるというものとは対照的である。

生後最初の3か月間におけるコミュニケーション相手との相互作用を見ると、乳児は情動や感情を共有するように動機づけられており、何らかの相互的な気づきを得るために相手が同じことをするように期待していると思われる（Tronick, 2003; Fogel & Thelen, 1987）。ブルーナー（1999）もトレヴァーセン（Trevarthen, 1979）もこの相互的気づきを「原初的な間主観性（primitive intersubjectivity）」と呼び、コミュニケーションしている二者の外側で対象物を共有し言及し始めるもっと複雑な間主観性形式に必要な先行体だと主張している。「心の中にいつもものを共有するための苦闘は人生の早期から開始される」（Bruner, 1999）ように思われる。

通信用カード

■このはがきを，小社への通信または小社刊行書の御注文に御利用下さい。このはがきを御利用になれば，より早く，より確実に御入手できると存じます。
■お名前は早速，読者名簿に登録，折にふれて新刊のお知らせ・配本の御案内などをさしあげたいと存じます。

お読み下さった本の書名

通 信 欄

新規購入申込書　お買いつけの小売書店名を必ず御記入下さい。

(書名)	(定価) ¥	(部数)	部
(書名)	(定価) ¥	(部数)	部

（ふりがな）
ご 氏 名　　　　　　　　　　　ご職業　　　　　　　　（　　歳）

〒　　　　　　Tel.
ご 住 所

e-mail アドレス

ご指定書店名	取次	この欄は書店又は当社で記入します。
書店の住　所		

郵便はがき

101-0051

恐縮ですが、切手をお貼り下さい。

（受取人）
東京都千代田区神田神保町三―九
第一丸三ビル

新曜社営業部 行

通信欄

■科学・スポーツ科学

村上宣寛

重版出来！

ハイキング・ハンドブック

スポーツ科学，エルゴニクス，被服学，住居学，栄養学等の広範な
エビデンスに基づき，これまでの常識を覆すアウトドア・マニュアル。
ISBN978-4-7885-1338-9　四六判 320 頁／**本体 2600 円+税**

井山弘幸

パラドックスの科学論　科学的推論と発見はいかになされるか

厳密とされる科学。しかし現実には？「パラドックス」というレ
ンズを通して浮かび上がる，科学的思考の現場を活写する。
ISBN978-4-7885-1327-3　四六判 334 頁／**本体 2800 円+税**

■心理・臨床

永井撤

心理面接の方法　見立てと心理支援のすすめ方

心理面接の基礎的枠組みと，どんな立場の臨床家でも共有できる
面接の視点を，実践場面に即した 19 の項目に分け易しく解説。
ISBN978-4-7885-1332-7　四六判 224 頁／**本体 2000 円+税**

岡 昌之・生田倫子・妙木浩之 編

心理療法の交差点　精神分析・認知行動療法・家族療法・ナラティヴセラピー

異なる立場の臨床家による同一事例の見立てと介入方針の比較検
討から，それぞれの心理療法の魅力と異同の核心に迫る。
ISBN978-4-7885-1349-5　四六判 304 頁／**本体 3400 円+税**

サンドラ・レイガン他／改田明子 訳

緩和ケアのコミュニケーション　希望のナラティヴを求めて

延命を求める医療から，絆のなかで人生の締めくくりを共に創造
してゆくコミュニケーションへ。
ISBN978-4-7885-1356-3　四六判 336 頁／**本体 3600 円+税**

外山紀子・中島伸子

乳幼児は世界をどう理解しているか　実験で読みとく赤ちゃんと幼児の心

物言わぬ赤ちゃんの心をどのように調べるのか？　心理学の実験
的な方法で，乳幼児の心の世界を探検する心理学ツアーへの招待。
ISBN978-4-7885-1337-2　四六判 264 頁／**本体 2400 円+税**

日本発達心理学会 編／田島信元・南 徹弘 責任編集
発達科学ハンドブック 1

発達心理学と隣接領域の理論・方法論

さまざまな隣接領域が発達心理学にもたらした影響を概括。発達
的視点を中核におき「発達科学」としての目指すべき方向を示す。
ISBN978-4-7885-1330-3　**A 5 判** 400 頁／**本体 4000 円+税**

■哲学・思想

古田徹也 **重版出来！**

それは私がしたことなのか 行為の哲学入門

「私」という不完全な行為者の意思，責任，倫理を問い直し，生きることの核心へと切り込む，行為の哲学入門書。
ISBN978-4-7885-1344-0　四六判282頁／**本体2400円＋税**

中山 元 **たちまち重版！**

ハンナ・アレント〈世界への愛〉その思想と生涯

故国を追われたアレントはいかにして「世界を愛する」ようになったか？　彼女の思想と行動の核心に迫る著者渾身の力作。
ISBN978-4-7885-1341-9　**A5判514頁／本体5700円＋税**

日本記号学会 編
叢書セミオトポス8

ゲーム化する世界 コンピュータゲームの記号論

「ゲームを考えることは現実を考えること」という立場から，ゲームと現実との関係を根底から問い直した，真に記号論的試み。
ISBN978-4-7885-1339-6　**A5判242頁／本体2800円＋税**

■教育・統計

山口裕之 **重版出来！**

コピペと言われないレポートの書き方教室 3つのステップ

盗用と引用を区別し正しい引用を学ぶ。ついつい「コピペレポート」を書いてしまいがちな初めてレポートを書く学生に最適の一冊。
ISBN978-4-7885-1345-7　四六判122頁／**本体1200円＋税**

熊谷高幸

タテ書きはことばの景色をつくる タテヨコふたつの日本語がなぜ必要か？

タテ書きとヨコ書きがなぜ必要か？　多角的な研究から，タテヨコが共存するからこそ成り立つ日本語の魅力を再発見する！
ISBN978-4-7885-1357-0　四六判184頁／**本体1900円＋税**

Y・エンゲストローム／山住勝広・山住勝利・蓮見二郎 訳

ノットワークする活動理論 チームから結び目へ

革新は異なる個性の結び目から生まれる。チームから，境界を超えて結び合い，変化しつづけるノットワーキングへ！
ISBN978-4-7885-1347-1　四六判448頁／**本体4700円＋税**

田中 敏・中野博幸

R&STAR データ分析入門

著者らが開発した統計分析ソフトjs-STARと統計パッケージRを一体化，初心者もらくらくRを使いこなせる画期的統計分析入門。
ISBN978-4-7885-1350-1　**B5判248頁／本体3200円＋税**

■新刊

帯刀益夫
遺伝子と文化選択 「サル」から「人間」への進化

チンパンジーとの遺伝子情報の比較により，ヒトは「自然選択」に加えて，自らが生み出した「文化」による選択を受けたという事実が見えてきた。自然科学と人間科学の成果が解き明かす，ミクロの遺伝子とマクロな文化が交差する進化のドラマ。
ISBN978-4-7885-1367-9　四六判264頁／本体2600円+税

中村桂子 編／JT生命誌研究館 発行
変わる 生命誌年刊号 vol.73-76

「変わらない」と「変わる」が入れ子になっている生命。分野を越えた人々の対話と第一線の研究から，様々な現象に変と不変の微妙な組み合わせを見出す今号では，建築家の隈研吾氏，脳科学の池谷裕二氏，発生生物学の浅島誠氏らと「生きる」を考える。
ISBN978-4-7885-1364-8　A5判変型274頁／本体1905円+税

日本発達心理学会 編／矢守克也・前川あさ美 責任編集
発達科学ハンドブック7
災害・危機と人間

自然災害，汚染物質，戦争，虐待といった危機的状況は，個人，家族，社会・文化にどのような影響を与えるか？　支援や防災の実例も紹介しつつ，心理学，社会学，災害文化など専門的視野から人間の行動・発達と災害・危機とのかかわりを明らかにする。
ISBN978-4-7885-1365-5　A5判320頁／本体3400円+税

私市保彦・今井美恵
「赤ずきん」のフォークロア 誕生とイニシエーションをめぐる謎

人喰い，ストリップ，狼との同衾などの童話とは思えないテーマを含むのに，世界中で愛されつづけるのはなぜ？　ペロー童話を中心に広く民間伝承のなかに，その通過儀礼と「赤ずきん」という被り物のもつ意味をさぐり，物語の魅力を説き明かす。
ISBN978-4-7885-1362-4　四六判256頁／本体3200+税

饗庭 悟
堂々面接回答 ザ・クール・アンサー これでウソをつかずに内定がとれる!

正直に答えて，内定がとれる！　「面接」は何のためにあるのかを考えつめ，学生と面接官をともに苦しめるこの「茶番劇」を早く終わらせるために書かれた，就活史上，最も「深い」回答集。単純に読んでも，カッコイイし，オモシロイです。
ISBN978-4-7885-1373-0　四六判160頁／本体1200円+税

新曜社 新刊の御案内
Dec.2013〜Feb.2014

■新刊

鈴木生郎・秋葉剛史・谷川 卓・倉田 剛
ワードマップ 現代形而上学 分析哲学が問う，人・因果・存在の謎

世界には，なにが，どのようにあるのか。論理的手法をツールとして世界の基底を問う。人の同一性とは，可能世界とは何か，自由と決定論の衝突，個物と普遍，人工物の存在論など，古典的難問から最前線の試みまで復権した形而上学の全容をつかむ。
ISBN978-4-7887-1366-2　四六判304頁／本体2400円＋税

日比嘉高
ジャパニーズ・アメリカ 移民文学・出版文化・収容所

かつてブームとなったアメリカ移民だが，日米開戦とともに日本人は収容所に入れられる。その苦難の時代を支えたのは日本語の文学・書物だった。日本書店，写真花嫁，収容所，図書館などの話題を織り交ぜながら，移民と文学の歴史を掘り起こす意欲的試み。
ISBN978-4-7885-1369-3　A5判392頁／本体4200円＋税

福岡愛子
日本人の文革認識 歴史的転換をめぐる「翻身」

自分の信念が覆るような歴史の大転換を経験したとき，人はどう身を処するのか。文革に熱狂した人たちのその後をたずね，変わること／変わらないことの内面の意味を「翻身」というキイワードによって跡づけた，従来の「転向」研究を超える力作。
ISBN978-4-7885-1363-1　A5判458頁／本体5200円＋税

マーク・フリーマン／鈴木聡志 訳
後知恵 過去を振り返ることの希望と危うさ

なぜあんなことを言ってしまったのか？　どうしてそのことに気づかなかったのか？　後知恵によって過去の経験を物語ることで，見えなかった意味が姿を現す。「後知恵」は過去から未来を見通すレンズであり，そこから希望と道徳が生まれる。
ISBN978-4-7885-1368-6　四六判296頁／本体3200円＋税

第6章 三項的相互作用——5か月児と7か月児の共同的関わり

1節 対象物を含んだ目標の理解

　第5章で論じたように、生後3か月以内の乳児が行う原会話では、情動の共有はあるが、二者の外側にある事物に対するコミュニケーションは見られない。そのため、多くの研究者は、乳児が意図的な存在であること、あるいは乳児が他者を意図的なものとして知覚することを信じようとしない。
　本章では、第5章で論じ始めたこと、つまり、精神状態を知覚するという視点から見ると、三項状態の場面というのは、対象物を含むより複雑な相互作用を可能にさせるいっそう入り組んだ認知的構造を獲得することを除き、二項状態と連続線上にあることを詳細に論じたい。

2節　三項的社会スキルの発達

　乳児が三項的相互作用の状態に入ると、人間と対象物を交互に見つめ始める。人の顔の表情、眼球、そして対象物をモニターすることは、重要なメカニズムである。乳児はこのメカニズムを使って、複雑な社会認知的スキルを獲得することになるからである (Baldwin & Moses, 1994)。そうしたモニター能力によって、乳児は人間と対象物の間にある関係への気づきを発達させ、自分とは異なった視点をもちうる他者を意図や目標をもつ行為主体として深く理解できるようになる。たとえば、乳児は、興味深い事物に向かう他者の視線を能動的に追跡し、曖昧な場面では人の顔をモニターし、面白そうな光景に人の注意を誘導し、他者を社会的参照点として利用し始める (Baron-Cohen, 1993; Carpenter et al., 1998)。このように、三項関係期になると、乳児と養育者のコミュニケーションの性質には二項関係期とは異なる基本的な変化が生じる。乳児が対象物に対する注意を他者と共有するあらゆる三項的な社会的スキルが共同注意的行動として取り上げられることが多い (Bakeman & Adamson, 1984; Carpenter et al., 1998; Legerstee & Weintraub, 1997; Legerstee et al., 2002; Legerstee & Barillas, 2003)。乳児の共同注意的行動の理解には興味深いことが山ほどある。なぜなら、そこには言語や心の理論との関連が想定されるからである (Bruner, 1990; Baron-Cohen, 1991)。共同注意の起源を検討するために、生後9〜12か月児を対象に多くの研究が行われてきたが、この月齢以前の乳児の共同注意を検討した研究はほとんどない。本章では、5か月児と7か月児における2つの共同注意行動の発達を検討したい。すなわち、自然な遊び場面での協応的注意 (coordinated attention : CA)、そして目標検出 (goal detection : GD) と呼ばれる曖昧な場面での視線モニタリングである。

144

第6章 三項的相互作用──5か月児と7か月児の共同的関わり

1 協応的注意

　第5章では、他者の視線に対する乳児の感受性が、生後3か月の間にどのように出現するかを論じた。乳児は誕生して数日後には、2次元の人間の顔の方を他のパターンより好んで見ようとする (Johnson & Morton, 1991)。人間の目を顔の他の部分よりよく見ようとし (Haith, Berman, & Moore, 1977)、視線の方向移動に反応する (Hains & Muir, 1996; Vecera & Johnson, 1995)。その最も基本的な形式である視線の追跡行動は、生後5～6か月の間に明らかになる (Bakeman & Adamson, 1984; Butterworth, 1991; Hood, Willen, & Driver, 1998; Scaife & Bruner, 1975)。人間の視線を追うことにより、乳児は他者が見ているものと同じ対象物や出来事に視線を向け始める (Butterworth, 1994; Legerstee et al., 1987)。

　しかし、視線追跡行動は単なる同時的注視以上のものを含むことが多い。重要な特徴は、2人がある対象物への関心を共有すること、そして2人とも相手がその対象物に注意を向けていることに気づいていることである (Tomasello, 1999)。カーペンターら (Carpenter et al., 1998) は他者の注意や行動をモニターし、共有し、追跡し、誘導する9～15か月児の能力を縦断的に検討した。この研究では、乳児が生後9か月までに実験者の目を見上げ始めることが見出された。この行動は「チェッキング」と呼ばれ、他者の意図を子どもが理解する指標であるとされた。さらに、「持続するエピソードであり、大人と乳児が一定の時間 (少なくとも数秒間、互いに関心をもった対象物に向ける注意を共有する場面」(Carpenter et al., 1998, p.5) と定義された協応的注意 (CA) が、生後9か月までにはすべての乳児で少なくとも1回は実験者との間で出現したことを見出した。カーペンターらの研究は、6か月～18か月児が母親と一緒に遊ぶ場面、仲間と一緒に遊ぶ場面、一人で遊ぶ場面を観察したベイクマンとアダムソン (Bakeman & Adamson, 1984) の研究からの示唆を得て実施された。ベイクマンとアダムソンは6つの行動カテゴリーを定義した。無関心 (unengaged：人とも物ともまったく関わらない)、傍観 (on-looking：他者を観察してい

る)、人(person：他者と対面した相互作用や遊び)、物(object：物とだけの関わり)、受動的共同注意(passive joint：他者と一緒に物と関わるが、その他者の関わりへの気づきがない)、協応的共同注意(coordinated joint：他者と一緒に物に関わり、その他者や物に注意を協応させる)。結果は、6、9、12、15、18か月児の協応的共同注意の平均時間の出現率を見ると、順に2・3、2、3・6、11・2、26・6パーセントであった。つまり、月齢とともに次第に増加した。興味深いことに、この研究(1984)では、6か月児と9か月児の間にはCAの量に差が見られなかった。換言すれば、6か月時点でのCAの出現が1エピソード当たり平均2パーセントだとしても、それは幼い乳児が対象物に対する注意を共有できる証拠となる。

三項的なタイプの行動が、偶然明確に出現することはありえないので(Desrocher, Morrissette, & Ricard, 1995; Legerstee & Barillas, 2003)、そうした行動の頻度の分析は理論的には重要ではない。

2 目標の検出

注意を共有することと同時に、乳児はそれとは別の複雑で意図的なコミュニケーション行為を発達させている。生後1年の終わりまでに、曖昧な場面での振る舞い方を決めるために(Campos & Sternberg, 1981; Feinman & Lewis, 1983; Moses, Baldwin, Rosicky, & Tidball, 2001)、あるいは他者の行動の目標が何であるかを決定するために(Carpenter et al, 1998; Phillips, Baron-Cohen, & Rutter, 1992)、他者の情動表現をモニターし始めることが多くなる。たとえばフィリップスら(Phillips et al., 1992)は、曖昧な課題(例：玩具で乳児をからかう、あるいは玩具で遊んでいるときにその玩具を見せないようにする)や、曖昧ではない課題(例：乳児に玩具を手渡す)をさせたときに、9〜18か月の自閉症児と健常児が大人に視線を向けるかどうかを検討した。しかし、曖昧ではない手渡し場面では40パーセントの子どもが目を合わせる行為の後では実験者が大人にすぐに目を合わせた。

第6章 三項的相互作用——5か月児と7か月児の共同的関わり

わせたに過ぎなかった。こうした行為パターンは、他者の意図を検出しないと思われている自閉症児では見られなかった（Baron-Cohen, 1991）。自閉症児は他者が見ている場所を決定するために、独特なルール（開眼、妨害されていない対象物に視線を向ける）は使用できるが、視線の背後にある心理状態を理解しているようには見えない。そのため、自閉症児には視線の方向を使って、他者の目標や願望の推測ができないのである（Baron-Cohen, Campbell, Karmiloff-Smith, Grant, & Walker, 1995）。

フィリップスら（1992）もまた、6か月児が曖昧な行為の場面では、実験者と目を合わせることを観察している。しかし、彼らはこの月齢の乳児の知見を詳細には報告していない。

3 協応的注意と目標の検出に関する理論的論争

生後9〜12か月の共同注意能力は、人間が意図的な主体であることに乳児が気づく証拠だと言われることが多いが、この能力の発生の仕方についての理論的解釈には鋭い対立があるように思われる（Baron-Cohen, 1995; Johnson, Booth, & O'Hearn, 2001; Premack, 1990）。第3章で詳細に述べたように、乳児が他者に意図を帰属させる仕方については、さまざまな解釈が存在する。手短に言えば、プレマック（Premack, 1990）は、乳児は自己推進的に動くように見える対象物（社会的であれ非社会的であれ）の中に意図的動作を知覚する抽出システムを備えて誕生すると論じた。チブラら（Csibra et al., 1999）とガーガリーら（Gergely et al., 1995）は、6か月児では無理だが、9か月児は非生命的対象物の運動に意図性を知覚すると主張した。そうした主張をする研究で、ガーガリーらは、6〜12か月児に馴化させた。テスト段階では、障害物がない同じディスプレイが見せられた。そこには、小さな円が大きな円に向かって一直線に向かう場合と（合理的事象／新しい運動）、小さな円が妨害物がないところを飛び越すようにして大きな円に向

147

う場合（非合理的事象／古い運動）とがあった。その結果、乳児は新しい運動より、非合理的な動きをする古い運動のほうを有意に長く見ることが見いだされた。それゆえ、ガーガリーらは、6か月児には無理だが、9か月児と12か月児は行為主体の目標志向的動作の合理性を評価することができたと論じたのである。「われわれの種々の実験統制から明らかなように、新しい動作へのこの推論は、過去の連合に基づくのではなく、乳児に芽生える合理的動作に対する素朴な理論に由来するのであり、その理論では与えられた現実の制約の中で最も有効なやり方で目標を追求するとみなされるのである」(Gergely, 2001, p.580)。

つまり、こうした知見に従えば、乳児は 6 か月～9 か月の間に、2 つの主要な運動タイプ（自己運動と誘発運動、2 つの軌跡のタイプ（目標志向とランダム）、2 つの随伴運動のタイプ（距離をおくものと直に接触するもの）に敏感になる。自然環境では、自己推進的で目標志向的な運動は、生命体（人間と動物）と関連する。しかし、非生命体は運動することもなければ、目標を追求することもない。こうした研究 (Csibra et al. 1999) で答えられていない重要な問題は、乳児が各運動タイプと特定の対象物とを結びつけているかどうかである (Legerstee, 2001b; Poulin-Dubois, 1999 を参照)。特定の仕方で運動する非生命体を乳児が見る実験（例：Ball 1973；レビューとしては Spelke et al. 1995 を参照）は、物理的原理に対する乳児の知識を明らかにするだけである。目標志向性あるいは行為主体性の証拠を提供するためには、生命的主体と非生命的主体を相互に比較できるパラダイムを用いて検討しなければならないように思われる。

たとえば、メルツォフ (Meltzoff, 1995)（第 3 章も参照）は、運動が一定に保たれた（非生命体は人の運動を真似た）場合、18 か月児は人間が実行した未完了動作を完成させるが、物が人間の動作を真似した場合には、その未完了動作を完成させないことを見出した。この知見は、乳児がこうした動作を行う人間の内的な状態にも、観察できる動作は人間の意図的動作の一部に過ぎないことにも気づいていることを示唆している。つまり、社会的対

148

第6章 三項的相互作用——5か月児と7か月児の共同的関わり

象物と物理的対象物を使用するパラダイムは、人間を模して運動した非生命的対象物と生命的対象物に対する乳児の概念的理解を明らかにする可能性がある（Carey, 1985）。第5章で論じたように、レゲァスティとバリラ（Legerstee & Barillas, 2003）は、プレ試行で12か月児を訓練し、人間と非生命的行為主体が興味深い光景に向ける視線／頭の回転を**追跡**させるようにした。しかし、その後の実験では、視線、指さし、発声といったコミュニケーション用の身振りを使って、面白い光景に相手の注意を誘導しようとする行動が、非生命体よりも人間に対して有意に多く生じた。つまり、生後1年の乳児が行う行動の一部は、連合学習によってコントロールされる可能性はあるとしても、それはこの時期の乳児が人間を意図的主体と知覚しないことを意味するものではないように思われる。

人間がもつ目標に対する乳児の気づきのルーツを評価する多くのテクニックは、馴化法を基盤にしてきた（Woodward, 1998; Leslie, 1984 も参照）。こうした研究は、生後5か月までの乳児が生命的対象物と非生命的対象物の行動を別々にコード化していることを示している。彼らは目標志向性を人間にだけ帰属させるのである。すでに詳細に述べたように、すべての研究者がこの行動を目標志向的と解釈するわけではない。たとえば、トマセロ（Tomasello, 1999, p.69）は、5か月児と6か月児を対象にした研究で、「こうした知見、あるいはこの時期に示されるどのような行動も、この時期の乳児が他者に目標と手段を分化させた意図的主体と理解していることを明確に示されているが、「こうした知見、あるいはこの時期に示されるどのような行動も、この時期の乳児が他者に目標と手段を分化させた意図的主体と理解していることを明確に示されているわけではない」と述べている。第2章で論じたように、トマセロ（1995; 1999）にとっては、目標の検出と協応的注意が三項的共同注意能力の一部を形成する。つまり乳児は、この時点で自分と他者が同じ世界を共有することを理解するむ人間になったと言えるのである。この月齢児は大人が見ているところを見始める。なぜなら、彼らがゆえに、共同注意に従事し始めるとされる。

は他者を意図的な主体として理解し始めるからである。それは次の記述に明確に示されている。「意図的な行為主体は自らの自発的行動をコントロールする力を備えた生命体である。しかし、彼らはそれ以上の存在する。意図的な行為主体は目標をもっており、その目標を獲得するためにさまざまな行動手段を能動的に選択する。また、こうした目標を追求する際に何に注意を払うべきかに対しても能動的に選択するのである」(Tomasello, 1999, p.64)。

3節　理論の検証

生後9〜12か月以前の乳児による他者の意図理解の発達について論争があるため (Gergerly et al., 1995; Tomasello, 1995; 1999)、以下の3つの仮説を検証する研究を行った。**第1**に、5〜6か月児は興味深い出来事へ向ける他者の視線を大変容易に追跡し (Butterworth, 1991)、協応的注意（CA：coordinated attention）をある程度実行することは合理的であるとされるがゆえに (Bakeman & Adamson, 1984)、この月齢の乳児が注意を協応させ始めると想定される。5.5〜7.5か月児が母親と玩具で遊んでいる場面で、この能力が評価された。人間と対象物への協応的注意は、カーペンターら (1998) のコーディングに依拠して定義された。私の知る限り、一緒に関わって遊び始める5か月児を対象に、この能力を検討した研究はまだ存在しない。**第2**に、フィリップスら (1992) の研究では全乳児が目標検出課題を完成できるようだが、より幼い乳児 (5.5か月と7.5か月) がもっと自然に近い場面で曖昧な課題をいかに遂行するかについてはまったくわからない。それゆえ5.5か月と7.5か月の乳児に目標検出に関する2つの課題を課した。一つは自然な「あげる／あげない (give and take)」課

題であり、もう一つはフィリップスら（1992）の「からかいながらあげる（tease-and-give）」課題であった。5・5か月児と7・5か月児は目標志向的行動を人間には帰属させ、自分で動くように見える非生命体には帰属させないかどうかを検討するために、人間の場合と、顔、手、随伴的動きという身体特徴では人間と等しい非生命体の場合を設定して曖昧な課題を実施した。

1 実験1──5・5か月児の協応的注意と目標検出

実験1では、5・5か月児に次の3つの条件を設定した。（a）協応的注意（CA）を評価するための自由遊び条件、（b）目標検出（goal detection: GD）評価のための成人による「あげる／あげない」（give and take）条件、（c）目標検出評価のための代理対象による「あげる／あげない」条件。

一連の課題場面では、見知らぬ成人女性と相互作用する乳児をビデオに記録した。乳児実験室にある10×12フィートのプレイルームで撮影された。乳児は赤いプラスチックのマットに座り、母親あるいは実験者と対面した。4台のデジタルカメラを使って相互作用を撮影し、デジタルの4場面分割器によって4つの実験シーン画像が記録された。これらの画像が1台のデジタルのビデオカセットレコーダーに記録された。1台のカメラは乳児の顔、もう1台は大人の顔、残りの2台は乳児とその相互作用に焦点を合わせた。4枚の白いカーテンが乳児と大人を囲い、環境からの妨害要因を制限した。3台のカメラをカーテンの後ろに置き、カーテンの隙間からレンズを出した。「あげる／あげない」課題で使用された目標対象物は、黄色い半月状のフォームラバー（幅80センチ高さ20センチ、半開き部分20センチ×13センチ）が実験者の横に（目標対象物を動かすために使用する開放部を）床に面した状態にして逆さまに置かれた。代理対象の課題では、棒に輪がついたカラフルな木の玩具であっ

151

協応的注意の課題

乳児が実験者（E1）と協応的注意をするかどうかを見るために、乳児とE1の3分間の自由遊び場面がビデオ記録された。乳児とE1は、鏡がついたガラガラ、透明のプラスチック製の熊（母親が頭を押すと飛び出す小さなカラーボールがいっぱい入った丸いお腹がついている）、絵本、ダンベル形のガラガラ、という4つの玩具で遊んだ。乳児がE1と遊んでいるときには、母親は乳児の背後から腰を支えてしっかり背が伸びるようにした。

「あげる／あげない」課題

「あげる／あげない」課題場面では、乳児は床に座り、E1と相互作用しているあいだ、母親が腰を支えた。

人間による「あげる／あげない」課題

E1は乳児の前で前後に目標物を転がし、それを乳児にあげたり、あげなかったりした。「あげる／あげない」の順番はランダムであり、全部で4回行われた（2回は「あげる」、2回は「あげない」）ので、乳児には大人がいつ物をくれるのか、くれないのかわからなかった。実験者が物をあげたときには、乳児にはそのゲームの目的がわかるので、課題は曖昧ではなかった。しかし、物が実験者のそばに置かれたときには状況が曖昧になった。なぜなら、乳児はそれが自分に転げ返される（くれる）かどうかわからないからである。「あげる／あげない」場面の後には、5秒間の反応時間が設けられた。この反応時間場面では、実験者はフレンドリーだが感情を示さない表情を保ったまま、黙って乳児の顔を見ていた（図6-1参照）。

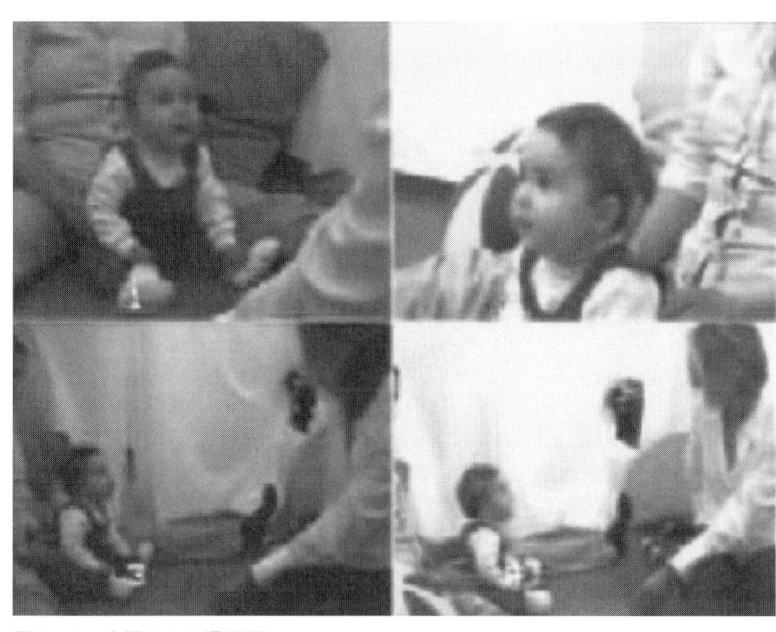

第6章 三項的相互作用──5か月児と7か月児の共同的関わり

図6-1 人間による課題場面

【代理対象による「あげる/あげない」課題】

代理対象条件は、人間による条件と同じであるが、以下の場面だけが異なっていた。つまり、隠れたアシスタントがこっそりと黄色い月の下から前後に目標物（人間による条件で使用されたのと同じもの）を動かし、乳児の近くで止めたり、非生命体（黄色い月）のそばで止めたりしたことである。その間、実験者はその黄色い月の横に座り、フレンドリーで感情を示さない顔をして乳児を見ていた。手は膝の上で重ねあわせていた（図6-2を参照）。

乳児が人間の目標を考慮することなく、空間-時間的理由や（例：対象物は「あげる」ときより「あげない」ときのほうがE1に近い）、自然に人間の方を見たがる（社会的増強）ことが理由で、「あげる」よりも「あげない」条件で人間の顔を多く見るのであれば、代理対象の場合も、「あげない」条件の顔をより多く見上げることが予測された。

各系列が終わるとE1は微笑みながら再び5秒間乳児を見た。この「あげる／あげない」の課題系列

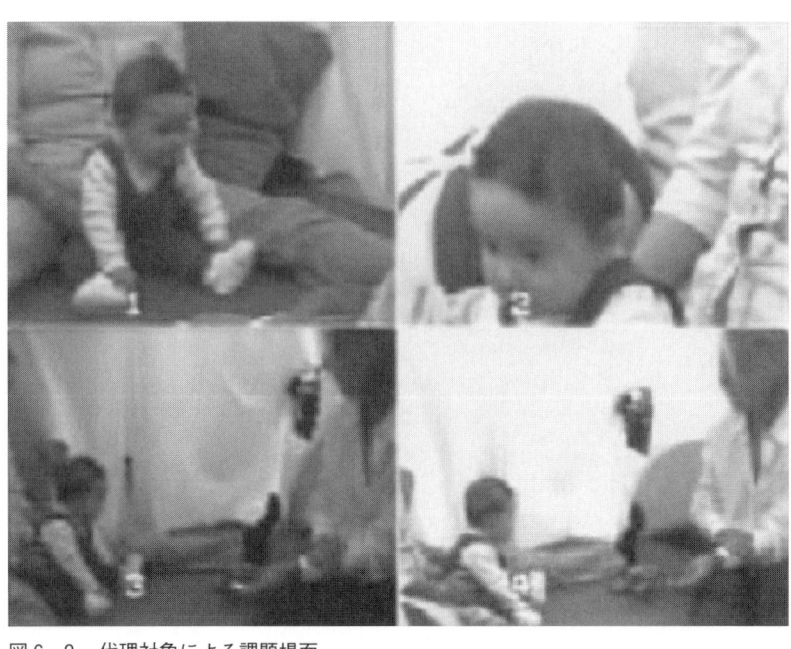

図6-2 代理対象による課題場面

は2度繰り返された。

他者の顔を見ることは、目標の検出ではなく、ある出来事の評価を求めようとする乳児の傾向を反映している可能性がある。情動の参照と目標検出の違いは、参照の場合には乳児は情動についての情報を求めるのに対し、目標検出では目標についての情報を求めていることにある(Phillips et al., 1992 参照)。情動的サポートを求める際、乳児は母親の情動を参照することが期待されるが、この実験での乳児は対象物を動かした実験者の目標を検出しようとするだろうと予想された (Carpenter et al., 1998)。この可能性をコントロールするために、乳児の母親に対する凝視がコードされた。

つまり、実験1では、空間 ― 時間や社会的関係の豊富さについては代理対象条件で、社会的参照に関しては母親へ向けられる凝視をコード化することでコントロールされた(訳注:情動参照なら

第6章 三項的相互作用——5か月児と7か月児の共同的関わり

「あげる／あげない」条件で違いが生じないと考えられる）。条件（協応的注意と「あげる」／「あげない」課題）の順番は乳児の間でカウンターバランスされた。「あげる」課題と「あげない」課題の順番は、この半構造的な場面内でカウンターバランスされた。

見知らぬ人との自然な相互作用は協応的注意に対してコード化された。ベイクマンとアダムソン（1984）とカーペンターら（1998）の研究で使用されており、それは「乳児の注意の協応は対象物から母親の顔へ視線が動き、その直後にその対象物に視線が戻ることによって示される」（Carpenter et al., 1998, p.48）と定義される。協応的注意は、相互作用するどちらか一方が注意の焦点を移動させるまで持続的に生起したと評価された。乳児のそうした行動がE1による何か他の行動（例：発声）に起因して生じた場合には協応的注意とはコードされなかった。

「あげる／あげない」課題では、5秒間の反応期の場面で、目標物からE1の顔へと移行した乳児の視線がコーディングされた。つまり、「あげる」課題あるいは「あげない」課題の後で乳児がE1の顔を見る行動の有無を評価し、見ていた時間の長さは重視しなかった。

人間の「あげる／あげない」の動作と代理対象による動作とが異なっていないことを確認するために、動作場面を撮影したテープが7名の心理学を専攻する学生によって検討された。彼らには、人間が目標物を動かすテープを見せられる場合も、隠れた実験者が目標物を動かすテープを見せられる場合もあると伝えた。テープ内の人間と代理対象を示す部分が隠され、運動だけが目に見えるようにされた。これらのコーディングする学生たちは、目標物を動かしているのが誰であり何であるかを確実に見分けることはできなかった。

【実験1の結果】

16名の乳児のうちの13名が人間との三項的相互作用で協応的注意を生起させた。16名のうち12名が「あげない」の場面の後で実験者の顔を見上げ、2名が「あげる」の場面の後で実験者の顔を見上げた。「あげない」場面は「あげる」場面とは有意に異なっていた。代理対象条件では、目標物から実験者の顔を見あげた者は皆無であった。

要約すると、実験1での5か月児の有意な人数が人間と共同注意をし、物を「あげる」ときではなく、「あげない」ときに人間の顔を見あげた。そうした応答の違いは、非生命体条件では観察されなかった。つまり、乳児の視線の違いは、「あげない」ときと「あげる」ときの物の空間的な位置の違いによるものではなかった。乳児は、人間と代理対象課題のどちらの場面でも視覚的に引きつけられた。呈示期間中にぐずっていた乳児はいなかった。つまり、社会的参照はほとんどなかった。2名の乳児が振り返って親の顔を見た。反応していた時間内には、人間の動作と代理対象の運動は、乳児にとって知覚的には異ならなかった。次の課題では、5・5か月児におけるこうした視線の意味がさらに検討された。

2——実験2——5・5か月児の社会的妨害課題

実験2では、曖昧な場面、つまり文献では「社会的妨害課題（social obstacle tasks）」（Phillips et al., 1992）と記述された場面を使って検討した。そうした課題の一つでは、大人が乳児に玩具を差し出すが、乳児がその玩具で遊ぼうとすると、玩具を手で覆って遊びを妨害する。曖昧な場面の例として、乳児が何をすべきか知っている場面で、大人がまったく予想できないことをする場面がある。からかい（mock）課題も実施され、この課題では提示さ

第6章 三項的相互作用——5か月児と7か月児の共同的関わり

た対象物に乳児が手を伸ばそうとすると、すぐに大人はそれを手の届かないところに動かし、乳児の正面ではなく横で保持した。またコントロール場面として手渡し課題も行った。実験2では15名の5・5か月児が参加した。装置、場面、一般的な手続きは実験1と同じであった。

協応的注意

乳児がE1と協応的注意をするかどうかを見るために、3分間の自然な遊び場面での乳児とE1をビデオ記録した。もう一人の実験者（E2）が、遊びの間、乳児の腰を支えた。E1は実験1の自由遊び場面と同じような玩具を使用した。

遮蔽による妨害課題

乳児は母親とE1に面して座った。E1はボールを乳児の方に転がし、それをつかむようにさせた。乳児がボールをつかみ、それで遊び始めるとすぐに、実験者は乳児の手の上に自分の手を置いた。この妨害中に、E1はフレンドリーだが感情を示さない表情で5秒間乳児の顔を見た。そのボールからE1の顔への乳児の視線の動きがこの5秒間で評価された。各乳児とも2試行行った。

からかい課題

乳児は母親とE1に面して座った。E1は小さなボールを乳児に手渡そうとした（図6-3a参照）。乳児がそのボールに手を伸ばすとすぐに、E1は手渡すのを止め、乳児の横にその玩具を移動させた（図6-3b参照）。E1はその位置でボールを5秒間保持し、フレンドリーだが感情を示さない表情で乳児を見た。2試行行われた。

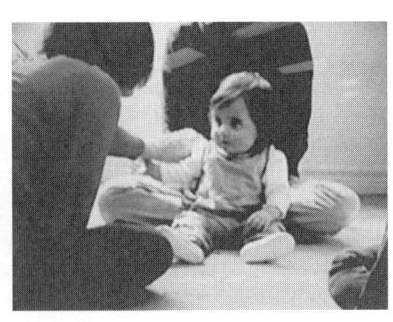

図6-3 (a) ボールを見て手を伸ばす5か月児
(b) 乳児の横にボールをずらすアシスタントの顔を見る5か月児

手渡し課題

乳児は母親とE1に面して座った。E1は乳児を誘うように、1回だけボールを横で前後にがして見せた。それから、乳児にそのボールを手渡した。実験者はボールを持って、乳児がボールに触りやすいようにした。手渡ししている間、実験者は5秒間、フレンドリーだが感情を示さない表情で乳児を見た。この5秒間における、乳児のボールからE1への視線の動きが評価された。2試行行われた。

実験者との自然な相互作用場面での協応的注意エピソードのコーディングは、実験1と同じであった。課題条件(遮蔽、からかい、手渡し)でのコーディングは、5秒間の反応期間で生じた目標対象物(ボール)からE1の顔への視線の動きであった。乳児がこの課題の最中に母親を見るかどうかを見るために、母親への凝視もコード化された。

実験2の結果

15名の乳児の全員が少なくとも1回は実験者との協応的注意の状態に入った。遮蔽による妨害後にE1の顔を見た乳児の数は、手渡し後にE1の顔を見た乳児の数と有意な差はなかった。からかい後にE1の顔を見た乳児の数は、手渡し後にE1の顔を見た乳児の数と有意な差はなかった。

第6章 三項的相互作用——5か月児と7か月児の共同的関わり

3 ─ 実験3 ─ 7・5か月児の社会的妨害課題

年長の乳児の方が曖昧な課題に敏感であるかどうかを見出すために、実験3として7・5か月児でもこの社会的妨害課題を実施した。16名の7・5か月児を対象にした。装置、手続き、場面は実験2と同じであった。

実験3の結果

実験3の16名の全員がE1と協応的注意をした。遮蔽による妨害後でE1の顔を見たのは9名、からかいの後は8名であり、これらは手渡し後の場合とはいずれも有意に異なっていた。このように、乳児は生後7・5か月までには確実に、曖昧な行為の後では人間の顔を見るが、曖昧ではない行為の後では人間の顔を見ないようになった。

4 ─ 実験4 ─ 人間と非生命体に対する目標検出

人間と物とを区別する重要な特徴は、人間は意図的な存在だが物はそうではないということである (Frye, 1981)。乳児は人間の視線だけをモニターするかどうかを検討するために、次の実験では、乳児に社会的行為主体や非社会的行為主体を相手にして相互作用させた。非社会的行為主体には目や腕があり、独立した運動もでき、それは乳児に精神的行為主体であることを示唆する重要な特徴であった (Johnson et al., 2001 参照)。セッションの間、乳児はこのブルーベア船長 (Captain Blue Bear : CB) という青い色をした大きな熊のぬいぐるみと顔をあわせて座った。E1とCBは座ると同じ高さであった。

CBはセーターを着ていたが、その腕はセーターの中にはなかった。かわりに研究助手 (RA) がCBのセーターの袖に手を入れたので、あたかもCBは腕を自分で動かせるかのように見えた。ライトがCBの目に埋め込

まれ、もう一人の研究助手が背中にあるボタンを操作して点灯させた。随伴的で相補的な動作が可能であり、自分で動いているように見えたが、この課題には幼すぎるようで実施できなかった。ほとんどの者が、CBを怖がったり、馴染めなかったりしたのである。

参加したのは50名の乳児（訳注：7・5か月児）であった（女児27名）。テスト前に、実験者が見ているところで、乳児は母親に励まされてCBの顔を見ると目が光った。慣れるまでのセッションは平均5分間であった。乳児がその動物に馴化したように思われたときとされた。

人間と物の「あげる/あげない」課題

人間による「あげる/あげない」課題の手続きは実験1と同じであった。CBも人間も手続きは同じであった。乳児はCBと対面して座った。研究助手が隠れて腕を動かし、CBが棒についた目標の玩具を乳児に近づけたり遠ざけたりしているように見せた。「あげる/あげない」課題の後には、5秒間の反応期が設けられた。手続きは一度だけ繰り返された。

見る反応は、この5秒間の間に、乳児が目標の玩具から、実験者の顔、非生命的対象物の顔、あるいは母親の顔に視線を移したときにコードされた。つまり、見る反応の長さは重要ではなく、「あげる」場面や「あげない」場面の後で、乳児が3種類の刺激の顔を見ればよかった。

実験4の結果

5秒の反応期間中の見る反応の頻度に関して、2（人間/CB）×2（あげる/あげない）の繰り返しのある分

第6章 三項的相互作用——5か月児と7か月児の共同的関わり

散分析を行ったところ、乳児は人間が「あげない」動作をするときに、他のどの場面よりも有意に多くの見上げる反応をした。乳児の発声の頻度に関して同じ分析をすると、乳児は非生命条件よりも、人間の場合に有意に多くの発声をした。つまり、乳児は全体として、CBよりも人間が「あげる/あげない」の行動をする場面でより多く発声したのである。この知見は、「あげる/あげない」の動作にかかわらず、乳児は非生命体との相互作用より、人間との相互作用場面のほうで発声が多かったことを示している。人間が玩具を「あげない」ときも、玩具を「あげる」ときより乳児の発声が多くはならなかったという知見は、この発声が命令的なものだという考えに反している。

実験4の結果を要約すると、乳児は人間の場合には、「あげる」ときより「あげない」ときに、顔を有意に多くモニターした。こうした見る反応における差異は、非生命的行為主体の場合には明らかではなかった。つまり、「あげない」ときに生じた見る反応は人間に特有なものであり、物理的運動にだけ注目したのではないことを示唆している。加えて、「あげない」ときには母親の顔をほとんど見ておらず、この条件では社会的参照をする乳児がほとんどいなかったことを示している。つまり、乳児は動作者に対し「あげない」ときに発声が多くはならなかった。さらに人間の場面でも物の場面でも、「あげない」ときより、「あげる」ときに顔を有意に多く見ていた。

乳児は、人間の課題と物の課題の両者にほぼその95パーセントの時間を対象物の動きを追うことに費やした。つまり、人間の動作も非生命的行為主体の動作も、乳児にとって知覚的には違いがなかった。したがって、「あげない」課題の最終状態の違いは、純粋に物理的な観点から考えれば、運動パターンだけによるものではなかったのである（Meltzoff, 1995も参照）。こうした結果を全体として見ると、顔のモニターは人間に特有なもので

161

あり、人間の動作が目標志向的であることへの気づきに基づいていることを示唆している。

5 実験5——からかい、他者の心へのかすかな気づき

自然遊びの場面で、実験者が面白がって乳児が持っている物を引っ張ると、乳児は実験者の顔を見上げることは知られていた。レディ (Reddy, 1991) は、「あげない」という曖昧な行為は、大人が微笑みながら対象物を操作するときには、からかい (teasing) になると主張した。もしも子どもが、「あげる／あげない」遊びで大人にからかわれていると思うなら、大人が本当はそれを取り上げるつもりではないことがわかる (例：「あなたはその玩具を私から取り上げようとしたと思ったけど、笑ったから、その気持ちを変えたのよね」)。乳児は、生後 7～9 か月までに、特定のユーモアを含んだ動作のなかに、遊ぼうとする意図、つまり目標と結果が異なることを知覚するようになると言われている (Reddy, 1991)。

次の実験では、7・5 か月児が「あげる／あげない」場面で通常生じる期待との違いを認識し始めるかどうかを検討した。

実験 5 では 18 名の 7・5 か月児が観察された。カメラのセットは実験 1 と同じであった。「あげる／あげない」課題で使用された目標物は、すでに紹介された実験 1 と 4 の「あげる／あげない」課題で使用されたのと同じ棒の先に輪がついたカラフルな木の玩具であった。7・5 か月児は、「あげる」場面より「あげない」場面で、見あげることが多いので (実験 4 を参照)、E1 によって「あげない」課題だけが行われた。感情を示さない顔の表情で行う条件と、いたずらっぽい表情で行う条件があった。

第6章 三項的相互作用——5か月児と7か月児の共同的関わり

遊びの最中に人間がいたずらっぽく微笑むときと感情を示さない顔をするとき

人間がいたずらっぽく微笑む遊び課題場面と感情を示さない顔での遊び課題場面で、E1は対象物を乳児に向けてゆっくり転がした。乳児がその対象物をつかもうとするとすぐに、E1は乳児を見ながらその対象物を転がして引き寄せた。いたずらっぽく微笑む場面と、感情を示さない表情の場面を設定した。もし乳児が微笑んでいる人間はからかっているのだということ、つまりその人の目標（例：遊びを続けようとしているのか、そうでないか）を曖昧にすることを理解するなら、乳児はその人の顔をチェックし続けるだろうと推測した。対照的に、フレンドリーで感情を示さない場面では、その人の目標は曖昧ではなくなるはずである（例：遊びはおしまい）。乳児が微笑を好むために、からかいの顔をより多く見るという可能性をコントロールするために、乳児には代理対象からも「あげない」課題を受けさせた。この場面では、隠れて見えない研究助手がこっそりと黄色い月の下から対象物を動かし、E1はからかうような顔の表情で乳児のそばに座っていた。この手続きは5か月児を使った実験1の場合と同じであった。

実験5の結果

いたずらっぽく微笑む人間の課題と感情を示さない人間の課題に本質的な違いがないことを示すために、乳児が5秒間の反応期で最初に行う注視行動を分析した。最初の注視行動の生起の分析は、この2つの課題に違いがないことを示した。いたずらっぽい代理対象条件でも本質的な違いがないかどうかを検討するために、5秒間の反応期で乳児が行う注視行動が分析された。乳児は代理対象課題より人課題の方で有意に多くの見る行動を発生させた。こうした知見は、「あげない」条件での見る反応が人間に固有のものであるという実験1の結果を確かなものにしている。

163

しかしながら、人間がゲームをしているときのほうが、いたずらっぽく微笑む顔をチェックすることが多いかどうかを検討するために、両条件でのチェッキングの量を分析した。代理対象条件で顔をあげた乳児は8名であった。人条件で顔をあげた最初の8名の乳児を選び、両群の乳児のチェッキング量を比較した。乳児は物条件より人条件のほうでいたずらっぽく微笑む顔をチェックすることが多かった。乳児は幸せそうな顔を好んだがゆえに人間の顔をチェックしたのではない。人条件の乳児だけが顔のチェックをし続けたが、代理対象条件の乳児ではそうしたことはなかったのである。

4節 生後5・5から7・5か月の間で、乳児は動作と情動に意味を知覚する

要約すると、実験5の結果から、乳児は感情を示さない表情の人間の場合よりいたずらっぽく微笑む人間の場合や、代理対象よりはいたずらっぽく微笑む人間の場合に、顔に対する**チェッキング**を有意に多く行うことが示された。つまり、「あげない」時に顔を見る反応は人間に対して固有に生じており、このことは乳児が2つの動作者が行う同じ物理的な運動にだけ注目するのではないことを示唆している。さらに、「あげない」ときには母親の方を見る反応はほとんど見られず、これは乳児がこの場面で社会的参照をするように思われないことを示している。

7・5か月児が感情を示さない表情の人間のほうをより多く見たという事実は、乳児がいたずらっぽく見える表情の人間の動作に曖昧なものを見出したことを示唆する。大人は、いたずらっぽく見える顔によって動作の曖昧さを増幅させ、乳児に「あげる/あげない」遊びに新しい解釈をさせたのである。

164

第6章 三項的相互作用——5か月児と7か月児の共同的関わり

 社会的な相互作用がうまくいくのは、人間の注意や顔の表情がその基盤にもつ意味への気づきによるところが大きい。すでに指摘したように、多くの研究者が乳児が生後9か月になるまでは人間の動作がもつ意図を知覚しないと論じている。本研究では、乳児が人間との協応した注意に関与するかどうかを検討するために、5・5か月児と7・5か月児の自然な相互作用場面で観察された。明確な定義とコーディング基準（例：Bakeman & Adamson, 1984; Carpenter et al., 1998）を使用して、5・5か月児と7・5か月児は玩具と大人に対して協応した注意を確実に実行することが見出された。

 他者の目標の曖昧さを解消しようとして、この時期の乳児がその顔をモニターすることも見出された。生後5・5か月以上の乳児は、確実に、「あげる」場面より「あげない」場面で人の顔を見上げることが多かった。代理対象場面では、こうした異なった反応は見られなかった。さまざまなコントロールをした結果、乳児の異なった反応は対象物の運動によるのでも、あるいは（隣り合って座った）人間と代理対象の位置によるのでもないことが示された。人間を見る反応を社会的参照や、あるいは命令的な要請として解釈することはできなかった。なぜなら、乳児はそこにいた母親のほうをより多く見るようなことはなかったからである（9から12か月児の同様な結果は Carpenter et al., 1998 を参照）。

 代理対象条件において、ターゲットになる物が自分で動くのを見れば、乳児にはその現象がびっくりする出来事か、あるいは曖昧な出来事になるはずだろう。ところが、本研究では、玩具が乳児から見えないところで動き出した。それゆえ、その玩具の運動がどうして生じたかを示す手がかりはなかった。乳児は動く玩具の横で膝の上に手をおいて座っていた実験者に、その運動の原因を帰属させなかったことは明らかである。なぜなら、乳児は「あげる」課題でも「あげない」課題でも5秒間の反応期間に実験者の顔を見なかったからである。こうした結果は、乳児が因果関係を人間の動作と物との間でのみ知覚することを示したレズリー（Leslie, 1984）やウッド

ワード (Woodward, 1998) の知見を支持している。

人間を見るという乳児の行動の意味を検討するために、5・5か月児を対象に、社会的妨害課題（邪魔をしてからかう）場面での乳児の目的の検出を検討したフィリップスら (1992) の手続きを使って追試した。5・5か月児は、「あげる/あげない」課題でも協応的注意をモニターしたが、社会的妨害課題ではモニターの確実度は低下した。対照的に、7・5か月児は他者の目標への気づきがもっとしっかりしていた。すべての7・5か月児が協応的注意を出現させただけでなく、「あげる」場面のほうで確実に人間の顔を見た。つまり、本研究の乳児は、フィリップスら (1992) やカーペンターら (1998) が研究した9か月児と比較すると、社会的妨害課題での成績が顕著によかったことがわかる。

興味深いことに、生後7・5か月までに、乳児は人間が「あげない」と顔を見上げるようになったが、非生命的行為主体が「あげない」場合には、顔があり乳児と随伴的な相互作用をしていても、顔を見上げなかった。つまり、乳児が目的志向的動作を知覚するのは、人間に特化されることを示している。こうした知見は、乳児が目的を読み解くために、自己推進運動、随伴的相互作用、身振りや目の動きを利用するという研究者の示唆 (Gergely et al., 1995; Csibra et al., 1999; Johnson et al., 2001) に反している。5～6か月児が人間には目的を帰属させるが、非生命的行為主体には帰属させないことを示した研究者の知見 (Legerstee et al., 2001b; Leslie, 1984; Woodward, 1998) のほうと軌を一にするものである。

この一連の研究で最も意味深い知見は、生後7・5か月までに、乳児はからかいを理解したということである。レディ (1991) は、7～9か月児が家族メンバーとのユーモラスなゲームやからかいのゲームを見出したのである。からかいの重要な基盤は、ある動作が「本気」なのか（「遊びが終わった」と理解これらの乳児は、文字どおり人間の身体運動を読み取り、その基盤にある目的を見出したのである。レディ (1991) は、7～9か月児が家族メンバーとのユーモラスなゲームやからかいのゲームに参加する場面に関する詳細な知見を初めて提供した。からかいの重要な基盤は、ある動作が「本気」なのか（「遊びが終わった」と理解

166

第6章 三項的相互作用——5か月児と7か月児の共同的関わり

されるような感情を示さない人間の条件のように)、あるいは「ふざけている」(「遊びがまだ終わらない」と受け取られるようないたずらっぽい表情の人間の条件に気づくだろう。この曖昧さは、振りをしているだけだという情報を伝達するために微笑んで見せる大人によって創出される。このタイプのユーモアの理解は、他者の振る舞いは、現実と常に一致するとは限らないことを乳児が理解するようになる遊びのサインを解釈する必要がある (Nakano & Kanaya, 1993)。

実験5では、いたずらっぽく見える顔あるいは感情を示さない顔のどちらかの表現をする人間が「あげる/あげない」ゲームをして遊んだが、乳児はいたずらっぽい様子の大人の顔だけをチェックし続けた。それはあたかも、その人間が「心変わりして」、物を再び乳児に転がし返すかどうかを確認しているかのようであった。しかし代理対象条件では人間のいたずらっぽい顔の表情に対するチェックは確実に低かった。この結果は、行為を行ったものの機能により、乳児が成人の社会的手がかりに注意を払うやり方や、視線や顔の表情を解釈する仕方を変えたことを示唆している。つまり、中立的な顔の表情と幸福な顔の表情を比較して区別したりする一般的能力以外に (例：Nelson, 1987; Walker-Andrews, 1997)、乳児は生後7・5か月までに、非生命的主体にではなく人間に対してだけその動作の動機を見出そうとチェックすることが多くなるのである。

要約すると、7か月児の人間の動作の理解は5か月児より深化していた。7か月児は、社会的行為主体と非社会的行為主体の運動の区別、曖昧な動作と曖昧ではない動作の区別、またユーモアのある動作とユーモアのない動作の区別を容易に行った。こうした場面での人間の顔のモニターの一部は条件づけられたものであるかもしれない。この知見は、乳児の行動が人間としだからと言って、こうした行動が意味とは無関係であるとは言い切れない。

いう身体形態とは無縁な精神性といった根本的な概念によって媒介されているという考えを支持するようなものでもない。むしろ、生後5か月と7か月との間で、乳児は人間や人間が対象と関連づけた目標をかなり複雑かつ選択的にモニターするようになることを示している。

こうした初期の社会認知的スキルをどう解釈すべきなのだろうか。カーペンターら (1998) は、共同的関わりの存在証明を、「外側にある対象物やできごとへの注意と行動が、さまざまな仕方で共有され、追跡され、そして誘導される」(p.118) 意図的主体としての他者に気づくことだと論じた (Tomasello, 1999 も参照)。こうした共同注意能力は、生後9か月と12か月の間で他の三項的行動とともに出現するので、この時期はカーペンターら (1998; Tomasello, 1999) によって「9か月革命」と呼ばれている。

これまでの章で論じたように、人間の注意への気づきは、誕生した年の最後で発生するというより、アイコンタクトをするために養育者の目をモニターする生後最初の数か月で観察される (Bruner, 1999; Reddy, 2003)。その時期に、乳児は大人から見られるとよく微笑み、目がそらされると微笑みが減る (Muir & Hains, 1999; Reddy, 2003)。こうした幼い乳児は、他者の顔をモニターするだけでなく、他者の注視行動を調整するように見える (Fogel, 1993; Stern, 1985; Tronick, 2003)。こうした知見は、注意対象の存在に対する乳児の感受性を示している。生後5か月と6か月の間に、他者の注意に対する気づきは、その二者の外側にある対象物を含むように拡張され、その対象物に人間の注意を誘導するようになる。生後7か月までに、乳児は人間とのからかい場面に関与することから、人間が自分たちの何らかの特徴を観察していることに気づいているといえるのである (Reddy, 2003)。

つまり、生後7.5か月までに、乳児はからかいやいたずらを理解するが、それは曖昧な動作の基底にある意味の理解を示唆している。成人では、他者の心の中にあるものを正しく推測できるときにのみ、からかいを理解

第6章 三項的相互作用——5か月児と7か月児の共同的関わり

することが可能になる。ユーモアの概念は、発達に伴って格段に精密化し年齢とともに洗練されるが、ユーモア概念の最初の起源の基盤と前兆となる表現は、生後最初の1年の間に観察することができる。つまり、ある種の場面では、異なる目標をもつ行動はユーモアのある解釈を可能にするし、ユーモアのある意図をもつこともできるのである。

総合すると、本章の一連の研究で観察された乳児は、人間の動作の意味を理解するために視線をモニターした。多くの研究者（Reddy, 1991; Bruner, 1990; Flavell, 1999）が確信的に論じているように、乳児による注意や意図への気づきがその後の人間の動作の心理的理解と**連続性がある**ことが証明されているわけではないが、そうではないと主張することも論理的ではない。乳児が、他者をその動作から非社会的な対象物と見分ける社会的な創造物であるとするなら、「他者の意味のない行動と、他者の行動の背後にある意味やそこに付与される意味との間にある裂け目は消失する」（Reddy, 1991, p.153）。こうした理論的主張は、文化や文化のうちに住む人間について学ぶためのさまざまな社会認知的スキルを獲得するために、乳児には人間に注意し大人の注意を彼らに向けさせる特徴を早期から備えて誕生する可能性があるという考えを支持している。

第7章 乳児の対人感覚の発達に対する社会的影響

随伴的に反応しながら、人間は相互に応答しあう。しかしそれだけではない。情動を鏡映しながら、相互に情動的に応答しあっている。(Legerstee & Varghese, 2001)

これまでの章では、乳児の精神状態の気づきに影響する内因的な要因を主として強調してきたが、本章からは、乳児の対人感覚 (sense of people) の発達に影響する外因的な影響を詳細に検討したい。すでに論じたように、社会的相互作用論者は人間に対する乳児の気づきに影響する社会的な要因を非常に強調する (Bowlby, 1969; Bruner, 1975; Fogel, 1993; Stern, 1985; Trevarthen, 1979; Tronick, 2004; Vygotsky, 1978)。こうした研究者は、乳児が人間という概念 (the concept of people) をいかに発達させるかを説明する際に、外因的要因と内因的要因のどちらに重きを置くかによって二分できる。生得主義者あるいは制約的構成主義を志向する研究者は、乳児は自分自身の情動状態に対する気づきを備えて人生を歩みだすとする。彼らは、自己の社会的起源と乳児に備わる生得的な人間に対する理解を強調する。たとえばトレヴァーセン (Trevarthen, 1979) は、乳児には社会的環境や物理的環境に対応するように

170

第7章 乳児の対人感覚の発達に対する社会的影響

振る舞い、自分自身の認知的発達に役立つように働く生得的な能力があると主張する。彼は、クーイング(新生児に存在)、微笑(誕生後数分以内で出現)、口や舌の前言語的運動、眼球運動、コミュニケーションしようとする試みといった乳児の行動には、赤ちゃんの社会的性質が反映していると説明する。さらに、こうしたコミュニケーションスキルを他者へ拡張することにより、乳児は他者を無生物とは異なる感覚的存在と認識できるようになると主張する。トレヴァーセンはさまざまな生得的能力を乳児に帰属させるが、人間理解を発達させるための社会的交流の重要性を強調する。

情動状態に対する生得的な気づきを仮定する研究者とは対照的に、生まれたばかりの乳児は他者(や自己)の情動に気づくことができず、他者と相互作用をすることにより気づいていくのだと主張する研究者がいる。こうした研究者の一部(Bandura, 1992; Skinner, 1948; Watson, 1972; 1985; Gergely & Watson, 1999)は、乳児は随伴性や強化を検出して学習する生得的能力を備えて誕生することを強調する。第3章で見たように(第10章も参照)、ガーガリーとワトソン(Gergely & Watson, 1996; 1999)の論じるところによれば、随伴性を検出する乳児の能力はある出来事と別の出来事との間で生じる完全な関係性に基づいている。簡単に要約すれば、随伴性検出モジュールは、刺激と事象間の因果関係の程度を評価しながら、時間的随伴性、感覚的関係、空間関係情報を分析する。不完全な随伴性は刺激が自分の身体外にあることを意味し、完全な随伴性は自分の身体内にその起源があり、随伴的ではない刺激はその起源が曖昧である(Watson, 1979)。生後3か月間、そのモジュールは主として完全な随伴性活性化され、乳児は自己受容的フィードバックを好み始め、随伴性によって自分自身の身体能力に馴染んでいく。生後3か月以降になると、このモジュールは不完全な随伴性を引き出そうとするが、その出現率は母親が応答を控えることがあるかどうかによって異なってくる。頻度は高いが完全ではない母親の随伴的応答が、乳児を社会的環境に向かわせる(Gergely & Watson, 1999)。母親は乳児を微笑で刺激してクーイングを引き出そうとするが、乳児を社会的環境に向かわせる

171

のに役立っている (Bahrick & Watson, 1985; Watson, 1985)。生後3か月頃、乳児はまた他者の情動に気づき、仲間との相互作用を経験しながら、自分自身の情動にも気づきだす。

1節 社会的相互作用論者と情動調律

社会的相互作用論者は、乳児に帰属させる先行的あるいは内的能力のタイプに応じて（対立的に）二分されるとはいえ、どちらも心の理論の発達においては養育者の感受性豊かな応答性が重要だと強調する。つまり、母子関係の**質**が乳児の社会的、情動的そして認知的発達にとって重要だとみなしている (Bowlby, 1969; Bruner, 1990; Fogel, 1993; Freud, 1949; Stern, 1977; Trevarthen, 1979; Tronick, 2004)。

たとえば、力動的システム論者 (Fogel, 1987; 1993; 2001; Fogel & Thelen, 1987; Lewis, 2000) は、子育てにおける関係性の障害がどのように乳児のコンピテンスの発達を妨害するかを明らかにしている。第2章と第3章で示されたように、力動的システム理論は発達の固有な一部として可変性 (variability) を考慮する。力動的システムは非線形的で、柔軟性があり、多因果性であるがゆえに、コンテクストあるいは有機体のいずれかにおける小さな変化が質的で特異な独立した要素の間での相互作用過程から出現する (Fogel & Thelen, 1987)。再構造化（あるいはシステムの段階移行）は質的に異なった行動パターンを招来させるが、それは抑うつ的な親が足場作り (scaffolding) のレベルを低下させるといった文脈要素の変化に由来する場合がある。

つまり、有機体が発達するにつれ、新たな行動パターンが、特定のシステムの多くの独立した要素の間での相互作用過程から出現する。

特に、適切な乳児－養育者の社会的相互作用は、乳児の社会的コンピテンスや間主観性を促進させる。適切な

第7章　乳児の対人感覚の発達に対する社会的影響

2節　母子相互作用の歴史的視点

人間やその精神状態の理解を発達させるためには、乳児が経験する社会的相互作用が重要である。そのため、本章では母子相互作用の研究を歴史的に展望してみたい。精神分析的な文献は、初期の親と子の関係に対する現代的な関心を刺激してきた。この理論によれば、初期の親子の相互作用は、その後のパーソナリティや性格の発達の基盤である。初期の研究は、養育者との持続的な一対一の関係の欠乏が子どもの認知、情動、そして社会的な

コミュニケーション状態を作り出し、乳児の情動表現と注意が適切な水準に維持される。適切なレベルの情動表現は、パートナーに向けた高いレベルの微笑、凝視、クーイングをともなっている。スターン (Stern, 1985) は、そうした情動的相互作用の結果だと考えられる。乳児の社会的コンピテンスあるいは間主観性は、共有可能な感情の発達的気づきと定義され、乳児が養育者と共有する情動的相互作用の結果だと考えられる。

機能不全を起こした母子相互作用には、適切な相互作用水準を維持させる行動が欠如するという特徴がある (Seligman, 1975; Field, 1995; Watson, 1985)。たとえば、抑うつ的な母親は乳児を見たり、触れたり、話しかけたりする時間が少なく、情動表現が乏しくネガティブであったりして、乳児のシグナルへの随伴的な応答ができないことが多い。乳児もまた、活動水準が異常に低下し、ポジティブな情動が少なくなる。母親の機能不全な行動に頻繁に出会うことで、乳児自身も相互作用スタイルを機能不全のまま発達させる（例：Field, 1984; 1992; 1995）。

発達に重大で長期的な結果をもたらすことを示している (Bowlby, 1951; Goldfarb, 1943; Ribble, 1944; Spitz, 1963)。このことは喪失が生後初期の数か月の間に生じたときにとりわけ当てはまるので、研究者は社会的発達には感受性があると主張した。ルーマニアの孤児に関する最近の知見もまた、こうした初期の主張と一致している。生後8か月間、社会的な剥奪状況のもとで育った施設児は、引きこもり、玩具を共有しようとせず、仲間や兄弟姉妹のいずれとも貧しい関係しかつくれなかった。こうした初期の剥奪経験はカナダの安定した養育ホームに引き取られた後も数年間持続した (Fisher, Ames, Chisholm, & Savoie, 1997)。初期の剥奪経験とその後の機能不全な行動との関係は、適切な社会 - 情動スキルを発達させるためには、人生の早期における適切な刺激が必要であることを示している。

精神分析理論のこの主張には強い説得性があるが、他のいくつかの原理には疑問が残る。たとえば、その理論の主要な教義に、依存的対象関係は将来の社会的関係の原型になり、それは乳児の原初的な生得的動因に対して母親が提供する満足と欲求不満とのバランスに依存するというものがある。この見解は、乳児の養育者への愛情は強化価を備えた食物を提供する養育者の能力に依存するという古典的学習理論家の見解と類似している。ハーロウ (Harlow, 1958; 1961) はアカゲザルの赤ちゃんを用いた一連の実験で、乳児の社会的スキルの学習における母親の役割に対する見方に疑問を投げかけた。この霊長類の知覚、操作、探索、欲求不満、臆病さの発達は、人間の赤ちゃんのそれと非常に類似した過程をたどるため、同様の分離が人間にもたらす衝撃を推測することができる。ハーロウは、他方の人工母親がいない場面では、2つの人工的な母親と一緒にされた。一方の人工母親は柔らかな布でできているが、ミルクを飲ますことはできなかった。他方の人工母親は針金製で、食物を「提供」することはできたが、赤ちゃんザルは他者から孤立して育てられ、2つの人工的な母親と一緒にされた。一方の人工母親は柔らかな布でできているが、ミルクを飲ますことはできなかった。さらに、人工的な母親から慰安を求めようとしたことを見出した。発声、うずくまり、体のロッキングやサッキングが増加した。これらの行動はサルの行動は劇的に変化した。発声、うずくまり、体のロッキングやサッキングが増加した。これらの行動はサルはタオル地の布製の母親から慰安を求めようとしたことを見出した。さらに、人工的な母親がいない場面では、サルの行動は劇的に変化した。

第7章　乳児の対人感覚の発達に対する社会的影響

べて情動緊張の指標である。別の若いアカゲザルと出会わせると、うずくまって固まってしまうか、腕で自分の身体を抱えて走りまわった（Harlow & Harlow, 1965）。生殖行動にも正常さが失われ、交尾もできなくなった。つまり、ただ食物を与えても、適切な社会性の発達は保証されないことが明らかなのである。ハーロウの研究は、社会的能力の起源に関して根本的に異なる見解を構築することになった。

その後の研究は、アタッチメント理論による乳児の社会的行動の起源に焦点を移し始めた。ボウルビー（Bowlby, 1979）とエインズワース（Ainsworth, Blehar, Waters, & Wall, 1978）は、乳児は社会的になろうとし、かつアタッチメントを求めようとする生得的な動因を備えて誕生すると論じた。精神分析もアタッチメント理論も、養育者と情動的で社会的な交流を求めようとする乳児の欲求充足が将来の精神的健康にとって基本的に重要だとする点では同じだが、アタッチメント理論では社会性への欲求を1次的動因とみなす。この理論は、アタッチメントのコントロールシステムが、社会的であるべく遺伝的にプログラムされた欲求を充足するための重要なメカニズムだとみなす。このシステムは、環境条件と内的条件に対して鋭敏であり続け、乳児と養育者の接近と乳児の探索行動の微妙なバランスを維持するように組織化されている。そのシステムは子どもが示すアタッチメント行動のタイプや量をコントロールするだろう。なぜなら、アタッチメント行動は環境内に存在するなじみのなさや恐れの量に依存するからである。異なったタイプのアタッチメントパターンは、乳児期の母子関係の質に応じて形成される。

この種の理論活動に刺激されて、一連の実証的研究が行われた（Bronfenbrenner, 1974; Davis, 1947; Kagan, 1976; Koluchova, 1972; Rutter, 1971; 1972; Tizard & Rees, 1974）。正常な母子関係がさまざまな形態で剥奪されたときの影響が分析され、その影響を軽減する介入が実施された。こうした研究の結果、初期分離効果はそれまで考えられてい

175

たほど破壊的なものでも不可逆的なものでもないことが示された。かわりに注目すべきことは、初期の社会的相互作用の質、分離の理由、その他の「健康な」社会的関係の利用可能性であった。このような研究知見は、より繊細な科学的問いかけが必要な研究領域を生み出した。それは母子の相互作用に必要かどうかではなく、その関係のどんな側面が重要で、それらがいかに発達するかを問題にするような研究領域であった。

アタッチメント理論は、初期の親子関係がその後のパーソナリティの発達に及ぼす重要性に関する有力な視点を提供し続けているが、力動的システム理論のほうがアタッチメント関係の共同構築性や、それが社会的情動や認知の発達に及ぼす影響をより内容豊かに検討するように思われる。関係性は親と子の相互作用の歴史が蓄積されて形成されるので、現在の関係性は親と子の相互作用に力動的なコンテクストを提供する（Lollis & Kuczynski, 1997）。つまり、それぞれの相互作用が過去の相互作用の影響を受けながら構築され、また、共有され共同で構築された歴史が現在の関係の力動性を形成する。その後に生じるアタッチメントシステムの安定性の違いは、自己組織化とそのシステム内で創発する過程に由来する。フォーゲル（Fogel, 1993）とフォーゲルとテーレン（Fogel & Thelen, 1987）は、コミュニケーション的な相互作用の力動的な働きにより、母親と乳児の対面での相互作用（二項システム）が、いかにコミュニケーション行動つまり相互に実行しかつ予期される行動を変化させるか記述した。アタッチメントはそうした力動的な相互作用から発達するが、それは母子によって選好される行動が長期にわたって恒常的な構造として定義される。つまり、力動的システム理論は、アタッチメントを関係の内部で長期的に再構造化する適応的過程とみなす点で、伝統的なアタッチメント理論とは異なっている。

現代の理論的で実証的な研究（Bornstein & Tamis-LeMonda, 1989a, b; Field, 1984; 1990; 1992; 1995; Landry, Loncat, & Swank, 1998; Legerstee, 1992; 1997a; 1998; Legerstee & Varghese, 2001; Murray & Trevarthen, 1985）は、乳児と母親との関係性をさらに分析することに関心を向けている。こうした理論は、母親と乳児が生まれた直後から情動的コ

第7章 乳児の対人感覚の発達に対する社会的影響

第2章で、乳児は自分自身の情動（自己推論的過程）と他者の情動（対人的気づき）を知覚する内因的な過程を備えて誕生すると論じた。こうした情動を反映する「鏡映的（mirroring）」相互作用の質は、乳児の社会的で情動的な発達に重要な役割を演じる。正確なフィードバックは、「自分が微笑めば、自分は幸せに感じている。あなたが微笑めば、あなたもまた幸せに感じている」といった乳児の推論を確立させる。こうした感情の協応は、対人的な関係性の評価を可能にさせ、応答される感覚、理解される感覚、コントロール感覚や同一性の感覚に非常に重要な働きをする母子対話の確立に主要な役割を演じる（Spitz, 1963）。つまり、外因的影響と内因的影響の両者が、子どもを萌芽的な「心理学者」として登場させる役割を演じるのである。

乳児の自己推論的過程に加え、刺激を通様相的に知覚する乳児の能力も社会的気づきの発達に重要な役割を演じている（Stern, 1984; Kuhl & Meltzoff, 1982; Legerstee, 1990; Meltzoff & Borton, 1979; Meltzoff & Moore, 1977）。養育者が乳児の情動を反映し返すとき、乳児が用いたものとは異なったモダリティを使って応答しやすい。その結果、赤ちゃんは表出された行動を感情的な性質に置き換えることによって、行動の質（形態、強度、タイミング）を知覚することになる。情動共有や相互の情動的交換がもつその場の雰囲気が心に呼び起こされ、母親からの情動鏡映的反応は乳児に内的な感情が共有可能なものであることを気づかせる。スターンによれば、ひとたび情動鏡映が母子の交流場面で生じると、それは社会－情動発達や自己の発達において主要な道具となる。

親による情動状態の共有を含む相互作用は、情動の感受性を促進させるメカニズムとして働く。この感受性促進の連鎖は、乳児の内的な情動状態を活性化しながら開始される。しかし、母親の情動鏡映が乳児の情動表現を顕著に、また知覚的に明瞭に反映しながら繰り返されると、乳児はそれに関連する内的手がかりに対して次第に鋭敏になっていく。こうして、乳児は明瞭な情動に気づきだし、その情動を調整することを次第に学習する。こ

177

の過程が健康な社会 ― 情動状態に向かうためには、母親による情動鏡映的情動表出が自分の現実の情動表現とは区別できることが必要である。理想を言えば、母親の情動鏡映的相互作用が適切であるためには、知覚的にも質的にもはっきり区別できるものでなければならない。換言すれば、感情鏡映的情動（affect-mirroring emotion）は、親の現実の情動表現を誇張したものであることが多いので、それは現実のものとはまったく異なって見えたり感じられたりするはずなのである。さらに、鏡映情動は母子相互作用の特殊な文脈の中で生じる。その行動表現は、親の実際の情動の表現とは異なっている。たとえば、親の現実の怒りは子どもに対してネガティブな結果をもたらすかもしれないが、情動反映的な怒りの表現ではそんなことにはならないだろう。最後に、感情鏡映的情動は、乳児の活動と特異な随伴的な関連性をもっている。それは親の現実の情動よりも子どもの行動に対して高い随伴性を示すのである。

感受性と応答性が豊かな母親は、子どもに自分の情動状態と他者の情動状態を区別させるような感情鏡映と対人的な随伴性のメカニズムを提供しており、それは疑いもなく発励的な価値をもたらすメカニズムである。議論がある問題は、ガーガリーとワトソン（1999）が示唆したように、生後3か月以降になって初めて、高くはあるが完全ではない随伴性が乳児を外界の社会的環境に向かわせ始めるという仮定である（第3章と第10章を参照）。生後3か月以前の乳児に社会的能力が存在することを示唆する多くの知見が存在するからである（Legerstee, 1992; 1997b; Legerstee et al., 1987; 1990; Spelke, Phillips, & Woodward, 1995）。第3章で論じたように、乳児は非常に早期から非生命的対象と人間とを区別する。生後3か月以前の乳児に見られる適切な行動的反応は、乳児が人間は社会的であり、物は物理的であることを正しく分類する組織化された知識をもつことを示している（Trevarthen, 1979; Bruner, 1973）。発達に遅れのない乳児では生後2か月までに、またダウン症の乳児では生後4～6か月までには、人間を社会的に扱い、他者に対して微笑したり、発声したり、またその動作を模め

第7章 乳児の対人感覚の発達に対する社会的影響

倣したりすることが明確に示されるが、それは生得的な内因的要因による可能性がきわめて高い。同時に、こうした乳児は、物に対しては、見て操作すべき物質として扱うのである (Legerstee et al., 1987; Legerstee & Bowman, 1989; Legerstee, Bowman, & Fels, 1992)。

要約すると、母子相互作用研究は、母親と乳児はまさに誕生直後からコミュニケーション活動に従事していることを示している。乳児は養育者の情動状態を共有したり、また相互に順番で対話したりして、対人的な社会的交流に貢献する (Brazelton, Koslowski, & Main, 1974; Fogel, 1993; Hobson, 1993; Legerstee et al., 1987; Trevarthen, 1979; Tronick, 1989)。母親の相互作用の質は、乳児の感情状態に強く影響する (Field, 1994; Legerstee & Weintraub, 1997; Malatesta & Izard, 1984)。さらに、適切な乳児－養育者の社会的構造は、子どもの情動発達だけでなく、社会性や認知の発達をも促進させる (Goldberg, Lojkasek, Gartner, & Corter, 1989; Landry et al., 1998)。

つまり、乳児は生得的に社会的な創造物であるという考えを研究は支持している。初期から、乳児は人間と物とを区別し、この2つの分類対象をそれぞれに特有な仕方で扱う。乳児は人間と能動的で対話的なコミュニケーションに従事し、自分の情動状態をパートナーのそれと一致させる。この初期の社会的応答性が養育者の適切で感受性豊かな応答によって支持されるとき、乳児の社会－情動発達だけでなく認知発達も促進される。

3節　情動調律／情動鏡映と自己の概念

すでに示してきたように、情動調律は乳児の社会認知的発達の基盤となるものである。それは、精神状態の行動表現を正確に模倣するのではなく、共有された情動状態の感情的な質を表現する行動からできている (Stern,

1985)。こうした行動は通様相的に生じる。たとえば、ある母親は乳児がテーブルにカップを打ちつけるのを見て、「カ・バム！ カ・バム！(Ka-Bam! Ka-Bam!)」と言うかもしれない。乳児の行動は母親によって声で後追いされている。この種の鏡映化は情動調律の一部であるが、情動鏡映はある種の「情動擬態」(affect mimicking)を記述するために用いられることが多い。母親は情動鏡映によって子どもの葛藤的情動を明確にさせる。たとえば、遊びに夢中になっているよちよち歩きの子が、走り回っていて転び、膝を擦りむいてしまったとする。その子が笑うか泣くかは、母親が痛そうな表情をするか、それとも楽しそうな表情をするかによる。多くのじみのない人間より、母親の乳児に対する調律のほうが効果的であることが知られている(Stern, 1985)。父親やなじみのない人間より、母親の乳児に対する調律のほうが効果的であることが普通は気づいていない(Szajnberg, Skinjaric, & Moore, 1989)。

　乳児の初期の情動行動に敏感に反応して意味づけをする養育者の行動傾向は、乳児の社会－情動発達だけでなく、自己概念の発達にとっても重要である(Reed, 1995; Neisser, 1993; Fogel, 1993)。感受性豊かな母親は、情動鏡映を通して乳児の情動状態を形作ったり修正させたりするだろう。母親はその状況にふさわしい乳児の情動を反映し返し、乳児の情動を調節するために自分自身の状態を調整する。こうして、乳児は自分自身の情動状態を社会的パートナーの情動状態と区別し始め、次第に他者の情動と同時に自己概念の理解を発達させる。

　こうした子どもたちは自己認知を示す証拠が乏しい傾向があり、情動鏡映が自己認知に与える重要性が確認されている。虐待する母親をもついくらか年長の子どもの研究から、情動鏡映が自己認知に与える重要性が確認されている(Coster, Gersten, Beegly, & Cicchetti, 1989)。最近の研究では、虐待されていない子どもと比較して、他者の個人的主体性や精神状態の理解に優れていることが示されている(Verscheuren, Marcoen, & Schoef, 1996)。

4節　情動調律、効力感と自立性の発達

情動調律が社会性や認知の発達に重要であるとする考えは、情動鏡映の欠如が社会性や認知の能力の働きを阻害することを示す研究によって支持される。セリグマン (Seligman, 1975) によれば、無力感 (helplessness) といった成人に見られる不適応な態度や信念は、その根源が初期の発達にあるとされる。乳児の動作がやり取り場面で情動的な随伴性を経験するなら、乳児はコントロール感を発達させ、それが将来の社会的、情動的、認知的な健康をもたらす。こうした情動的な因果経験を学習する能力を発達させ、犬を対象にしたセリグマンの研究が示すように、学習性無力感を発生させる可能性がある。その実験の犬たちはコントロール不可能な電気ショックにさらされ続け、学習性無力感という心理的状態を引き起こされた。犬たちは、繰り返される電気ショックから逃れることが可能なときでさえ、逃げようとはしなくなった。自己効力感と環境事象とを関係づけることができなくなってしまったからである。セリグマンは、コントロール不可能な環境は行動のレパートリー全般に深刻な結果をもたらすと論じている。学習性無力感は、成功や失敗が自分の動作とは切り離されるため、自分自身の反応や動作がもつ有効性の学習を困難にさせるような認知的セットを生み出すのである (Seligman, 1975)。

人間の乳児を対象にした学習性無力感の研究でも同様の結果が得られている (Finkelstein & Ramey, 1977; Legerstree, 1997b; Watson, 1979)。第3章で示したように、随伴的（コントロール可能）な条件にある乳児は、ランダムあるいは非随伴的（コントロール不能）な条件におかれた乳児より、その後の学習課題でよい成績を示した。こうした研究から、養育者の行動は乳児の直接的な社会－情動反応だけにとどまらず、認知的能力にも影響すると考えら

れる。たとえば、レゲァスティとヴァーギーズ（Legerstee & Varghese, 2001）は、母親の情動鏡映レベルの違いが、3か月児の向社会的行動のレベルや社会的期待にどのような効果を及ぼすか評価した。向社会的行動とは、母親と顔をたがいに向き合わせた場面で、乳児のポジティブな情動が高く、母親へ注意を向けやすいこと、とされた。社会的期待は、実物の自分の母親（ライブ条件）とビデオ再生の母親（再生条件）とを区別する能力と定義された。ライブ条件は、母親が自分の乳児とふつうに相互作用する場面である。ライブ条件の母親は乳児のシグナルに普通に応答しているが、再生された母親は「自然」に見えるものの、その応答は乳児の反応との随伴性を欠いている。情動鏡映水準が高い（HAM : high levels of affect mirroring）母親をもつ乳児は、対人的コミュニケーションに一緒になって関わろうとし（Stern, 1985）、向社会的行動のランクが高いだろうと予測された。一方、情動鏡映水準が低い（LAM : low levels of affect mirroring）母親をもつ乳児は、向社会的行動のランクが低いと思われる。この仮説は確認された。3か月児は母親の情動鏡映に非常に敏感だという結果が得られた。注意の維持、温かい感受性、社会的応答性のランクが高い乳児は、母親の情動を反映し返していると考えられた。なぜなら、そうした行動ランクの低い母親をもつ乳児より、微笑、クーイング、母親への視線が多かったからである。さらに、向社会的行動のランクが高い乳児は、社会的期待でもランクが高いだろうと考えられた。こうした乳児は、情動的状態が共有されることが多い共感的相互作用を多く経験しているため、ライブ条件と再生条件を区別するはずである。この仮説もまた確認された。向社会的行動のランクが高かった乳児では、ライブ条件と再生条件のランクも高かった。なぜなら、ライブ条件と再生条件の間で反応（微笑、抑揚のある発声、母親への視線）が異なっていたからである。さらに、ライブのエピソード場面での乳児は情動状態を真似するというより、それを共有しているように思われた。その理由は、再生条件では、母親が正常な条件と同じ程度の微笑や発声をしても、

第7章 乳児の対人感覚の発達に対する社会的影響

乳児はポジティブな情動を減少させたからである。こうした乳児の微笑や抑揚のある発声は、ライブ条件と再生条件で区別できなかったことを意味しない。しかしながら、これはこうした乳児が随伴性を区別できなかったからである。再生条件では母親へ向ける視線が減ったからである。こうした乳児はその後のライブの相互作用といった特定の社会的コンテクストは、乳児に情動の共有に対する安定した期待を形成させるが、情動鏡映が低い母親との相互作用では、そうした期待が形成されないことを示唆している。なぜなら、情動鏡映が低い母親の場合、乳児との情動共有の一貫性が欠如しているからである。

フィールド（Field, 1995）は、この結果の解釈を可能にさせる「非応答的母親モデル」を作り出している。このモデルでは、応答的で感受性の高い母親をもつ乳児はコントロールや有効性の感覚を発達させ、感受性の低い母親をもつ乳児は行動の非構造化、コントロールや有効性の欠如を経験する。このモデルでは、HAMの母親をもつ乳児は、母親の行動の変化を劇的に変化させることはない。なぜなら、母親との間で最終的には有効な関係に出会っても行動を劇的に変化させているからである。対照的に、LAMの母親をもつ乳児が母親の行動の変化に直面すると、無力感が生じ、どうしていいかわからなくなる（Seligman, 1975）。こうした乳児は母親の情動や注意との一貫した共時的体験をしておらず、そのために有効感に欠けているのである。私たちの知見はこうした予測を支持した。

向社会的な乳児がライブ条件と再生条件とを区別することは驚くべきことではない。なぜなら、ライブ条件には情動共有の歴史が映し出されており、それは情動共有が多い母親をもつ乳児が慣れ親しんできたものだからで

ある。われわれの研究結果は、母親の社会的応答性が乳児の発達にどんな効果を及ぼすのかということについて、実験室で非常に幼い乳児を対象に行った研究（Brazelton, Koslowski, & Main, 1974; Hobson, 1993; Kaye & Fogel, 1980; Landry et al., 1998; Bornstein & Tamis-LeMonda, 1989a; Stern, 1985）と一致している。こうした研究者は、子どものシグナルに応答的で敏感な親の行動スタイルは、社会的にも認知的にも高い能力がある乳児を生み出すことを示してきた。

母子相互作用の質の効果を検討している多くの研究は、乳児の行動に与える母親の抑うつの影響を研究してきた（Campbell, Cohn, & Myers, 1995; Cohn & Tronick, 1989; Field, 1984; Murray, Fior-Cowley, Hooper, & Cooper, 1996）。しかしレゲァスティとヴァーギーズ（2001）が示すところによれば、抑うつと診断されない母親でも、乳児と相互作用する場面で不適応な行動パターンを示す可能性がある。（抑うつのスクリーニングを受け）抑うつ傾向がなかった母親が乳児の情動状態に対して情動鏡映しないという微細な機能不全でさえ、乳児の社会的な行動や認知的行動に一定の影響があることが示されている。この知見は、乳児が社会的な情動的随伴性に敏感であることを示唆しているように思われる。他の研究者（Legerstee, 1997b; Hains & Muir, 1996; Watson, 1985）は、非常に幼い乳児がこの能力をもっている事実を支持している。しかし、これらの研究は乳児が随伴性と情動鏡映のどちらに反応したかは明確にしていない。こうした研究ではこの2つが交絡しているからである。母親の応答性は随伴的でも情動鏡映的でもある。随伴的な応答場面では、人間は互いに応答しあう。しかし、情動鏡映場面では、乳児は母親と情動を共有している。随伴的応答場面では、HAM群とLAM群の乳児はどちらもライブ場面から再生場面へ移行すると母親への視線を減少させたが、ポジティブな情動を減少させたのはHAM群の乳児だけであったという知見は、両群の乳児ともに随伴性の変化には反応したが、情動共有水準の高い母親をもつ乳児だけが情動共有の欠如に反応して自らの情動行動を減少させたと言えるのである。

第7章　乳児の対人感覚の発達に対する社会的影響

随伴的な応答に感受性豊かな母親行動が付随するときにのみ、その応答性は人間やその精神状態の理解と密接に関係してくると主張したい。単純な「随伴性の知覚」は社会的認知のある側面には重要だが、意図の理解を説明するのには不十分であろう。霊長類は社会的随伴性の分析を非常に巧みに行うが、自分の仲間を意図的で、情動状態を共有するものとして理解することは不得手である (Tomasello, 1999)。しかし、われわれの研究の乳児は随伴性に応答しただけでなく、情動鏡映にも応答した。乳児が他者と情動状態を共有するためには、他者が自分と似ていることを知ることが必要である。このことの理解が、他者を意図的だと理解する際には重要な要因の一つになるのである。

こうした知見は社会的認知の理論に重要な意味をもつ。乳児の情動共有に焦点を当てる研究者は、社会的能力の起源が乳児にあることを強調しやすい。こうした研究者は、乳児が自分自身の情動状態の気づきと、こうした状態を他者と共有する能力を備えて誕生すると仮定する (Bruner, 1990; Karmiloff-Smith, 1992; Hobson, 1993; Stern, 1995; Trevarthen, 1979; Tomasello, 1999)。したがって、乳児は最初から相互的な情動関係を経験する (Hobson, 1993; Legerstee, 1991a, b; Trevarthen, 1979; Tronick, 1989)。情動状態（微笑、発声、身振りなど）は、他者の意図に関する情報を提供し、自分自身の動作を方向づける社会的シグナルである (Montague & Walker-Andrews, 2001)。自分の意図についての情報を提供しない母親をもつ乳児よりも、おそらく最初は情動共有を通して、自らの意図的な振る舞いの理解や他者の意図の理解を早く発達させるだろう。

要約すると、生後3か月までに、乳児は社会的な存在になり、随伴的な相互作用と非随伴的な相互作用とを知

185

覚的に区別すると同時に、親が提供する社会的メッセージについても理解する。なぜなら、ポジティブな情動を乳児に示す母親は、そのお返しとしてポジティブな情動を表現する乳児をもつことになるからである。こうした知見は、第一次間主観性の機能であり、その存在の証明でもある。それは擬態や随伴性の結果というより、情動が共有できるという気づきなのである。この情動共有は、乳児がもつ情動調律の生得的感覚（内部的かつ対人的気づき）に基づいており、敏感な親行動によって促進される。第2章と第4章で詳細に論じてきたように、養育者が乳児の情動に調律するなら、乳児は養育者と自分を同一視し、これが概念化されて共有表象が発達する。すでに述べたように、敏感な親行動は共有表象の重複を最小にし、それが固有な自己の気づきや、さらには社会的かつ認知的な自律性を発達させるのである。

186

第8章 情動調律と前言語的コミュニケーション

1節　母親の情動による乳児の社会認知的能力の促進

これまで概観してきた研究によれば、幼い乳児は誕生時から養育者との相互作用に対して一定の期待をもつような社会的な創造物であることが示唆される。乳児はこの期待が妨害されると混乱する。第7章で論じたように、レゲアスティとヴァーギーズ（Legerstee & Varghese, 2001）によれば、情動調律の水準が高い母親（HAM群）*をもつ乳児は、その感受性が低い母親をもつ乳児よりも、母親に対する微笑や発声が多く視線を向ける時間も長かった。こうしたHAM群の乳児は、自然な相互作用とその場面をビデオ再生した相互作用場面で異なる反応を見せ

＊訳注　HAMとLAMは、第7章にあるように high (low) levels of affect mirroring のイニシャルであり、高（低）情動鏡映を意味する。レゲアスティは、この情動鏡映と情動調律を同義に使用しており、文中では高（低）情動調律と説明されている群に対しても、HAM群、LAM群と表記している。

た。また、その反応の違いは、自然な相互作用条件とビデオ再生条件の順序とは無関係であった。情動調律が低いランクの母親（LAM群*）をもつ乳児もまた再生映像場面で微笑や視線を減少させ、自然条件と再生条件で違いがあった。しかしながら、「再生」版が自然な再生映像場面の前に呈示されると、乳児はひどく動揺し、その後の母親との自然な相互作用場面で反応が回復しなかった。つまり、HAM群の乳児は、母親との相互作用から多少「中断」しても混乱しなかったといえる。この群の乳児は、母親が自然な相互作用に復帰すると、母親との楽しそうなコミュニケーションを取り戻した。対照的に、感受性に劣る母親をもつ乳児はそうした効力感や回復力（resilience）をもたなかった。母親の応答性が欠如すると、乳児は非常に動揺し、自然な相互作用に戻っても混乱し続けたのである。

3か月児のこうした反応タイプは、まさに12か月児がストレンジ・シチュエーションのアタッチメント場面で見せる行動を思い出させる (Ainsworth, Blehar, Waters, & Wall, 1978)。こうしたエピソードで、安定したアタッチメントタイプの乳児は、一時的に部屋から去り自分をストレンジャーのもとに置き去りにした母親をすぐに受け入れた。この乳児たちは再会場面で母親に抱かれたがった。対照的に、安定したアタッチメントに欠ける乳児は、母親が部屋に戻ってきても、無視するか、慰められようとしないかのどちらかであった。こうした知見は、母親の調律が乳児の行動に持続的な効果をもつ可能性を示唆している。本章で紹介するデータでは、生後3か月の時点で情動調律のランクが低い母親は、生後10か月までそのやり方を続けることを示している。このような母親に育てられた乳児は、情動調律のランクが高い母親をもつ乳児と比べて社会的能力に欠けるだけでなく、人間と物の間で**注意を協応させる能力**という重要な社会認知的能力の発達にも遅れが生じるようである。

第8章 情動調律と前言語的コミュニケーション

2節　前言語的コミュニケーションの発達

　前章で論じたように、乳児は誕生後間もなくから、養育者とリズムを合わせて相互作用をし、アイコンタクト、情動、前言語的発声、身振りを用いてコミュニケーションをする（Trevarthen, 1979）。成熟するにつれ、その相互作用のスキルは次第に複雑になる。乳児はさまざまな発声や身振りをアイコンタクトと協応させることによって意図を表現し、物を獲得するために人間の助けを借り、その注意を面白い出来事に向かわせようとする（Bakeman & Adamson, 1984; Legerstee & Weintraub, 1997; Bruner, 1999）。生後6か月頃、乳児は注意を人間と物との間で協応させ始め、画期的な前言語的発達段階を迎える。この協応的注意は、言語が定着する以前の時期に、意味共有を可能にさせるメカニズムの一つである。協応的注意はコミュニケーションしようとする意図の表現であり、乳児のコミュニケーションとその後の言語発達において中心的な役割を演じると考えられる（Schaffer, Collins, & Parsons, 1977; Bruner, 1999）。

　理論家たちは、乳児の言語獲得に対して異なる発達の道筋を提案している。たとえば、チョムスキー（Chomsky, 1965）は、子どもが耳にする言語は生成文法の抽象構造の学習には情報が不十分であるため、生得的な言語獲得装置の存在を仮定している。他方、社会的相互作用論者は、言語獲得は子どもだけの仕事ではなく、また言語発達は乳児の社会的および認知的能力との関連で考えられるべきだと主張する。彼らは子どもが生活する豊かに構造化された社会文化的環境に焦点を当て、乳児に言語学習を可能にさせるのはこの構造だと論じる。言語は文化的スキルとみなされ、そうしたスキルとして獲得される。

つまり、支持的な親の援助のもとで展開される二項的な相互作用や三項的な相互作用の場面で獲得されるのである（例：Vygotsky, 1978; Bruner, 1999）。

3節　母親の情動調律が前言語的コミュニケーションに及ぼす効果

たとえばブルーナー（Bruner, 1999）によれば、初期の親と子の相互作用は、絵本を読んだり物を使って遊ぶような場面、つまり乳児と養育者が同じ物や出来事に一緒に注意を向けて共有しあう「フォーマット」や「ルーチン」内で生じる。こうしたルーチン場面で、乳児はパートナーと共通する注意の焦点を維持する。乳児は大人の注意の焦点が何であるかを容易に知覚し、そのため子どもには参照課題の解決がいっそう容易になる。語を獲得した後でさえ、乳児はそうした共同注意能力から便益を受け続ける（Markus et al., 2000）。

母親の調律が前言語的発達や言語的発達と関連することを示す多くの文献が存在する。**生後6か月間**での母親の応答性は、生後12か月時での話しことばの豊かさ（Ruddy & Bornstein, 1982）、生後13か月時での**言語理解**（Tamis-LeMonda & Bornstein, 1989）、生後21か月時でのベイリー乳幼児発達検査*の精神尺度に基づく知能（Crockenberg, 1983）を予測することが見出されている。母親の感受性は生後13か月時での子どもの注意の持続時間や象徴遊びと正の相関があることも知られている（Bornstein & Tamis-LeMonda, 1997）。生後1年目の**後半**における母親の応答性は、生後9か月時での言語理解と関連し、13か月時での言語理解の分散の15パーセントを説明する（Baumwell, Tamis-LeMonda, & Bornstein, 1997）。

第8章 情動調律と前言語的コミュニケーション

4節 共有注意と言語発達との関係

上述したように、乳児は親の能動的な足場作り（scaffolding）を通して、前言語的コミュニケーションから言語的コミュニケーションへと歩みを進める。ブルーナーは、こうした足場作りのことを、養育者が乳児をあたかも心の中に考えをもつかのような存在として扱う「物語構成作業（narrative structuring）」と呼んでいる。トレヴァーセン（Trevarthen, 1979）によれば、乳児は第一次間主観性（他者と情動を共有する能力）から第二次間主観性（他者と環境内で知覚できる物を共有する能力）へと発達するがゆえに、こうした行動が可能になる。第二次間主観性が乳児の言語学習を促進させる。つまり、社会的相互作用論者は、間主観性が実際の母親の言語構造と同程度に言語学習を促進させると信じており、親の相互作用的な方略が乳児と子どもの前言語的行動や言語行動を促進させたり妨害したりすることを強調する。

たとえば、レゲァスティら（2002）によれば、母親が物の名前を言うときに乳児の注意の焦点を維持させると、そうしない母親よりも子どもが参照的コミュニケーションを多くするようになる。このことは、母親が物の名前を言うときに乳児の注意を維持しようとする特有の行動方略が、乳児の前言語的コミュニケーションに影響することを示している。こうした足場作りがもつ特質は母子ごとに違いがある。抑うつの母親は、非抑うつの母親よ

＊訳注　0歳～3歳児を対象にした発達検査。精神尺度（認知能力）、運動尺度（運動能力）、乳児行動尺度（対人行動能力）の3尺度がある。

り焦点のある共同注意をする時間が少なく (Goldsmith & Rogoff, 1997)、感受性の高い母親より、乳児が注意を向けている対象物に有意に多くの時間を費やす (Raver & Leadbeater, 1995)。こうした研究は、母親の行動と子どもの初期のコミュニケーション活動との間には一定の関係があることを明確に示している。

第6章で論じたが、生後1年間の乳児の注意スキルは、人間の視線のモニターから、生後5～6か月には関心のある光景へ向かう他者の視線の追跡が可能になり (Butterworth, 1994; Legerstee et al., 1987)、さらに生後5・5～7・5か月では人間と物との間での協応的注意 (CA) へと発達する。生後9か月までに、協応的注意の使い方はかなり巧みになるが、カーペンターら (Carpenter et al., 1998) は生後9か月から14か月にかけて有意に増加することの協応的注意が生後9か月から15か月までの縦断研究で、多くを見出した。つまり、乳児を以下の4群に分類することができた。**早期群** (生後9か月時点での協応的注意が約30秒出現 (訳注：10分間の観察エピソード内での出現時間))、**中期群** (9か月と10か月では非常に少ないが、11か月と12か月では有意に増加)、**後期群** (13か月あるいは14か月まで協応的注意は皆無)、そして**皆無群** (生後15か月まで協応的注意はまったく出現しない)。こうした個人差は、乳児の注意能力に対する母親の援助の結果であった可能性がある。

この仮説はベイクマンとアダムソン (Bakeman & Adamson, 1984) による縦断研究によって支持されるだろう。彼らは、まったくスキルのない乳児でさえ研究の最終時点までには協応的注意を適切に遂行する相手になるにもかかわらず、乳児は同年齢の仲間との相互作用より、母親との相互作用のほうで多くの協応的注意を見せることを見出した (Bakeman & Adamson, 1984, p.1278)。この研究結果は、社会的環境がこうしたスキルの発達に重要な役割を演じていることを強く示唆している。より最近の研究で、レゲスティとウェイントラウプ (Legerstee & Weintraub, 1997) は、ベイクマンとアダムソンの研究をダウン症の乳児を含めて再現し、さらに拡大させた (図8-1参照)。結果は以下のことを示した。両群の乳児ともに、大人と相互作用していると

第8章 情動調律と前言語的コミュニケーション

図8-1 (a) 物との遊び、(b) 人との遊び、(c) 受動的共同注意、(d) 協応的注意、をするダウン症の乳児

きょりは仲間と遊んでいるときの方が協応的注意が有意に少なく、またダウン症以外の乳児では、他児の母親のときより自分の母親と一緒に遊んでいるときの方で協応的注意が多かった。つまり、親の誘導は健常児でも非健常児でも協応的注意の発達にとって重要なメカニズムであるように思われる。

1 母親の情動と乳児行動の持続的変化

乳児は母親の相互作用スタイルがもつ独特の構造を早期に認識する。なぜなら4か月児は、自分の親の随伴的応答と類似した応答をする見知らぬ人間に対して、より多くの随伴的応答をするからである (Bigelow, 1998)。母親や見知らぬ人間に対して乳児が示す視線、微笑、発声の総量に違いはないが、生

後4か月以降になると、母親と乳児の相互作用と見知らぬ人間と乳児との相互作用の、全体的なリズムに違いが出てくることを見出した研究もある。自分の母親より見知らぬ人間を相手とするときの方が、乳児の順番と休止の持続時間が短く、より多くの協応的な語りかけが生じた。ジャッフェら (Jaffe et al. 2001) は、母親とのなじみのある場面より、見知らぬ人間との新奇な場面での行動によって、乳児がもつより現実的な認知能力が明らかになる、と論じた。彼らは、生後4か月時における見知らぬ人間との相互作用は、母子の相互作用より8倍以上の予測力で12か月時点でのベイリー乳幼児発達検査スコアを予測することを見出した。

さらに、母親との相互作用は乳児の注意パターンに持続的変化を生じさせるのではなく、乳児は母親が「その場」で行うことに主として反応していると論じることが可能かもしれない。母親との相互作用が協応的注意の発達パターンに影響するなら、LAM群の乳児が高い調律能力をもつ見知らぬ人間と相互作用をしても状態に変化はないはずである。この可能性を調べるためには、乳児が母親と一緒にいるところと、見知らぬ女性と一緒にいるところを観察する必要がある。

2─3、5、7、10か月児の縦断研究

今のところ、母親の調律と協応的注意との関係を体系的に検討したものはほとんど見られない。協応的注意に先行するものを検討し、また協応的注意の発達に対する相互作用的方略の効果を検討するために、縦断研究を行った。生後3か月児の視線モニターの変動に対する母親の情動調律の変化や、5、7、10か月児の協応的注意の産出を検討することによって、協応的注意に先行するものやその発達を促進させるメカニズムが明確になることが期待された。この分析により、母親の情動調律の影響や、この月齢児の二項的注意スキルと三項的注意スキルとの関係を明らかにすることができるだろう。母親の調律が単なる「その場」での効果ではなく、持続的な性

194

第8章 情動調律と前言語的コミュニケーション

質をもつかどうかを検討するために、見知らぬ女性との相互作用場面も観察された。調律能力が低い母親をもつ乳児は高い母親をもつ乳児より協応的注意の産出が少なく、またこうした乳児は調律能力が高い見知らぬ女性と相互作用をするときでも視線モニターや協応的注意が少ないという仮説が設定された。

要約すると、3つの主たる予測が存在した。第1に、高い情動調律を示す母親（HAM群）をもつ乳児は低い母親（LAM群）をもつ乳児より、生後3か月時で大人の視線をモニターすることが長く、生後5、7、10か月時では協応的な視線配分が多くなるだろう。第2に、この効果が持続的であるなら、HAM群とLAM群の乳児の間にある視線モニターや協応的注意の違いは、高い調律を示す見知らぬ女性との相互作用場面でも存続するはずである。つまり、LAMの母親をもつ協応的注意が少ない乳児は、見知らぬパートナーが高い調律を示しても相互作用能力は低いままであろう。第3に、HAM群に属する乳児はLAM群の乳児より、大人との相互作用を喜び、多くの発声や微笑を示すだろう。そして、その差異は高い調律能力をもつ見知らぬ人との場面でも存続するはずである。

こうした問題を検討するために、3、5、7、10か月児を母親や見知らぬ女性と一緒の自由遊び場面で観察した（Legerstee, Fisher, & Markova, 2005）。協応的注意能力の発達は、対面的な相互作用場面に出発点があると考えられる（Adamson & Bakeman, 1982; Bruner, 1999）ので、3か月児を研究対象にした。二項関係期と三項関係期の乳児を検討することにより、この2つの時期の間の関係と、注意の発達を促進させる重要なメカニズムである母親の足場作り（scaffolding）が果たす効果に関する重要な情報が提供されるだろう。

この研究には50名の乳児が参加した。すべての家族が下層か中層の社会階層であった。母親の抑うつは相互作用スタイルに影響する要因であるため（Field et al., 1998; Legerstee & Varghese, 2001）、ベック抑うつ尺度（BDI；Beck, Ward, Mendelson, March, & Erbaugh, 1961）への記入を3か月時と5か月時でもとめた。全員の母親が抑うつ範囲には

なかった。母親側には研究終了後にささやかな謝礼の品が渡された。

母親側には仮説として設定できるような子どもに対する影響は結果を決定するという可能性は、もちろんある。それゆえ、母親の相互作用スキルの効果を評価する必要がある。乳児の知能を測定するベイリー乳幼児発達検査の尺度は生後数年間の優れたIQ測度であるが、乳児の社会的スキルや運動スキルの影響を大きく受ける。知能の評価には、運動に制約されない乳児期の情報処理スキルを考慮しなければならない。そのため、IQを測定するために、ベイリー尺度に加えて馴化パラダイム (Bornstein & Sigman, 1986 が「注意の低減と回復と呼んだ」もの) を使用した。注意は長い間、知能や認知発達の研究と関連づけられてきた (Messer, Kagan, & McCall, 1970; Stankov, 1983)。「注意の低減」は変化がない環境に対する注意の減少をさし、「回復」はその環境内に新奇な刺激が存在するときに注意を取り戻すことをさしている。繰り返される情報に気づくことが早い乳児ほど、提示される刺激に対する見る時間が短くなる。乳児が違いを区別するかどうかを見出すために、抽象的な刺激が呈示され、その刺激に対する馴化の速さが測定された。

気質もまた母子の相互作用に影響すると論じられてきた (van den Boom, 1994; Rothbart, 1981)。乳児が気質で異なるかどうかを決定するために、母親に生後7か月の時点でIBQ (Infant Behavior Questionnaire: Rothbart, 1981) への記入を求めた。IBQは、乳児が過去1週間から2週間の間で示した一定の気質関連行動の頻度を親に評価させる質問紙である。親はこうした行動の頻度を「まったくない」から「常にある」までの7ポイント尺度で評価することが求められる。

撮影は子どもが3、5、7、10か月の時点で行われた。検査場所は注意を散漫にさせる刺激を制限するために白いカーテンで覆われ、実験室のプレイルームで行われた。

196

第8章　情動調律と前言語的コミュニケーション

ていた。4台のデジタルカメラで実験場面を記録した。1台は乳児の顔に焦点を合わせ、もう1台は大人の顔に合わせた。残りの2台は相互作用を撮影した。画像はスクリーン分割器で1つの画面に合成された。

3か月時における研究場面

乳児は大人から約30センチ離れて乳児用のシートに座った。研究は2つの異なった相互交流からなっていた。1つは母親との相互交流であり、もう1つは見知らぬ女性との相互交流であった。この時期は2つの対象物に視線を協応させないでいずれも3分間であり、家庭で普通に行うように振る舞った。玩具は使用されなかった(Legerstee et al., 1987; Adamson & Bakeman, 1982)。

5、7、10か月時における研究場面

乳児は母親か見知らぬ女性に向かい合って赤いプラスチックのマットに座り、もう一人が背中を優しく支えた。(赤ちゃんを支えた人は乳児や玩具とは遊ばなかった。) 乳児は5、7、10か月時での相互作用場面では、ガラガラ付き鏡、中に音がする色つきの小さなボールが入った透明なプラスチック製玩具、柔らかな絵本、ダンベル型のガラガラで遊んだ。こうした共同遊び活動は、乳児の注意の焦点を母親から玩具へ、そしてまた母親へとシフトさせる豊富な場面を提供するために行われた (Bakeman & Adamson, 1984; Landry et al., 1998; Legerstee & Weintraub, 1997; Legerstee et al., 2002; Leyendecker, Lamb, Schölmerich, & Fricke, 1997)。

乳児はある場面では母親と玩具で遊び、別の場面では見知らぬ女性と玩具で遊んだ。彼らはいつもと同じように子どもと遊ぶように求められた。セッションの順番はカウンターバランスされた。

生後3、5、7、10か月時での母親の調律は、月齢群別に3分間の遊び場面で評価された。母親の調律は、注意の維持、温かな感受性として操作的に定義された (Landry et al., 1998)。**注意の維持**は、母親がコメントや示唆、あるいは言語的要請や非言語的要請をして、乳児の注意の焦点を追跡するときにコードされた (Legerstee et al., 2002)。たとえば、乳児が7か月時に「そのガラガラで遊びたいの？」と言う場面では、母親がそのガラガラを見た瞬間から、遊びのパートナーのどちらかの注意の焦点が他所に移るまでが注意の維持

温かな感受性は、乳児が表現する手がかりに対して母親が示す感受性の程度である。すなわち、母親の温かな感受性は5段階評定尺度によって評定された。3つの評定が複数の行動に対して行われた。3分間の相互作用に対して1分ごとに評定された。ポジティブな情動、温かな関心、社会的応答性の3つであり、最終的な総合得点は各行動の評定値の平均によって計算された (Legerstee & Varghese, 2001; Landry et al., 1998)。ポジティブな情動には、声の調子、情動的行動（例：微笑）の強さと持続時間、そして情動用語の使用（例："Are you happy?"）が含まれた。温かな関心は、赤ちゃんの活動性への母親の関心の向け方、赤ちゃんが遊んでいるときの母親の優しさである。社会的応答性は、乳児の微笑やポジティブな発声に対する母親の随伴的で模倣的な応答、乳児のネガティブな情動表現への母親の調整であった (Legerstee & Varghese, 2001)。注意の維持、注意の再方向づけ、温かな感受性の総合スコアから、母親と乳児が高調律（HAM）群と低調律（LAM）群の2群に分類された。見知らぬ女性の調律も母親の場合と同じように評価された。

3、5、7か月での乳児の社会的測度は、研究期間を通して、高調律の母親をもつ乳児が母親への視線や社会的行動により多く関わるかどうかを見出すためにコードされた。その結果、3、5、7か月での乳児の社会的行動としては、微笑、凝視、発声がコード化された (Legerstee et al., 1987)。乳児の社会的行動は3か月と10か月の間で急激に減少するので、10か月時での社会的行動は分析には含めなかった。

5、7、10か月時での協応的注意のエピソードのコーディングが行われた。各相互作用のビデオテープから行われた。協応的注意は、乳児が物から大人の顔へ視線を移し、その後、再び同じ物に視線を戻す場合にコード化された (Carpenter et al., 1998)。

母親を高調律群と低調律群とに分けるために、年齢群別に注意維持と温かな感受性に関するスコアで観察され、母親の52パーセントが高維持群、48パーセントが低けて並べられた。自然な境目がこれらのスコアで観察され、

198

維持群になった。高維持群の注意維持のスコアは、50・08パーセントから77・91パーセントの範囲にあった。高維持群の温かな感受性のスコアは、すべての月齢で2・44から3・33の範囲にあった。

低維持群の注意維持のスコアは、17・87パーセントから48・41パーセントの範囲にあった。低維持群の温かな感受性のスコアは3・44から4・56の範囲にあった。

注意の維持と温かな感受性との関係を決定するために、全月齢群を用いて注意維持と温かな感受性との間の相関分析を行った。注意維持と温かな感受性との間には有意な相関が見出された。調律スタイルを生後3か月から10か月の間に変化させた母親は皆無であった。注意維持と温かな感受性のランクが高い母親をHAM群*と命名し、これらの変数のランクが低い母親をLAM群*と命名した。

見知らぬ女性の相互作用のそれぞれ25パーセントを対象にして調律をコード化した。注意維持のスコアは72・78パーセントから100パーセントの範囲にあった。温かな感受性のスコアはすべての月齢群で3・50から5の範囲にあった。注意維持と温かな感受性との間の相関分析は有意な相関を示した。見知らぬ女性は注意維持と温かな感受性のどちらのランクも高かった。

全体として、高い情動調律群と低い情動調律群との間に、生後3か月時のIQ、生後5か月時の馴化のスピード、生後7か月時のIBQに有意な差はなかった。母親の相互作用スタイルが乳児の向社会的行動、すなわち生後3、5、7、10か月時点での（1）母親への凝視、（2）微笑、（3）ポジティブな発声、（4）ネガティブな

*訳注　レゲァスティはここでもHAMやLAMを広い意味で使用し、母親の子どもへの注意維持や子どもに対する感受性の高低を情動調律や情動鏡映の高低と同義に扱っている。

発声、および生後5、7、10か月時点での協応的注意に与えた効果は以下の通りであった。

〈乳児の向社会的行動に対する母親の情動調律の効果〉

生後3か月の時点で、HAM群の赤ちゃんはLAM群の赤ちゃんより母親への凝視と微笑が多かった。こうした結果は、レゲァスティとヴァーギーズ（2001）の研究を支持している。注意維持と温かな感受性が高いランクの母親をもつ乳児は、低いランクの母親をもつ乳児より、母親に対する凝視や微笑によって母親の情動を「映し返す」ようであった。つまり、自由遊び場面において、HAM群の乳児はより多くの対人的コミュニケーションに参加し、その相互作用をより楽しんでいるように見えた。

全体的にHAM群とLAM群の赤ちゃんの社会的行動は、二項的相互作用から三項的相互作用への移行にともなって劇的に減少した。しかしながら、この変化は乳児が養育者ともつ関係の質の変化に起因するというより、乳児の社会的行動の産出の減少は対面的な相互作用が減少し、対象物への注意が増加したことに起因するといえる（Adamson & Bakeman, 1982; Legerstee et al., 1987; Legerstee & Weintraub, 1997）。HAM群の赤ちゃんがLAM群の赤ちゃんより多くの社会的行動に従事し続けたとしても、応答性の水準が全般的に低くなるので、生後5か月以降の時期になるとHAM群とLAM群の赤ちゃんの区別を検出することは困難になった。生後5、7、10か月時点では、玩具が相互作用の中に入り込んできたことも重要である。こうした玩具は成熟してきた乳児には魅力的であり、協応的注意をしながら玩具を興奮して共有する以外、乳児は社会的パートナーと二項的にコミュニケーションすることはなかった。

第8章　情動調律と前言語的コミュニケーション

〈生後5、7、10か月時点での母親や見知らぬ女性の情動調律の効果〉

母親の情動調律と月齢との間には有意な相互作用があり、HAM群の乳児は、LAM群の乳児とは対照的に、月齢とともに注意を協応させる能力が増大した。比較して、協応的注意のレベルが上昇した。7か月の時点では、両群間に差は見られなかった。HAM群の乳児は生後5、10か月の時点で、LAM群の乳児と比較して、高い調律能力をもつ見知らぬ女性との自由遊び場面で、協応的注意はHAM群とLAM群の両群で月齢とともに増加することが見出された。しかし、すべての月齢でHAM群の乳児はLAM群の乳児より見知らぬ女性との協応的注意を示すことが多かった。この知見は、LAM群の乳児は関わり合う人間が違っても協応的注意の能力を変化させないという事実をよく示していた。

母親の調律は生後3か月から10か月まで安定していることが見出された。つまり、母親は乳児に安定した共感的な枠組み (Fogel 1993) を提供しながら、注意維持と温かな感受性の水準を維持した。母親の感受性のこうした連続性もまた他の縦断的研究で確認されてきた (Nicely et al., 1999; Seifer, Schiller, Sameroff, Resnick, & Riorden, 1996)。母親の情動鏡映の効果は、単にスキルをもつ相手がその場で行う足場作りによるものではなく、遊び場面で乳児を支えた一貫して安定した相互作用パターンの結果であった。もしもその場での足場作りが変化を生み出す最も重要な決定因だったとしたら、HAM群とLAM群の乳児はいずれも見知らぬ女性との相互作用場面で高い協応的注意スコアを得たはずである。なぜなら、その見知らぬ女性は高い調律を示したからである。しかし、見知らぬ女性はLAM群の赤ちゃんの協応的注意スコアに影響を与えなかった。つまり、高度に注意持続的で感受性の高い見知らぬ女性と遊んだときでさえ、低情動調律群の赤ちゃんは低い協応的注意を維持したのである。この結果は、〈本研究で測定された〉母親の調律が子どもの社会ー認知能力に影響するのは、遊び相手のスキルレベルではなく、母親の調律の持続的なレベルであることを示唆している。

201

この研究によれば、協応的注意をする能力は両群とも発達するにつれて高くなるが、その発達はLAM群の乳児よりHAM群の乳児の方が有意に大きいことが示された。乳児が養育者の注意をモニターし、生後3か月では敏感に応答されると微笑や発声を増加させ、応答的な養育者と一緒であれば生後5か月と10か月で協応的注意を増加させたという知見は、乳児が生後1年間に敏感な大人の支持のもとでコミュニケーションスキルを発達させるという考えを支持している。

HAM群の乳児の方がLAM群の乳児より生後5か月と10か月の時点での協応的注意が多かったが、生後7か月の時点では両群に有意な差はなかった。有意差がなかったということは、母親の情動調律が生後7か月の協応的注意に影響しないことを示唆するものではないだろう。この時期に見られる協応的注意の乏しさをより適切に理解させる説明がいくつかある。応答性の変動は生後1年間の中で生じる急激な変化の時期と関係している可能性がある。7か月児は社会的相互作用の場面でしばしば立ち上がろうとしており、応答性の変動は退行期の作用というより運動能力の発達に由来するものなのだろう。7、12か月齢期を中心とした3つの時期が知られている(Fisher et al., 1990 参照)。乳児はこうした時期に内因的な再構造化によって安定性を一時的に喪失する。取り扱いが難しくなり、他の時期より親子の相互作用ゲームに参加する動機づけが容易ではなくなる。当然ながら、乳児が立ち上がる練習をする時期には、養育者と玩具でゲームをしようとはしなくなり、それが協応的注意の出現に影響するのだろう。

〈注視のモニターと協応的注意との関係〉

回帰分析が注視モニターと協応的注意との間で行われた。注視モニターは生後3カ月ではまだ減少し始めていなかったので、この時期での注視が5、7、10か月時点での協応的注意の平均を予測するために使用された。そ

第8章　情動調律と前言語的コミュニケーション

の結果、HAM群の乳児の初期の注視モニターは、その後の母親との協応的注意を有意に予測した。こうした関係はLAM群の乳児ではまったく見出されなかった。

5節　他者と心理的に関わろうとする生得的動機づけの連続性

この研究は、調律的な養育者が前言語的な能力の発達を促進させるという仮説 (Vygotsky, 1978; Bruner, 1999; Bakeman & Adamson, 1984) を評価するために行われた。これまでの研究では、注意の維持や母親の感受性といった相互作用的な方略が、言語を使用する乳児の参照的コミュニケーションを増加させることが示されてきた (Carpenter et al., 1998)。この仮説は、注意の共同焦点が乳児の慣習的な言語形式の獲得に重要であり、子どもの発達は出来事の共有世界の確立に基づくという考えに由来する。われわれは、乳児が養育者と参照物との間で注意を自分で協応させることができるようになるまでは、大人が乳児の注意を追跡したりすることを通して、乳児の注意を支える必要があると仮定した。

したがって、高いレベルの支持（注意の維持と感受性）を示した母親をもつ乳児は、低いレベルの母親をもつ乳児より、3か月の時点で母親の注視をモニターすることが多く、大人と遊ぶ際には多くの協応的注意をすると予測された。われわれは、HAM群の乳児はLAM群の乳児より、多くの微笑や長い注視時間を示し、相互作用をより楽しむだろうとも予測した。こうした仮説は支持された。

さらにこの知見は、母親の情動鏡映が一貫してテスト期間中の乳児の社会認知的スキルを促進させる安定した外因性のメカニズムであることを示した。3か月時点で情動調律のランクが高かった母親は、その後の数か月間、

203

も高い調律を維持した。また母親の情動調律は子どもの行動に持続的効果をもった。すでに生後3か月までに、敏感な母親をもつ乳児のほうが敏感さに劣る母親をもつ乳児より見知らぬ女性と母親の顔をモニタすることが多かった。彼らは母親とコミュニケーションしようとし、注視や微笑で情動メッセージを反映し返した。この乳児の応答性の増大はその後数か月間持続した。また生後5か月までに、調律能力の高い母親をもつ乳児は、社会的パートナーとより発達した社会認知的手段を使ってコミュニケーションできるようになった。つまり、相互に関心がある対象物に対して、コミュニケーションの相手と注意を共有するために視線を協応させたのである。

われわれはさらに、母親の調律は、乳児の社会認知的能力に対して「その場的な」効果ではなく持続的効果をもつと予測した。この仮説もまた確認された。LAM群の母親をもつ乳児は、調律能力が高い見知らぬ女性と相互作用する際、HAM群の母親をもつ乳児より常に遅れていた。それゆえ、先行する研究データやわれわれ自身の知見から見いだせる実証的証拠から、母親の相互作用スタイルは乳児のコミュニケーション能力に重要な影響を及ぼすと結論づけられる。

すでに論じたように、社会的相互作用の視点の内部に、本章で論じられた研究に直接関係する2つの理論的方向性がある。つまり、一部の研究者は、あらゆる共同注意スキルは人間を意図的な行為主体として理解する単一の社会認知的能力の現われだと信じている（例：Carpenter et al., 1998; Charman et al., 2000）。彼らの論拠は、協応的注意、シンボリックな身振り、模倣といった別々に出現する共同注意スキルが、生後9か月から15か月という短い発達期に開始される同時的で相互連関的な行動だという限られた知見に由来する。

他方、三項関係期の協応的注意は二項関係期の注視モニターに起源があると主張する研究者がいる。第5章で論じたように、二項期にある乳児は反射的なコミュニケーションを行っているようには見えない。むしろ3か月の時点で、「乳児の注意の焦点には、他者に注意を向けさせようとする特定の何かが存在する」（Bruner, 1999,

第8章　情動調律と前言語的コミュニケーション

p.336）という考えを支持するような多くの理論的および経験的知見が存在する。しかしながら、二項的コミュニケーションをする乳児は、注意を三項的コミュニケーションに見られるような第3の対象物に誘導するのではなく、自分の方に誘導している。ブルーナー（1999, p.337）は、このタイプの意図的行動を対人的、間主観的意図（epistemic intention）と呼んでいる。意図の認識的行為と道具的行為はともに、「個々人の注意を認識的レベルにまで拡張する手段を提供する」指示行為である。本研究結果が示すように、こうした過程は感受性に富む足場作り（scaffolding）が支え育てるのである。レディ（Reddy, 2003）によれば、乳児は生後最初の数か月の間に自分が注意の対象であることに気づく。この時期の乳児は自分が見つめられると強い情動で反応し、ここで示されたように、物としてではなく感情を備える行為主体として感受性豊かに扱われると応答性を増加させる。第5章で示されたように、他者とのコミュニケーションはカテゴリ（例：意図的か非意図的か）によって研究されるだけでなく、相手に対して情報を創出しようとする動機特性からも研究されなければならない。これが共感的枠組みの安定性、変化、多様性の第一次的な基盤である。情動的な調律性の高い母親は乳児に対してより支持的で創造力豊かな関係を提供する。

こうした知見はフォーゲル（Fogel, 1993）の関係性理論を支持している。フォーゲルによれば、一人ひとりの参加者が作り出す関係性は異なっている。なぜなら乳児は相互作用のプロセスに参加するからである。乳児が情動調律の高い母親と作り出す関係性は、共同調整と創発性を持続的に生じさせる。「関係性のパターンが創発的であり、交流が豊かで、相互維持的であるなら、持続的で創発性に満ちた共同調整によって維持される共感的な枠組みをもつ歴史を発達させる。感受性に劣る母親と乳児の相互作用では、相手の行為が相互に創造的にならない場合がある。相手の行為は交流のための通路を縮小するかのように見える。その相互作用には創造性の欠如、硬直性

単調さ、快の欠如が顕著になる。こうした相互作用パターンの違いは、すべての関係性の中に共存するかもしれないが、関係性の質がポジティブであったり、破壊的であったりするような関係で顕著になる。3か月の時点で赤ちゃんの情動や動作に調律する母親は、動作を共同調整する安定した共感的枠組みを長期間持続させる。調律能力の高い母親は、乳児が物を使った遊びに興味を示し始めても支持的であり続け、共同調整的相互作用場面でも敏感な調律を行い、乳児の注意や物の操作を誘導する。調律がよい母親との相互作用場面で、乳児は「個人の有効性（personal effectance）」の感覚を発達させる。この感覚を得て、乳児は情報を獲得するために人間と相互作用し続け、環境に働きかける動機づけを強めるのである (Bornstein & Tamis-LeMonda, 1997; Legerstee & Varghese, 2001)。

この研究は、情動調律が生後3か月時点での注視のモニターや、生後5、7、10か月時点での協応的注意を促進させるメカニズムであることを示している。つまり、こうしたコミュニケーション交流の発達は、（1）他者への心理的に関わろうとする生得的動機づけ (Bruner, 1999; Fogel, 1993; Trevarthen, 1979; Stern, 1985)、また（2）親による乳児の注意能力に対する適切な足場作り（scaffolding）の提供 (Bruner, 1999; Stern, 1985) の結果なのである。本研究は、親によるインプットの重要性を社会認知的発達の統合的成分として強調する社会的相互作用理論を支持するものである。

206

第9章 社会的相互作用の質が乳児の原初的な欲求推理に影響する

1節 適切な対人的関係の重要性

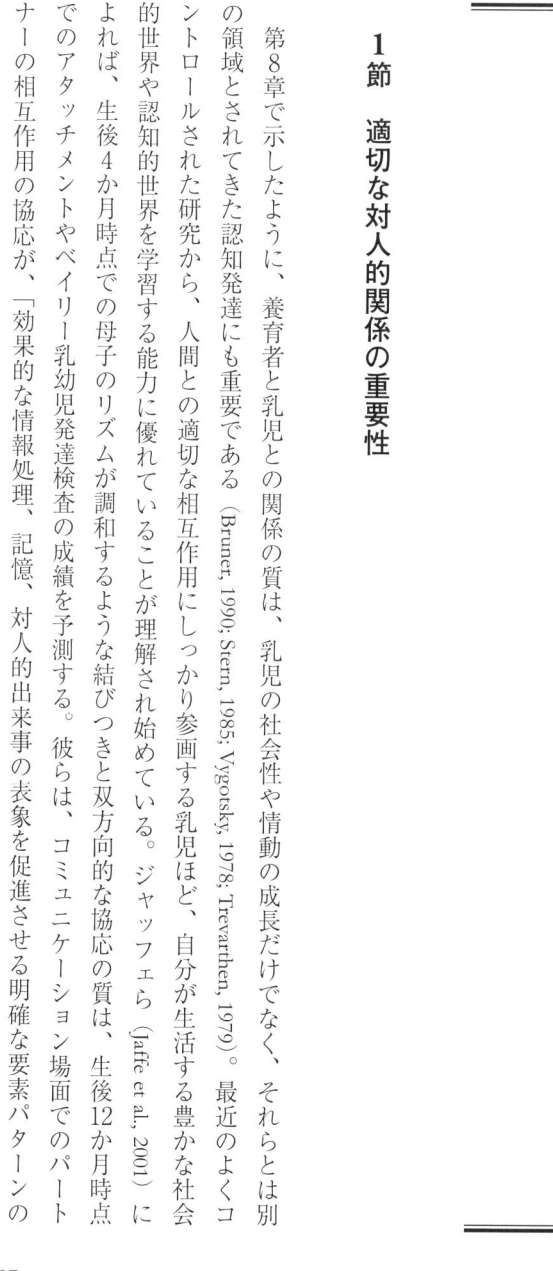

　第8章で示したように、養育者と乳児との関係の質は、乳児の社会性や情動の成長だけでなく、それらとは別の領域とされてきた認知発達にも重要である (Bruner, 1990; Stern, 1985; Vygotsky, 1978; Trevarthen, 1979)。最近のよくコントロールされた研究から、人間との適切な相互作用にしっかり参画する乳児ほど、自分が生活する豊かな社会的世界や認知的世界を学習する能力に優れていることが理解され始めている。ジャッフェら (Jaffe et al., 2001) によれば、生後4か月時点での母子のリズムが調和するような結びつきと双方向的な協応でのアタッチメントやベイリー乳幼児発達検査の成績を予測する。彼らは、コミュニケーションの質が、生後12か月時点でのパートナーの相互作用の協応が、「効果的な情報処理、記憶、対人的出来事の表象を促進させる明確な要素パターンでのパートナーの予測や期待」(p.1) を可能にすると主張した。また、パートナーが自分たちの行動を相互に調整しあうことを示

すために採用した双方向的アプローチを明確にした。

前言語的な相互作用場面での母子協応が早期の社会認知的理解を促すという知見は、社会認知的発達の諸特徴に影響するメカニズムを考える手がかりとなるため、理論的に興味深くまた重要でもある。社会認知的発達の諸特徴が出現する時期については多くのことが知られているが、それらの出現に寄与する要因を検討した実証的証拠は乏しい。すでに示したように、何人かの研究者は人間との相互作用を通して乳児は他者の心を知っていくと主張している（Fogel, 1993; Trevarthen, 1991; Tronick, 1989）。彼らによれば、意図性は基本的に対人間の現象である。それゆえ、意図概念を発達的に説明するためには、意図特性の間主観的な性質を取り上げ、対人間の相互作用で見られるその基盤を知る必要がある。

母親の情動が社会認知的スキルに影響するという考えは、以下の理由から実際に予測できる。母親との適切な社会的相互作用を持続的に体験してきた乳児は、生後1年目の終わりになると強いアタッチメントの絆を形成する（Ainsworth, Blehar, Waters, & Wall, 1978; van den Boom, 1994）。こうした乳児は安心感が強く、それは接近探索行動（Ainsworth et al., 1978）でも明確になる。つまり、応答性が高く乳児の注意の焦点を維持する母親は、母親との相互作用を求める子どもをもつのである。その結果、乳児の相互作用スキルの性能はますます向上する。こうした乳児は、生後3か月の間に親の視線をモニターすることが増え、その後の数か月間で、物を獲得するために他者の援助を求めるときには、相手の目を見ながらさまざまな身振りや発声をして自分の意図を表現し始める。また同じような仕方で他者の注意を面白い出来事に誘導するようにもなる（第8章を参照）。社会認知的発達におけるこうした重要な進歩は、模倣学習（Legerstee & Markova, 2005）やシンボリックなコミュニケーション（Legerstee, Van Beek, & Varghese, 2002; Legerstee & Barillas, 2003）といったより進んだ機能領域に乳児を関わらせる。さらに第6章で論じたように、世の中での振る舞い方を理解したり他者の動作を理解した

第9章　社会的相互作用の質が乳児の原初的な欲求推理に影響する

りするために、乳児は人間に情報を求めそれを活用しようとすることが示されてきた。曖昧な物やなじみのない出来事に出会ったとき、乳児はその出来事の情報を得ようとして親の表情を見てから、接近するかしないかを決めるのである (Feinman, 1982; Hornick et al., 1987; Moses et al., 2001; Walden & Ogan, 1988)。同様に12か月児は、物を見つめてポジティブな情動を表現する他者と出会ったとき、ただ他者の目や顔の動きに焦点を合わせるわけではない。彼らは、他者の情動が事物 (things) について (about) のものであり、人の動作は物 (objects) についてのものであることを推論しようとするのである (Phillips, Wellman, & Spelke, 2002)。

本章では、フィリップスら (Phillips et al., 2002) による最近の研究や、筆者が大学院生のジョアン・バーナ (Barna & Legerstee, 2005) と一緒にしばらく前に実施した研究について考察したい。本研究は社会科学・人文科学研究審議会 (Social Sciences and Humanities Research Council) から研究費を得て、私の実験室 (ヨーク大学乳児研究センター) で開始され、ライプツィヒにあるマックスプランク研究所の乳児実験室でのサヴァティカル期間中に終了した。この研究の目的は、生後9か月と14か月の時点で情動調律のランクが高い母親をもつ乳児のほうが、情動調律の適切さが劣る母親をもつ乳児より、他者の動作に意図性を帰属させることがよくできるかどうかを検討することであった。意図性は、ある人が対象物を注視しながら示す快の表現と、その人が後でその対象物を手で触ることとの間には一貫性がある、ということに対する乳児の理解と定義された。

2 節　欲求推理の先行要因

日々の活動場面で、乳児はかなりの時間を使って、人間が行為したり身近な環境に応答したりする様子を観察

209

している。乳児は「なんて可愛らしいの」と言いながら自分に微笑みかけてくるを合わせてくる母親を見て、それから抱きあげられるという経験をする。あるいは、「そんなものを口に入れるんじゃないの」と嫌悪した様子で言いながら、それを取りあげる母親を見ることもあるだろう。こうした場面で、母親が何に対して、また誰に対して言及しているかを乳児が決定するのは非常に容易である。なぜなら、母親は見つめて情動を表現した物に対して動作で働きかけをするからである。乳児は母親の情動がもつ誘意性も理解し始める。母親は好むものに対しては拾いあげて手に取るが、嫌悪するものにはそんなことをしないからである。それゆえ、こうした場面で乳児は、自分が注意の対象物であることを理解するのである (Reddy, 2003 参照)。乳児が成熟するにつれて、母親の行動が他者に向けられることや、他者が母親の注意や情動の対象であることを見る頻度が次第に多くなる。母親が言及する物や人間を正確に予測するために、乳児は母親の情動の意味を正確に解釈するだけでなく、母親の注意や注かっている場所を解釈しなければならない。こうした場面で母親を観察することにより、乳児は母親の情動や注意の参照的性質だけでなく (第6章を参照)、母親のその後の動作の予測も学習するのである。

3節　欲求推理に関する研究

信念と欲求に対する子どもの気づきを取り上げた最近の研究は、3〜4歳になると他者が心に考えを抱いており (Wellman & Estes, 1986)、信念 (Perner, 1991) や欲求 (Wellman & Estes, 1986) という精神状態が人間に動作をさせることを理解することを示してきた。事実、子どもは3歳までに欲求の理解をよく発達させるように思われる。(Moses, 1993; Wellman & Banerjee, 1995)、「欲しい」や「好き」といった心子どもは人間が欲しがるものを推論でき

210

第9章　社会的相互作用の質が乳児の原初的な欲求推理に影響する

の状態を表すことばを使ってこの理解を表現するようになる (Bartsch & Wellman, 1995; Legerstee et al., 2004)。もっと幼い子どもには信念といった認知的精神状態の理解を探る複雑な言語を使った実験課題の解決はできないだろう。しかし、情動や欲求といった単純な精神状態の気づきを必要とする課題 (Bartsch & Wellman, 1995; Wellman & Wooley, 1990) や、こうした状態が原因となり動作が生じると予想される課題 (Wellman, 1990) を解決できるという多くの証拠が存在する。ウェルマン (Wellman, 1990, p.16) は、「信念－欲求心理学者になる前の幼児は単なる欲求心理学者である」と論じている。こうした手がかりによって、身の回りにある物に注意や情動を向けた人間を見れば、原初的な精神状態しかない乳児でも、人間が物に働きかけようとする意図を知らせているのかもしれないと理解することはできるだろう。しかし、人間が物を精神的に表象することは理解できない。信念や欲求に対する子どもの理解を検討する多くの研究が行われてきたが (Bartsch & Wellman, 1995; Flavell, Green, & Flavell, 1986; Flavell, Flavell, Green, & Moses, 1990; Wimmer & Perner, 1983)、こうした能力の起源はほとんど知られていない。

1　18か月児の原初的な欲求推理

最近、レパチョリとゴプニク (Repacholi & Gopnik, 1997) は、生後18か月までに乳児は欲求概念の一部を発達させることを示した。その研究では、実験者がクラッカーかブロッコリーのどちらかの味をみて、顔と声で嫌悪か満足のどちらかを表現してみせた。情動を表現した後で、実験者は乳児の方にトレイを動かし、それぞれの食べ物が入った2つのボウルの間に手のひらを上向けにして置き、言葉と手の動きで食べ物を欲しがる身振りをした。実験者は「少しちょうだい」と乳児に要請した。18か月児は実験者の要請に正しく応答したが、14か月児は自分が好きな食物を実験者に与えることが多かった。そのため、18か月児だけが主体がもつ要求の性質や情動表現と欲求との関係を理解したと結論づけられた。

211

もしも18か月児が人間の欲求や意図を認識することが明らかにであれば、その起源はおそらく乳児の早期に遡ることが可能だろう。乳児研究は一貫して生後8か月と12か月との間で人間の動作に対する乳児の気づきが変化することを示している。この時期に、乳児は人間の動作が外界物に向けられることへの気づきを強く見せるようになる。レパチョリとゴプニク (1997) の研究では、14か月児は自己中心的に反応したが、実験者が何かを欲しがっていることは確実に理解するようであった。もっと幼くて言葉がまだない乳児がそうした動作をいかに推理するか決定するためには、言語課題ではなく非言語課題を使用し、また（手による）能動的参加ではなく視覚行動を従属変数として記録することが必要である。乳児には、期待通りの見慣れた出来事を見る時間は短くなり、新奇で期待を裏切るような出来事を見る時間は長くなる傾向がある (Spelke, Breinlinger, Macomber, & Jacobson, 1992)。

2 ──12か月児と14か月児にはあるが8か月児にはない原初的な欲求推理

人間がある物に視線を向けて示した快の表現と、その人がその物に触れるという行動とは密接に関係するということに対する乳児の認識に、母子関係の質が影響するかどうかを検討するために、本研究ではフィリップスら (2002) とバーナとレゲァスティ (Barna & Legerstee, 2005) による研究をさらに洗練化し拡張させた。これらの研究では、生後1年目の終わり頃になると、ある物を見ながらポジティブな情動を表現する人間を見た乳児は、その人がその対象に手を伸ばしてつかみたいと思うようになるが、12か月児ではできないが、12か月児は人間がポジティブな情動を表現しながら見つめた物を手に取りやすいことに気づくことを見出した。馴化パラダイムでは、乳児には最初に、2つの類似した物の一方をポジティブな顔の表情をしながら見つめた演技者が示された。その後、カーテンが開くと、乳児は演技者が先ほど見ていた物を持っているところを見た。馴化後、乳児は2種類の場面でテ

第9章　社会的相互作用の質が乳児の原初的な欲求推理に影響する

ストされた。乳児がもつ仮説と一致するテスト場面では、馴化場面で見ていた物を持っている演技者が見せられたが、一致しないテスト場面では、別の物を持っている演技者が見せられた。8か月児はそうではなかったが、対象物が同時に変化と統制に示されると、演技者の視線を追跡する対象物が小さな変化と統制に示された。フィリップスらは、8か月児がこの課題に失敗した理由の一つは、2つの果から、12か月児は動作を予測するために視線の方向と情動表現に関する情報を利用することが困難になるためだと示唆した。さらに3つの研究がしかし、乳児がこの課題を解決する際に使用した手がかりに関する情報を提供するためには、こうした手がかりをコントロールする必要がある。さらに、12か月より幼い乳児でも、物が1つだけ使われるなら課題に成功する可能性もある。

バーナとレガァスティ（2005）はこうした疑問を検討した。9〜12か月児がランダムに実験条件とコントロール条件に割り振られた。実験条件では、乳児は満足そうな演技者と不満そうな演技者のいずれかが発声をしながらある抽象的な対象物を注視したり感情を表現する場面が提示されるプレ試行を受けた。テスト場面での学習をコントロールするために、演技者は馴化場面で情動を表現しないで物を持ち上げた。つまり、ある物を持っている演技者の理解を促進させるために、乳児には馴化場面で1つの手がかりが与えられた。情動表現（例：満足／不満）は見えなくされたのである（訳注：演技者の顔はカーテンで隠された）。

したがって、テスト試行時の乳児の注視時間は、単純な連合の獲得を反映する可能性はなかった。演技者が玩具と特定の行動パターンを連合させたために、その玩具を拾い上げる（例：フィリップスらの研究では、可愛い子猫の玩具だった）ことを乳児が期待する可能性を排除するために、抽象的な物が使用された。最後に、幼い乳児は2つ以上の対象物に対する人間の注視を追跡することが難しいので（Spelke, Phillips, & Woodward, 1995）、一度に

1つの刺激だけを提示した。コントロール群でも乳児は同じ3段階の手続きを受けた。ただし、プレ試行でも馴化試行でも物は提示されなかった。対象児間の変数の比較分析によって、実験群の乳児はコントロール群の乳児より不満そうな演技者の方を有意に長い時間見つめたが、満足そうな演技者に対しては見つめる時間が少なかった。この研究は、ポジティブな情動とネガティブな情動を使用して人間のその後の物に対する行動を推論することを示した最初の研究であった。

しかしながら、この研究知見ではこのような欲求概念の原初的気づきの理解にどんなメカニズムが影響するのかについては明確ではない。特に、乳児が養育者との間で経験した相互作用の質がこの発達に影響するかどうかは不明である。そこで、9か月児と12か月児を調律が高い相互作用群と低い相互作用群に分類した。その後、乳児を2つの研究に割り振った。一方の研究では、馴化場面で動作手がかりが提供され、他方の研究ではプレ試行を行った後でテスト試行が行われた。プレ試行では、乳児が目そらしをするまで、楽しそうな情動か嫌悪するような情動を表現する演技者のどちらかに馴染ませた。テスト試行では、対象物を持ちながら満足そうな嫌悪したような情動を表現する演技者が交互に乳児に示された。

実験室での自然な相互作用場面で母親との関係がポジティブだと評価された乳児は、そうではない乳児よりも、人間の情動が物に対するものであり、またそれが意図的な動作を予測させるものだという理解をより早く発達させているだろうと予測された。

3 ─ 研究方法*

乳児は2つの大陸にある病院から募集された。総計121名で、49名が北アメリカ、72名がヨーロッパの乳児であった。108名のデータが最終サンプルに含められた。56名の9か月児群（平均292日、$SD=14.24$、

第 9 章　社会的相互作用の質が乳児の原初的な欲求推理に影響する

男児35名、女児21名）と52名の12か月児群（平均388日、SD＝9.45、男児27名、女児25名）であった。残りの13名はテストされたが、落ち着いた活動状態（Wolff, 1966）にならなかったり（7名）、実験エラー（6名）があったため除外された。両群のサンプルとも親の教育水準に基づくと低階層から中階層の家族であった。参加した乳児にはささやかな謝礼の品が渡された。

乳児は4×5メートルの乳児用の部屋で観察された。できるだけ気が散らないように、四方が白い壁で囲まれていた。乳児は母親の膝の上でテーブルに面して座った。テーブルには抽象的な刺激が置かれ、その後ろに演技者が立った。テーブルは乳児の正面から60センチのところに置かれた。母親はヘッドホンを着用し、横を見るように求められた。したがって、母親は実験場面を見ることができず、演技者の顔の表情を真似することもできなかった。それゆえ、乳児が母親を見ようとしても手がかりを得ることはできなかった。別のズームレンズ付きのビデオカメラは乳児に提示される刺激を撮影した。このカメラは乳児の左背後に置かれた。1台のカメラのズームレンズで、1・8メートルの距離から乳児の顔を撮影した。カメラの位置は乳児の目の高さにあわせ、カーテンの背後から撮影した。別のズームレンズ付きのビデオカメラは乳児に提示される刺激を撮影した。このカメラは乳児の左背後に置かれた。

乳児が状況動作スクリプト（乳児がなじみのあるターゲットに対して特定の行動パターンを連合させる可能性が研究を通して使用された。どの乳児の母親も今まで遊んだことのない物だと報告した。

＊原注　本研究はカナダの社会科学・人文科学研究基金（Social Sciences and Humanities Research）から助成を受けた（410-2001-0197）。Tricia Striano による統計処理に感謝する。
Wellman, Harris, Banerjee, & Sinclair, 1995 参照）を用いて課題に応答しないように、2つのなじみのない異なった刺激

乳児には2人の異なった演技者が示された。一方の場面では、「満足した様子の」演技者が物に顔を向けてテーブルの後ろに立った。演技者は2人とも同じような見かけであり、要因が交絡しないようにコントロールした（2人とも女性、同一の黒いセーターか白いブラウスで、バンダナを身につけ、髪と眼の色も一致させた）。4名の演技者を使用して、乳児の注視が特定の演技者の魅力によるものでなく、情動メッセージによる影響のみを反映するようにした。研究アシスタントがカーテンの背後にあるテレビに映る乳児の注視行動を監視した。このテレビには乳児の上半身、腕、頭が映された。テレビとビデオカセットレコーダーがコントロールルームに設置された。ビデオカセットレコーダーで各乳児のセッションが記録された。コーディングのために、タイムジェネレーター（日付と時間）を使用して、コンピュータで各セッションの時間を秒単位で記録した。乳児の注視を追跡し、トライアルが終了した時点や乳児の目そらしが2秒間以上になった時点でコンピュータ・ハビチュエーション・プログラム(Schmuckler, 1981)を使用して、コンピュータで乳児の反応をコード化した。

実験1と2で、乳児には2つの手続きが実施された。一つは母親の相互作用スタイルと乳児の向社会的行動に関する情報を得るためのもの、もう一つは人間の情動と知覚が動作と関係するだろうという乳児の認識に対する母親の相互作用スタイルのもつ効果を評価するためのものである。

(母子相互作用) 二者間の社会的相互作用に関する情報を得るために、母子が3分間床の上で玩具を使って遊ぶ相互作用場面を用いて、母親の相互作用行動と乳児の向社会的行動がコード化された。母子間での活発なやり取りを引き出すために玩具が使用された。使用された玩具は、2冊の本、鏡つきのガラガラ、パズル（電車）、手人形、スタッキングキューブ、楽器、自転車に乗ったエルモ、水と泳ぐアヒルが入ったボール、手押し玩具であった。

第9章　社会的相互作用の質が乳児の原初的な欲求推理に影響する

母親の行動　情動調律は3つの母親用行動カテゴリーによって構成された。(1) 母親の注意維持、(2) 温かな感受性、(3) 社会的応答性である。こうした母親行動の定義は第8章で記述済みである。

乳児の向社会性測度　乳児の向社会的行動レベルを評価するために、(1) 参照行動、(2) 微笑、(3) 発声と言葉という3種類の行動が自然な相互作用場面でコード化された。**参照行動**とは、指さし、提供/提示、有意味な身振り（例：バイバイ、ダメ／ヨイ［頭を振って］）であった。**微笑**は、眉が上がり、開いた口もしくは閉じた口の口角が上がった状態とされた。**発声**は、さまざまなピッチ輪郭と口の共鳴音を伴った比較的長い音声と定義された。こうした音声は、1回の呼吸内で生じる個別の発声音と定義される。喘鳴音、クシャミ、咳、泣き声はカウントされなかった。

評定者間信頼性　2名のコーダーが乳児と母親の行動の頻度と持続時間をコード化した。コーディングはそれぞれの行動ごとにリアルタイムで行われた。各変数のオンタイムとオフタイムは内部にタイムジェネレーターを備えたビデオレコーダーによって示された。タイムジェネレーターは、条件と行動の長さ（分や秒）を決定するために、直接テープ上に時刻が表示されるようにした。1名の観察者は全セッションをコードし、もう1名は信頼性を評価するためにセッションの20パーセントをコードした。この第2観察者は経験を積んだトレーナーによって90パーセントの信頼性になるまで訓練され、仮説と母親の情動状態については知らされなかった。乳児行動のカッパ係数（訳注：信頼性の指標であり、Bakeman & Gottman, 1997によれば0.7以上あることが望ましい）は、発声0.82、微笑0.88、参照行動0.88であった。母親行動のカッパ係数は、注意維持が0.83、温かな感受性0.80、社会的応答性0.80であった。

調律能力が高い母親と低い母親

母親を高調律群と低調律群に分けるために、注意維持のスコアを使ってラン

ク付けした。自然な切れ目が観察され、54.5パーセントの母親が高注意維持群に分割された。3分間の相互作用場面における高注意群の持続スコアの範囲は160-178であり、低注意群では39-156であった。

[注意維持、温かな感受性、社会的応答の関係] この3つの母親スコアに相関があるかどうか検討するために、ピアソンの相関係数を求めた。有意な相関が、注意維持と社会的応答性 ($r = 0.474, p = 0.001$)、温かな感受性と社会的応答性 ($r = 0.563, p = 0.001$) で見出された。つまり、注意維持が高い母親は温かな感受性でも社会的応答性でもランクが高かった。注意維持、温かな感受性、社会的応答性が高いランクの母親を高情動調律群(HAM群)、これらが低いランクの母親を低情動調律群(LAM群)と命名した。

[乳児の向社会的行動] HAM群の母親をもつ乳児がLAM群の母親をもつ乳児より向社会的行動スコアが高いかどうかを検討するために、乳児の(1)母親への参照的身振り、(2)微笑、(3)発声行動について、母親の相互作用スタイルを独立変数として一要因の分散分析を行った。第1に、情動調律が高い母親をもつ乳児は低い母親の前で指さしといった参照的なコミュニケーション身振りを多く産出した ($F (1, 107) = 5.33, p = 0.023$ ($M = 0.13$ for LAM and $M = 0.61$ for HAM))。第2に、情動調律が高い母親をもつ乳児は低い母親をもつ乳児より、有意に多くの微笑を示した ($F (1, 107) = 10.74, p = 0.001$ ($M = 2.43$ for LAM and $M = 6.05$ for HAM))。第3に、情動調律が高い母親をもつ乳児は低い母親をもつ乳児より、有意に多くの発声を示した ($F (1, 107) = 9.02, p = 0.003$ ($M = 1.75$ for LAM and $M = 4.03$ for HAM))(表9-1参照)。

要約すると、母親と乳児は相互作用スタイルによって、2つの明確に異なった集団に分けることができた。つまり、低情動調律群(LA

第9章 社会的相互作用の質が乳児の原初的な欲求推理に影響する

表9-1 情動調律が高い母子と低い母子の母親と乳児の社会的行動の平均値と標準偏差

	情動調律が低い相互作用をする母子（LAM群）		情動調律が高い相互作用をする母子（HAM群）	
	9か月児	12か月児	9か月児	12か月児
母親の行動				
注意維持	99.75（32.58）	109.14（37.35）	123.04（30.65）	154.30（26.58）
温かな感受性	2.88（ .53）	2.80（ .56）	3.45（ .30）	3.77（ .60）
乳児の行動				
参照的行動	0.00（ 0.00）	0.22（ 1.00）	0.18（ .38）	0.98（ 1.72）
微笑	1.13（ 2.45）	1.19（ 2.47）	6.76（ 6.53）	7.52（ 7.28）
発声	1.18（ 2.03）	1.91（ 2.35）	2.75（ 2.50）	5.40（ 6.14）

M群）の乳児より母親に対してより多くの指さし、微笑、発声の叙述的指さしの量を検討するためにHAM群が使用される。第5章参照のこと。）

母親の相互作用スタイルが大人の情動と物への動作とを関係づけて理解する乳児の能力に及ぼす効果を検討するために、HAM群の乳児とLAM群の乳児が手がかりのある慣れ研究にランダムに割り振られた。この2つの研究方法は以下に順次記述する。しかし、方法が異なってもテスト場面の応答の仕方には有意な違いがなかったので、2つの研究のテスト場面での結果は区別せず一緒に論じる。

〈実験1——手がかりのある馴化研究〉

動作の手がかりが乳児の課題理解を促進させるかどうかを検討するために、また乳児が馴化場面で単純な連合（例：微笑と持ちあげ）を学習することがないように、プレテスト場面を設定し、乳児に対して玩具を見つめながら満足したように振る舞う演技者と嫌悪のどちらかを示した。その後、乳児は、玩具を手にし振る舞う演技者と嫌悪しているが顔はスクリーンで隠され情動表現（満足あるいは嫌悪）が見えない演技者に馴化させられた（図9-1参照）。

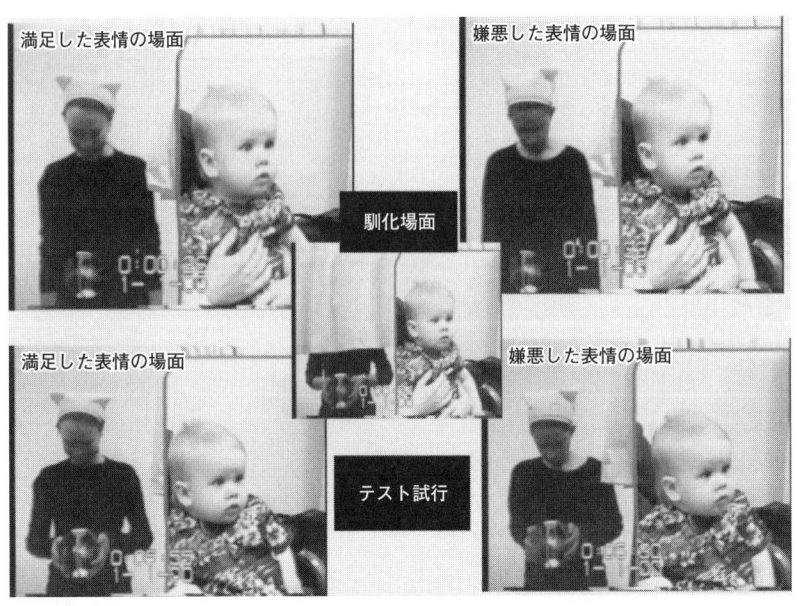

図9−1 手がかりのある実験場面：プレ試行、馴化、テスト試行

ある物に向けて満足そうな表現をした人間はそれを取りたいと思うことを乳児が理解するなら、この馴化場面で、乳児は満足そうな演技者はそれを手に取るが嫌悪した演技者は手に取らないと推論する、という仮説が設定された。

[参加者] 78名の乳児が実験1に参加した（男児41名）。4名の乳児がぐずり、他の4名が実験者のエラーのためにデータから除外された。残った70名の乳児が最終分析にかけられた。残った9か月児の平均日齢は290日であり、12か月児は387日であった。

[馴化場面] 乳児が敏活で静かな状態(Wolff, 1966)にあるとき、異なる2つの場面が2回交互に示された。満足そうな試行では、演技者は2回 "Oh! a wassagossi"（訳注：語の影響を避けるため無意味語を使用している）と言って（総計12秒間）いなくなった。この情動の知覚を促進させるために、マルチモーダル（顔／声）な幸せあるいは不幸せな情動状態が使用された(Walker-Andrews, 1997)。そこへ別の演技者が登場し、その抽象物を見て "Yak, a wassagossi" と2

第9章　社会的相互作用の質が乳児の原初的な欲求推理に影響する

回言った（総計12秒間）。その後、1秒間スクリーンが閉まった。スクリーンが開くと（1秒間）、乳児はどちらかの演技者がその抽象物を持っているのを見たが、肩から上はカーテンで遮られていた。つまり、それがどちらの演技者であるか（満足あるいは嫌悪）は乳児にはわからなかった。注視時間が記録されこの第2段階での注意が測定された。乳児は少なくとも0.5秒間はその場面を見なければならなかった。この試行は乳児が2秒間以上の目をそらすと終了した。馴化試行の最小は4回であり、最大は14回であった。観察者は黙って演技者に馴化試行が終わったことを合図した。提示順はカウンターバランスされた。

〔テスト試行〕　馴化の基準に達した後、カーテンが閉まり（1秒）、そして開くと（1秒）、乳児には2つの異なったタイプのテスト試行が交互に2度示された。最初のテスト試行では、満足そうな演技者が物を持っていた。一方のテスト試行では、嫌悪した様子の演技者が物を持っていた（図9-1参照）。刺激間のインターヴァルは2秒であった。こうした2つのセッションがそれぞれ3回繰り返された。注視は、乳児が0.5秒以上その刺激を見たときに測定を始めた。2秒以上その刺激から目をそらした時点で終了された。提示の順番は乳児の間でカウンターバランスされた。

〈実験2──乳児をコントロールした研究〉

〔参加者〕　43名の乳児が研究2に参加した（男児21名）。3名がぐずりで、2名が実験者エラーによって除外された。残った38名の平均日齢は294日（9か月児）と388日（12か月児）であった。

〔慣れ〕　乳児が敏活で静かな状態（Wolff, 1966）であったとき、満足そうな演技者か嫌悪したような演技者のど

ちらかが2回交互に示された。いずれの条件でも、演技者は物を見つめながらテーブルの正面に立った。満足そうな演技条件では、乳児がその場面に視線を向け、2秒以上その対象物を見ている間、満足そうな表情は乳児が物から2秒以上目をそらすまで、セッションは乳児が2秒以上目をそらすと終了した。別の条件では、どちらの表現にも同数のシラブルが含まれていた。各発話は6秒であり、発話間には1秒の間隔があった。各条件は2度繰り返された。4回の慣れ試行が終わると、実験者はカーテンを閉じた（1秒）。提示順序は乳児間でカウンターバランスされた。

テスト試行

テスト試行はカーテンが開く（1秒）と開始され、乳児に2つの異なるタイプのテスト試行が交替で2回見せられた。一方のテスト試行では、カーテンが開くと、満足そうな演技者が物を持っているところが見えた。もう一方の試行では、カーテンが開くと、嫌悪したような演技者が物を持っているところが見えた。その刺激から2秒以上視線がそらされたとき乳児が0.5秒以上その刺激を見た時点が注視の開始時点とされた。テスト試行の終了は乳児間でカウンターバランスされた。刺激の提示間隔は2秒であった。この2つのセッションは各3回繰り返された。テスト試行の順序は乳児間でカウンターバランスされた。

コーディングと評定者間の信頼性

各コーダーは、熟練したコーダーによって観察者間の信頼性が90パーセント以上になるように厳しい訓練を受けた。注視は持続時間でコードされた。2名の研究アシスタントが馴化試行とテスト試行における乳児の注視をコードした。2名のコーダーの信頼性は $r = 0.926, p = 0.001$ であった。データをコーディングする際のビデオスピードは通常のスピードであった。実験場面での乳児の注視行動を記録したアシスタントには、乳児がどちらの群に属しているかを知らせなかった。2人目のアシスタントはテスト試行の順序を音なしでコードした。それゆえ、このアシスタントはテスト試行の順序も知らなかった。

手がかりのある馴化研究

（実験1）での馴化試行の結果は、馴化に達するまでに、HAM群の9か月児では

第9章　社会的相互作用の質が乳児の原初的な欲求推理に影響する

8・9試行、LAM群では9・3試行が必要であった。最後の2つの馴化試行において、HAM群の9か月児では平均4・3秒見ており、LAM群では平均4・9秒見ていた。12か月児では、HAM群の馴化に達するまでの平均試行は7・1試行、LAM群では平均7・9試行であった。最後の馴化試行では、12か月児のHAM群は平均3・8秒、LAM群では平均3・9秒見ていた。

乳児をコントロールした慣化研究（実験2）の結果は、9か月児の場合、HAM群では、満足そうな演技者に対して平均36・89秒、嫌悪したような演技者には平均30・62秒見ていた。9か月児のLAM群では、満足そうな演技者に対して平均49・84秒、嫌悪したような演技者には平均41・19秒見ていた。12か月児では、HAM群が満足そうな演技者に対して平均44・93秒、嫌悪したような演技者には平均32・27秒見ていた。LAM群が満足そうな演技者に対して平均29・69秒、嫌悪したような演技者には平均18・62秒見ていた。

テスト場面　実験1と2では同じテスト場面が提示された。実験1で乳児に与えられた手がかりによってテスト場面間に有意な差があるかどうかを決定するために、9か月児と12か月児の注視時間を、被験児内要因として条件（2条件：満足、嫌悪）を要因として、混合分散分析（a mixed model ANOVA）にかけられた。9か月児群（$p = 0.78$）でも12か月児群（$p = 0.94$）でも実験効果に有意差はなかった。したがって、実験1と2のテスト場面での注視時間は一つにまとめられた。

年少の9か月児群と年長の12か月児群の結果は個別にまとめた。なぜなら、両群の乳児の注視時間は必ずしも等しいとは限らないからである（Phillips et al., 2002）。9か月児と12か月児のデータを以下に報告する。

[9か月児]　慣れや馴化試行の間に、乳児が物に対して満足した感情を表現する演技者はそれを欲しがっているのだという期待を発達させるなら、テスト試行場面では、期待が確認される満足したような演技者を見る時間

が短く(慣れ効果)、期待が裏切られる場面を見る時間は長くなるはずである(新奇性効果)。したがって、テスト場面での乳児の注視時間が混合分散分析にかけられた。性差と順序効果は見られなかったので、これらの変数は無視して分析された。群間差は被験児間要因(2要因:HAMとLAM)として、テスト場面差は被験児内要因(2要因:満足と嫌悪)として分析された。

LAM群の9か月児は、嫌悪したような演技者より満足したような演技者に対する注視時間が有意に長かった(F (1,29) =4.75, p =0.038)。対照的にHAM群の9か月児は、テスト試行場面で満足したような演技者より嫌悪したような演技者に対する注視時間が有意に長かった(F (1,25) =5.39, p =0.029))。つまり、HAM群の乳児はプレ試行場面で、物に対してポジティブな情動を表現する人はそれを拾い上げるだろうと予期していたような演技者に対する注視時間が有意に長かった。

この予期がテスト場面で裏切られると、この風変わりな場面を長く見つめたが、予期を支持した当たり前の場面を見つめる時間はテスト場面で短くなったのである。

12か月児 テスト試行時の乳児の注視時間が混合分散分析にかけられた。ここでも性差と順序効果は見られなかったので、これらの変数は無視して分析された。群間差は被験児間要因(2要因:HAM群とLAM群)とし、テスト場面差は被験児内要因(2要因:満足と嫌悪)として分析された。結果は、LAM群の12か月児は、満足したような演技者と嫌悪したような演技者を区別しなかった(F (1,25) =0.001, p =0.918)。対照的にHAM群の12か月児は、満足したような演技者より嫌悪したような演技者の方を有意に選好した(F (1,25) =30.00, p <0.001)。

要約すると、実験1と2の結果は、HAM群の母親をもつ乳児は、人が抽象物に向けてポジティブな情動を表現すると、その物に対し行動を起こしやすいことに気づくが、LAM群の母親をもつ乳児にはそうしたことは見られないことを示した。つまりLAM群の乳児はテスト場面を予期の妨害として認識しなかったことを示唆して

第9章　社会的相互作用の質が乳児の原初的な欲求推理に影響する

いる。LAM群の9か月児は、嫌悪したような演技者の方をより長く見たが、12か月児では両群間でそうした違いは見られなかった。対照的に、HAM群の乳児では、年齢に関わりなく、満足したような演技者の方を有意に長く見つめた。つまり9か月までに、乳児は人間のポジティブな表現やネガティブな表現がもつ情動による行動誘発性を用いて、実験者がどんな動作をするか予測するようになる。HAM群の母親をもつ乳児がLAM群の乳児より成績がよかったという知見は、情動調律がこの能力の発達に重要な役割を演じていることを示唆している。

〈実験3〉──焦点不一致研究

実験1と2では、HAM群の乳児には情動情報の解読スキルがあるだけでなく、物に向けて情動を表現する人間の動作に対して期待が生じることが示された。つまり、ポジティブな情動を表現する人間には対象物に対する行為を期待するが、ネガティブな情動表現をする人間には期待を抱かなかった。それゆえ、乳児は情動が参照的で、物に対するものであることを理解しているように思われる。しかしながら、こうした研究では、動作者の情動が**特定**の物、つまり動作者が見つめている物と関連があることを乳児が理解しているかどうか明確ではない。もし大人の人間が情動を向ける対象を推測するために乳児が使用する手がかりの一つは、視線の方向である。これまでの研究では、乳児が手がかりとして視線を使用したかどうかは明確ではない。なぜなら、**その乳児の注意の焦点をコン**トロールしていなかったからである（同様の問題を扱っている Barna & Legerstee, 2005; Legerstee & Barillas, 実験1（訳注：第5章参照）; 2003; Phillips et al., 2002 も参照）。つまり、人間の実行行動を推測するために乳児が参照的理解を使用しているのではなく、乳児の注意の焦点と動作者の情動的表現の時間的一致を拠り所にして、乳児

225

この研究は、モーゼスら (Moses et al., 2001) による社会的参照研究で使用された焦点不一致シナリオからヒントを得ている。その社会的参照研究によれば、12か月乳児は動作者がどの物に向けて情動を表現したかを決定するために、参照的手がかりの存在を拠り所にしていた。彼らは情動表現者が見つめた物に視線を向け、その対象に向けられたポジティブあるいはネガティブな情動表現を見て自分たちの反応を修正した。しかしながら、情動表現中に動作者が物を見なかったときには（焦点外条件）、乳児は特定の情動の誘発性を対象物に帰属せようとはしなかった。この焦点不一致シナリオでは、母親の情動調律の程度が異なる乳児が参加して情動的に敏感な母親が乳児の注意や情動の参照的理解の発達を促進させるかを検証しておらず、シナリオは大人の情動を読んだ後で乳児がその対象物を持ちあげるかどうかは不明確である。実際、このシナリオであり、他者の情動を読んだ後で乳児が実行すること（例：乳児がその対象物を持ちあげるかどうか）に対する乳児の期待を検証してはいない。したがって、実験3では11〜14か月乳児を対象にしてこの能力を検証した。サンプルには研究1と2の23名が含まれており、HAM群の9名の9か月乳児と、LAM群の14名の12か月乳児が約1か月後に観察された。元の9か月児群のサンプルは実験1と2で課題に成功していたので、課題で使用する手がかりに関わる情報を提供するLAM群の乳児は成功しないだろうと予測した。このサンプルに加え、平均月齢が同じである38名の新たなグループをテストした。これらの乳児は実験1と2とまったく同じように3分間の母親との相互作用を経験したが、HAM群とLAM群の母親に対して母親の注意維持、温かな感受性、社会的応答性を対象に行われたが、有意な主効果も相互作用も見出されなかった。さらに、群を要因として1要因の分散分析（古いサンプル対新しいサンプ

第9章 社会的相互作用の質が乳児の原初的な欲求推理に影響する

ル）がテスト試行中の平均注視時間に対して行われた。この分析でも有意な主効果や相互作用は見られなかった。母親の感受性と乳児の向社会的行動との間のすべての関係が、実験1と2で報告されたものと照合された。本研究の中心は、実験者が情動を表現し、その後で行為を向ける物を決定するために、乳児が実験者の注意的手がかりを使用するかどうかにある。HAM群の母親をもつ乳児はLAM群の母親をもつ乳児より、この能力を早く獲得するだろうという仮説を設定した。

参加者 乳児は病院とバースアナウンスメント（出産報告）から募集された。61名のデータが最終サンプルとされた（男児35名、女児26名）。平均日齢は369日（SD＝26）であった。そのうち39名がHAM群の乳児（平均368日、SD＝19）、22名がLAM群の乳児（平均370日、SD＝35）であった。さらに4名の乳児がテストされたが、ぐずり（N＝2）と実験エラー（N＝2）によって最終サンプルから除外された。サンプルは親の教育歴では低中流階層に属した。乳児には参加の謝礼にささやかな品が渡された。

刺激 乳児にはリモートコントロールで動く白いフワフワした毛をもつ犬が2匹見せられた。1匹の犬にはスカーフが巻かれ、もう1匹の方には半ズボンが履かせられていた。違った服を着ることで、2匹の区別を明確にさせた。実験者2は、テーブルの後ろの床に座って、リモコンで玩具犬を動かした。彼女は、乳児と母親からは見えないテレビモニター上で、乳児の注視行動を見ていた。2匹の犬には異なった衣服が着せられ、反対の場所に置かれたので、実験者がどちらの犬に向けて情動表現をしているかを乳児が間違える可能性は少なかった。

装置 実験1と2と同じ実験環境であり、同じビデオ装置を使って連続的に生じる出来事が記録された。ビデオ記録には時間が秒単位でデジタル表示され、女性の実験者と向かい合った。したがって、

手続き 乳児は母親の膝の上に座ってテーブル（67×117センチ）に面し、女性の実験者と向かい合った。乳児

2つの玩具がテーブルの左右に60センチ離して置かれた。それらの玩具は乳児からも60センチ離れていた。乳児

は真っすぐ前を見ている状態で、2つの玩具と実験者が見えるように座った。母親は音楽を聴いており、乳児が焦点を合わせるべき玩具とは反対の方向を見るように求められた。

一致条件でも不一致条件でも同じ標準的手続きが用いられた。実験者は乳児の正面に座り、やさしく乳児の名前を呼んだ。乳児が実験者を見ると、実験者はゆっくり焦点となる犬の方に頭を回し、乳児がその方向に頭を回すまで待った。実験者は5秒間焦点となった犬を見た。

【一致条件】 実験者1が焦点となる犬の方に頭を向け、乳児がその動きを追うと、実験者2はすぐにその焦点となった犬を動かして吠えさせた。実験者1は、乳児によってコントロールされたプレ試行として、乳児と一緒に焦点になった犬を見たときに、"Oh isn't that beautiful"と5秒間で語った。もしも乳児が焦点にならない犬の方向に視線を移すと、実験者1は情動表出を止め（乳児が不一致の出来事について期待をもたないように、顔でも声でも情動表出を中断）、乳児が焦点となった犬を見ると再び開始した。この手続きは乳児が焦点となった犬をトータルで5秒間見るまで続けられた。このセッションは2度繰り返された（図9−2参照）。

【不一致条件】 この条件は、乳児が焦点とならない犬を見たときにだけ実験者1が情動を表現する以外は、一致条件と同じである。一致条件と同じように、乳児は実験者1の顔が向く方に頭を回した。5秒間経過するまで焦点となった犬を凝視しており、乳児は実験者が見ていた物に気がつく時間は十分にあった。5秒間経過すると、実験者1は実験者1が見ている方とは反対側にある焦点となっていない犬の方を見ると、実験者1は焦点となっている犬を見続けながら "Oh isn't that beautiful" と言った。乳児が焦点ではない犬の方を見たら実験者は情動表現（顔と声）を止めた。乳児の視線を追うことができた。なぜなら、テレビモニターが焦点ではない犬を5秒間見るまで焦点となっている犬の背後に置かれていたからである。このテレビモニ

第9章　社会的相互作用の質が乳児の原初的な欲求推理に影響する

[焦点が一致]

[焦点が不一致]

[実験者が見ていた物を持ち上げる]

[実験者が見ていなかった物を持ち上げる]

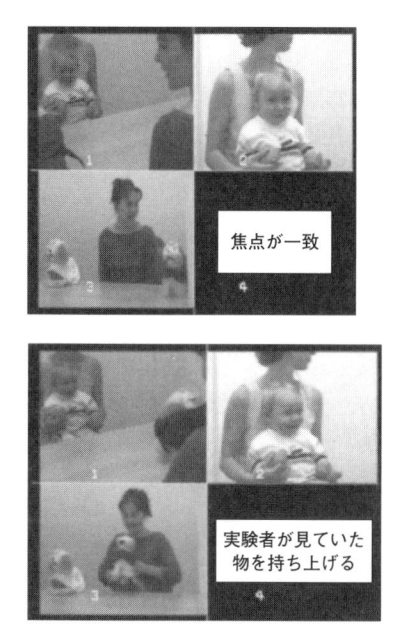

図9-2　実験3：馴化とテスト試行

は乳児の顔を映しており、実験者1は焦点となった犬を見ている間、乳児の視線を追うことができた。セッションは2度繰り返された。

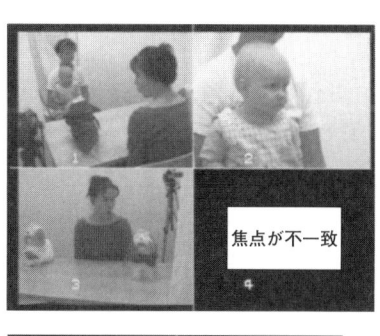

テスト場面　慣れの期間が終わるとすぐに、カーテンが下ろされ、乳児からは机の上の物が見えなくされた。カーテンが開くと、テスト段階が開始され、実験者は焦点となった犬か焦点とならなかった犬のどちらかを持ちあげた。注視は、乳児が2秒以上実験者を見て、2秒以上目をそらすまでコードされた。その後、カーテンが下ろされ（1秒間）、そしてカーテンが上げられた（1秒間）。このセッションが焦点となった犬（一致）とならなかった犬（不一致）に対して2度繰り返された。

コーディングと評定者間信頼性　研究1と2と同じように、ビデオのクローズアップ映像は乳児の顔と目について正確な情報を提供した。このため、実験者の参照意図に対する乳児の理解のチェックが可能になった（Moses et al., 2001 も参照）。乳児の注視の持続時間は以前と同じようにコード

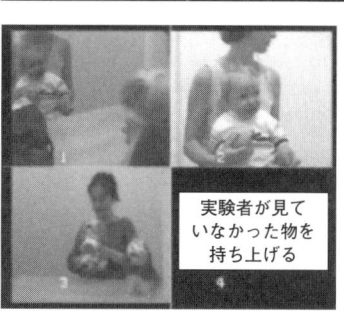

された。2名の研究アシスタントがテスト試行中の乳児の凝視をコードした。これらのコーダーは実験仮説を知らず、結果に影響するものは何もなかった。通常の再生スピードでデータのコーディングが行われた。1名のコーダーは音抜きでビデオテープをコードした。各コーダーは熟練したコーダーから厳しく訓練され、観察者間の信頼性が90パーセント以上になるまで訓練された。2名のコーダー間の信頼性は $r = 0.967, p < 0.001$ であった。

テスト結果 テスト場面での凝視は、乳児がプレ試行で何を期待したかを示すだろう。つまり、テスト場面で、凝視と情動が参照的意図にとって重要であることを理解した乳児は、演技者が見ておらず、情動表現も向けられなかった物を演技者が持ちあげると驚くはずである。このため、乳児の凝視時間が群(HAM、LAM)と条件(一致、不一致)の2要因の被験者間分散分析にかけられた。結果は、HAM群の乳児の凝視時間が長くなったために注視時間が長くなったのである。しかしながら、その期待が確認されると彼らの注視時間は短くなった(慣れ効果)。LAM群では有意な違いは見出されなかった $(F_{(1,19)} = 0.153, p < 0.700)$。

実験3の乳児の凝視の結果によれば、HAM群の乳児は焦点となった犬より焦点とならなかった物を有意に長く見つめた $(F_{(1,37)} = 23.45, p < 0.0001)$。つまり、こうした乳児はプレ試行の間に、実験者は情動表現をして見ていた物を持ちあげるという期待をもったのであり、この期待が裏切られたために注視時間が長くなったのである。しかしながら、その期待が確認されると彼らの注視時間は短くなった(慣れ効果)。LAM群では有意な違いは見出されなかった $(F_{(1,19)} = 0.153, p < 0.700)$。

要約 実験3の乳児の凝視の結果によれば、HAM群の乳児はこうした結果は得られなかった。HAM群の乳児は、情動と動作を関連づけたとき、視線と情動の両者に注意を払ったのである。彼らは、慣れの時期に、実験者が何を見たかに気づいていたがゆえに、見た物を持ちあげると期待したにちがいない。HAM群の母親をもつ乳児だけが課題に成功しており、この知見は母親の情動調律がこうした能力の気づきを促進させるという強力な証拠を提供している。

230

第9章 社会的相互作用の質が乳児の原初的な欲求推理に影響する

4節 総合考察

本章で論じた研究は、人間の行動について乳児がどう推論するのか、その最初のやり方の一側面を検討したものである。具体的には、他者の動作を予測するために、情動や知覚に関する情報を使用するかどうかが問題にされた。第5章では、これまでの研究が心理的理解の起源にどのように明らかにしてきたかについて論じた。本章では、この検討を三項（人－物－乳児）の相互作用場面で引き続き行った。特に、調律度の高い母親をもつ9～14か月児は、調律度が劣る母親をもつ乳児より、よりよく推測できるかどうかを検討した。先行する研究（Phillips et al., 2002）は、生後12か月という早い時期から、乳児は人間がポジティブな感情を示しながら注目した物を手に取るらしいことを示している。事物にポジティブな情動を向けた人間はそれを手に取りたいと思うだろうと推理する能力は、欲求の原初的概念が乳児に存在する証拠であり（Bartsch & Wellman, 1995）また成熟した欲求の概念や心の理論の基盤だとされる（Wellman, 1990）ので重要である。フィリップスら（2002）の研究では、2つの対象物のうちの1つに満足そうな情動を表現した人間に対する乳児の馴化パラダイム実験でそうした気づきが証明された。情動を向けなかった物を、テスト場面で演技者が拾い上げるのを見ると、乳児の注視時間は長くなった。ここから12か月児が視線方向と情動表現を組合せた情報を利用して、他者の動作を予測することが示唆された。しかしながら、その研究では、動作者の情動表現と乳児の注意焦点が統制されておらず、乳児がこうした手がかりを使用することを直接示す情報は示されていない。

バーナとレゲァスティ（2005）は、こうした能力が生後12か月児以前でも発達するかどうかを検討するために、9か月児を用いてフィリップスら（2002）の研究を実施し検討月齢を拡張させた。彼らは（顔と声による）2種類の情動表現、つまり物に向けて満足そうな情動か不満そうな情動を表現する演技者を乳児に示した。彼らはさらに、ある物に向けられるポジティブな情動がその手での操作に関係すると乳児が理解するなら、乳児はテスト場面で物を満足そうに持った演技者（一致テスト場面）を見る時間は長くなるはずだと主張した。不一致テスト場面は新奇な場面として認識されるので、注視しなくなるまでの時間は一致テスト場面より長くなるはずである。乳児は実験群でもコントロール群でも、プレ試行では不満そうな演技者より満足そうな演技者の方を好んだ。この選択は、実験群の乳児だけが、馴化場面で対象物にコントロール群のテスト場面では消失しなかった。こうした知見は、実験群の乳児だけが、馴化場面で対象物にポジティブな情動を表現する人間がその対象物に働きかけたがるという期待をもち、不満そうな演技者（新奇事象）に対してプレ試行からテスト試行にかけて注視時間を増加させたことを示唆している。つまり9か月児は、情動のような行動が物に対するその後の動作といった人間の意図に気づかせる手がかりになることを理解したのである。

1——社会認知的発達を促進させるメカニズム

本研究では、乳児に意図的行動の気づきを促進させるメカニズムを取り上げた。この本を通して論じてきたように、意図は基本的に対人的な現象であり、対人的なコンテクストの内部で発達する。私は対人関係が乳児の意図理解を育てる一番有効な特徴だと論じる人々（Stern, 1995; Fogel, 1993）に同意する。したがって、意図の概念を発達的に説明する場合には、意図特性がもつ間主観的性質に焦点を当て、対人的相互作用場面でその基盤を理解

第9章　社会的相互作用の質が乳児の原初的な欲求推理に影響する

しなければならない。つまり、母親と情動的に関係する乳児は、それがない乳児より、他者の意図的行動をよく検出しなければならない。情動共有は間意図性を促進させるからである（Trevarthen, 1979）。それゆえ、母親と乳児を高調律と低調律のペアに分け、物に向かって満足そうに情動表現する人間と嫌悪するように情動表現する人間の意図を推測する乳児の能力を評価した。高調律群の9か月児は低調律群の乳児より情動表現の行動誘発性を早い時期に理解するという結果が得られた。彼らは異なるタイプの情動が異なる種類の動作と関連することに気づくように思われる。その気づきは極めて印象的である。それは、他者から社会的世界に関するより複雑な情報を得ることだけでなく（Moses et al., 2001; Baldwin & Moses, 1994）、他者がある状況でどんな行為をするかを予測することを乳児に可能にさせるのである。

乳児が実験1と2で示した能力の重要性は、この知識をどう展望するかにかかっている。この能力が欲求の原初的推理の理解を伴うかどうかを検討するためには、人間は注目し働きかけたいと思う物に向かって情動を表現することに乳児が気づくことを示す必要がある。実験3は、11～14か月児におけるこの参照的気づきの発達と、HAM群の乳児がLAM群の乳児より優れた成績を示すかどうかを検討するために行われた。その結果、高情動調律群の乳児は、演技者が情動を向け、その後に取り上げる物の凝視方向が利用された（Legerstee & Barillas, 2003 も参照）。つまり、HAM群の乳児だけが注意と情動をその後の動作と結びつける適切なスキルを発達させていた。こうした乳児は、実験者が見た物をその後に持ち上げることを期待した。実験者が見ていなかった物を持ち上げることに、乳児の注意は増加した。このれはおそらくその行動が普通ではないことに気づいたからであろう。本研究は、対人的な関係の質によって注意と情動の参照的性質の気づきが影響されることを指摘した最初の研究である。もしも発達的アプローチを取るなら、（1）他者の原初的推測を乳児はどのように発達させるのだろうか。

233

者が表現する情動がもつ行動誘発性、（2）人間の注意の焦点が参照的であること、そして（3）こうした2つの能力がいかにして乳児内で協応し人間の動作の理解と関連し人間の動作を乳児がどのようにして理解するようになるかを考えることが必要になる。

すでにいくつかの章で論じたように、生後数か月の乳児は楽しそうな表情とネガティブな表情とを区別しており（Field et al., 1982; LaBarbera, Izard, Vietze, & Parisi, 1976）、それはとりわけこうした表情が母親による場合や（Barrera & Maurer, 1981）、母親がその顔に対する乳児の探索や注意を高めるような感受性の高い相互作用を提供する場合（Kuchuk, Vibbert, & Bornstein, 1986）に顕著である。生後3か月までに、乳児はこうした顔の表情として表現される感情に対しても感受性を高める。なぜなら、乳児の動作を反映し返す母親をもつ乳児より、社会的応答性が豊かになるからである（Legerstee & Varghese, 2001）。生後2か月と6か月の間で、乳児は幸せと怒りの情動表現を認識し、それらに適切に応答するようになる（Walker-Andrews, 1997; Soken & Pick, 1992）。つまり乳児は、非常に早期から、他者が顔の表情で表現する意味や感情を理解している（Darwin, 1877）。乳児は人間の顔の表情だけでなく、その目にも鋭敏である（Haith, Bergman, & Moore, 1977; Johnson & Morton, 1991）。物に対する乳児自身の動作や他者の対象物志向的な動作への気づきは、生後6か月以内で成熟する。感受性の豊かな母親は、共同調整的な相互作用場面で、対象志向的動作を支える（Fogel, 1993; Hsu & Fogel, 2003）。この月齢の乳児が人間の行動に対して特定の期待をもち、人間の動作が物を志向することは明確である（Legerstee et al., 2000）。

生後6か月の間に生じる情動や注視の方向や動作の意味の理解の洗練化は、三項的エピソードの場面でこうした行動がもつ参照的な性質の理解を準備させる。生後6か月から12か月の間に、動作が単に物に向けられるのではなく、他の領域の豊かなコンテクストの一部を形成し、その中に位置づけられることを認識している様子を見

第9章 社会的相互作用の質が乳児の原初的な欲求推理に影響する

せ始める。12か月までに、乳児は物に対する自分自身の動きを決めるために、人間の情動的誘発性や注意を利用するようになる (Moses et al., 2001)。本研究結果が示しているように、感受性が高い母親をもつ9か月児は、他者の情動や注視を利用して、他者が行おうとする動作についても予測するようになる。この能力の発達における重要な要因は、感受性豊かな母親が乳児を精神的主体として取り扱い、その行動を意図的なものとして (Bruner, 1990) 扱うことであるため、HAMの母親をもつ乳児はLAMの母親をもつ乳児よりこの気づきをより早期に発達させると仮定した。本研究ではこうした仮説が確認された。

5節 データの理論的解釈

こうした研究結果にはさまざまな解釈が可能である。ある理論的説明では、乳児が人間のポジティブな情動と物への動作とを連合学習したのだと論じるだろう。その説明では、乳児は人間の動作が事物についてのものであり、それが意図的であることを知っているというより、物を見て微笑む人間の行動に関する知覚を発達させたことになる。生後2年目の終り頃、こうした知覚は、他者の中にある欲求や欲望の概念、また意図的行動の理解に変化する (Baldwin & Moses, 1996; Perner, 1991)。パーナー (Perner, 1991) は、乳児が情動的シグナルに適切に応答するのは、情動のシグナルを動作のガイドとして利用させる単純な行動規則の獲得によるのであり、他者の内的な状態の手がかりとしての情動シグナルを獲得したためではないと論じている。つまり、乳児が新奇な物を見たときに、他の人間もそれを見て恐れの表情をすると、その規則がその対象物を避けるように命じるのである。

同様に、コーカムとムーア (Corkum & Moore, 1995; 1998) は、乳児が演技者の顔の向く方向を追跡するがゆえに、

235

演技者が何に対して情動表現するかを知るのだと提案する。乳児が人間の顔の向きを追跡するのは、顔の向きがある方向で止まったときに興味深い物を見つけたことを過去に学習したためである（Corkum & Moore, 1995; 1998）。

確かに、頭の回転それ自体は乳児が生後12か月の時点で意図的行動に関わっていることを示しているかもしれない。しかし、それは12か月児が他者の意図を理解しないことを意味してはいない。第5章で論じたように、レゲァスティとバリラ（Legerstee & Barillas, 2003）によれば、12か月児は人間や非生命的主体の頭や視線の回転を追跡するように条件づけされるが、条件づけされた乳児は人間と対面したときにのみ叙述的指さしをするのであり、非生命的主体にはそうした指さしをすることはない（Legerstee & Barillas, 2003）。つまり、視線追跡**自体**は乳児の意図の気づきを評価する正しいテストではない。実際のところ、単一の実験だけで特定の解釈を除外することはない。類似した概念を扱うさまざまな研究が行われなければならない。

豊かな解釈のための証拠を提供する2つの実験が存在する。それが本研究の実験3とレゲァスティとバリラ（2003）の実験2である。レゲァスティとバリラ（2003）の研究については、第5章で詳細に論じた。しかしながら、ここでしばらくこの研究を振り返ってみよう。なぜなら、本（原初的欲求）研究の実験3はレゲァスティとバリラ（2003）の実験2に刺激を与えパラダイムを自然遊び場面で有意に多くのコミュニケーション行動（指さしなど）を行った（表9-1参照）。つまり、LAM群の乳児は「指さしと命令的指さしをする人」（pointers）であることがわかった。乳児が叙述的指さしと命令的指さしを使用できるかどうか（Camaioni et al., 2004）を知りたいなら、これは重要な情報である。しかしながらより重要なことは、本研究のHAM群だけが、実験者は**自分**が注視した物を拾うが、注視しない物は拾わないことを期待したことである。つまり、HAM群の乳児だけが、実験者は自分が注視したかどうか（例：乳児が叙述的指さしと命令的指さしを使用できるかどうか

第 9 章 社会的相互作用の質が乳児の原初的な欲求推理に影響する

M群の乳児だけが大人の注意焦点に気づいており、LAM群の乳児は気づかなかったのである。それゆえ、この原初的欲求研究のHAM群は、物を見ていなかった実験者の**注意**を誘導するために、乳児が**指**さしするかどうかを検討するための素晴らしいサンプルとなった。

レゲァスティとバリラ（2003）の実験2の結果は、実験者が見ていた犬よりも（焦点内の犬）、実験者が見ていなかった犬（焦点外の犬）の方に、乳児はより多くの指さしをすることを示した。叙述的指さしは、見ていなかった物に人間の注意を**再方向**づけする目的があり、それゆえ精神状態の認識を伴っている。つまり、乳児が実行する叙述的指さしは、乳児が精神的なもの、たとえば人間の心理的状態を知っていることを示している。本書の原初的欲求研究の実験3の結果とレゲァスティとバリラ（2003）の実験2の結果はともに、乳児は人間の注意の状態に気づいていることを強く支持する証拠を提供している。

薄っぺらな解釈を拒絶するなら、豊かな解釈を受け入れなければならない。豊かな解釈は、この初期の行動を乳児が他者の意図を理解するためだと説明する。感受性が高い母親をもつ乳児は感受性が低い母親をもつ乳児よりこの能力を早く発達させるという証拠は、社会的サポートの違いが概念的能力と相互作用し、参照的理解や心理的因果性に影響することを示唆している（Bruner, 1990; Tomasello, 1999）。本研究結果は、間主観的なやり取りが生後最初の1年間の間に乳児の概念的発達を促進するという考えを支持すると理解される。乳児は人間を意図的実体として、またその動作を内的状態によって動機づけされると知覚する。乳児は人間が物を欲しがり手に入れたがっていると解釈するので、物に対してポジティブな情動を表現して見つめた人間にはそれを手で操作することを期待する。乳児は人間にそうした精神状態と一致した行為をすることを期待する。もしも人間がそうしないなら、乳児は驚きを表現する（Wellman, 1993; Phillips et al., 2002; Premack, 1990）。

どちらの理論も、乳児の行動と思考の発達に重要な洞察をもたらす。人間という概念は知覚的連合によっても、

237

推論過程によっても獲得される。乳児が日常生活場面で、人間はポジティブな情動を表現した物を持ち上げるという因果的連鎖になじんでいるという事実は、乳児がこうした出来事を概念的にも処理していることがまったくできないなら、その後の推論的帰属を乳児がいかに行うかを仮定することは困難だと強調している (Flavell, 1999; Fodor, 1992)。行動的な因果的連鎖になじむことは、期待違背研究における重要な要因である。なぜなら、それがあるがゆえに、乳児は概念的に一貫性のある（なじみのある）出来事と一貫性のない（なじみのない）出来事とを見つけ出すことが可能になるからである (Munakata, 2000)。

われわれの研究の乳児は、行動を予測するために視線方向と情動表現を利用することができた。乳児は、演技者が表現する情動と行動との一致や、演技者が物に対して注意するかどうかを評価した。こうした研究者によれば、精神機能は乳児が養育者との対話的プロセスに関わることを通して発達する。つまり精神機能は、現実に対して記号論的に表される視点を漸進的に内化することによって発達するが、それは母子間で取り決められるものなのである。認知は、「現実」に対する客観的な表象内容の記録というより、力動的なシステムへの参加の反映でもある。認知は、間主観的やり取りが生後最初の1年の間に乳児の概念発達を促進させるという考えに対し、強力な実証的支

第 9 章　社会的相互作用の質が乳児の原初的な欲求推理に影響する

持を提供している。

第10章 社会的認知——情動調律、模倣、随伴性

1節　最終考察

　本書では、乳児が人間を知っていく道筋に焦点を当ててきた。制約的構成主義者の見解は、伝統的なピアジェ理論、連合主義理論、モジュール理論、社会的相互作用のモデルにおいてある種の準備性を想定する生物社会的および社会認知的理論とは対照的なものである。これらの理論を主張する研究者を選択するに際し、誕生した乳児と環境との結びつき方について特有な理論的分析を提供した者に絞り込んだ。こうした理論がそれぞれにもつ予測は、個々の研究報告で検証される仮説を明確にしたり、その後の章での話題を発展させたりするために、問題に応じてさまざまな章で繰り返し取り上げられてきた。

　私自身は、乳児は人間に対する特殊な感覚を備えて生まれるという信念をもっている。この人間に対する感覚は、他者を自分と類似したものとして知覚する生物学的性質の結果である。他者を「自分のようだ（like me）」と

第10章 社会的認知──情動調律、模倣、随伴性

知覚する能力が乳児を他者と同一視させる。この同一視は自分自身の情動状態を認識し、その状態を仲間の状態と比較するという情動レベルで最初に生じる。乳児の情動状態に調律する養育者だけが、乳児の情動共有を促進させる。乳児の情動的障害や親自身の心理学的偏り（第7章参照）によって、乳児との情動共有ができない親をもつ子どもには、社会性の発達や認知発達に遅れが出ることになる (Legerstee & Varghese, 2001; Legerstee et al., 2004)。つまり、情動的関係が調和すれば、乳児は社会的能力や認知的能力を発達させる有効感を発達させる (Legerstee & Varghese, 2001)。もしも情動的やり取りが調和しなかったり、情動の相互的共有がなかったりすると、乳児は有効感を全般的に失い、認知的発達指標の獲得に遅れが生じる可能性がある。情動状態は精神状態であるがゆえに、情動共有が最初からあることが重要であり、それによって乳児を仲間との同一性の獲得に導くような自己と他者の原初的精神状態の知覚が可能になるのだと考えられる。

つまり、私の制約的構成主義の独自性は、乳児が人間について学習するのを促進させる情動共有装置を組み込んでいることである。私はこの見解を各章、とりわけ最初の5つの章で詳細に論じてきた。さらにその後の章で、この見解を支持する経験的知見を提供した。

1 準備性を想定する学習論者

本書を通して、私自身の見解と他の研究者による非常に有益で関連性がある説明とを比較対照させてきた。こうした理論家たちは、乳児が人間を知っていく過程について重要な特徴を明らかにしてきた。彼らの多くは、乳児は社会的相互作用に対して生物学的に準備されていると主張した。この準備性の内容は、社会的相互作用なしで意図を知覚する生得的モジュールが存在するというものから (Premack, 1991; Rakison & Poulin-Dubois, 2000; Gergely & Watson, 1999)、さらに社会的刺激に対して特別な魅力を

241

もっというもの (Barresi & Moore, 1996; Moore, 1996) まで幅がある。しかし、私はこうした理論はいずれもさまざまな点で不十分であると主張する。彼らは心の理論の発達には人間が重要であるとは信じないし (Baron-Cohen, 1991)、あるいは人間が早期から重要だとも信じようとしない (Barresi & Moore, 1996; Piaget, 1954)。なぜ最初はバイオロジカルモーションから人間を同定することが乳児には適応的であるのかという理由を説明してはいないし、魅力の対象がバイオロジカルモーションから社会的刺激の同定へと移行するメカニズムを明確に示してもいない (例：Premack, 1991; Rakison & Poulin-Dubois, 2000)。

2 「自分のようだ (Like me)」論者

乳児の人間への気づきを説明するために、何人かの理論家がシミュレーション (例：Barresi & Moore, 1996) や「自分のようだ (like me)」の見解 (例：Gergely & Watson, 1996; Tomasello, 1995) を提案しているが、そのメカニズムを最初は乳児が人間の物理的特徴と同一視する説明に用いており、心理的特徴との同一視に用いるのはかなり遅れてからにすぎない。こうした研究者にとって、誕生時の乳児は、パートナーとの情動共有によって他者を「自分のようだ」とみなす間主観的有機体ではない。シミュレーション論者は、二項関係期にある乳児が目標を達成しようとして異なった手段を使用するというよく知られた事実、たとえば3か月児は活気がない顔をした人間をコミュニケーションに引き込む手段として微笑を使い、しかしこの試みが失敗すると相互作用を止める前に泣くのような別の手段を使うようになることを認めようとしない (Legerstee et al., 1987; Tronick, 2003)。こうしたシミュレーション論者は、準備性を想定する学習論者と同様に、人間の精神状態への気づきが不連続に発達すると主張するが、あるレベルから次のレベルへ転換するメカニズムを説明できてはいない。「自分のようだ」の働き方を説明する私の見解は、メルツォフとその仲間 (Meltzoff & Gopnik, 1993; Meltzoff &

第10章 社会的認知——情動調律、模倣、随伴性

Moore, 1977; Meltzoff & Brooks, 2001) や多くの生物社会的相互作用論者や社会的相互作用論者（例：Fogel, 1993; Trevarthen, 1991; Tronick, 2003; Stern, 1985; Bruner, 1990）から影響を受けている。メルツォフは、乳児がある種の知覚メカニズム、つまり通様相的な照合メカニズムをもっており、それが知覚した動作と等価な動作を産出させると仮定する（Meltzoff & Brooks, 2001）。照合過程の相補的性質は、乳児が観察された動作と生み出された行為への評価を可能にする自己受容的なフィードバックループとして描かれる。知覚された行為に対する自分自身の運動行動への評価を可能にする超様相的な枠組みの中で処理される。発達的に見ると、乳児は行為の共有から心の共有へと進歩する。つまり乳児には、**思考する生物である前に行動する生物である時期が存在する**。

こうした見方とは対照的に、私は人生の最初にあるのは行動的な有機体ではなく、乳児は誕生時から心理的生物であると主張する。上述した生物社会的および関係的論者が記述するように、乳児は自分の情動をコミュニケーションに使用し、自分の情動が相補的であるかどうかを評価する生得的な能力をもっている。人間との相互作用の拡張がさらなる成長のための触媒になる（Legerstee & Varghese, 2001; Fogel, 2001; Murray & Trevarthen, 1985; Stern, 1995; Tronick, 2003）。乳児には人間に対する特別な感覚、つまり情動が基盤にあって乳児に他者を自分と類似したものと知覚させる感覚が存在すること、乳児が人間の特徴のすべてを学習する必要がないことを示す知見によって支持される。

本書では、乳児は社会的環境と相互作用やコミュニケーションをするように準備されていることを示す多くの証拠が提供された。新生児は人間の刺激を選好する（例：Reddy et al., 1997）。他者の顔より母親の顔を素早く好むようになる（Goren, Sarty, & Wu, 1975; Johnson et al., 1991）、彼らは顔のような配置を選好し（Field et al., 1985）。乳児は他の音より人間の音声に耳を傾けることを好み、見知らぬ女性の音声より自分の母親の音声を認識しやすい

(DeCasper & Fifer, 1980)。こうした研究を総合すると、誕生時からすでに、乳児は仲間と情動を共有する際に重要になる人間の特定の側面に敏感であることが示唆される。特に、こうした注意のバイアスは、乳児には人間へと方向づけされる領域固有な傾向があることを示している。こうした傾向は、乳児が作る「自分のようだ」という対応関係を促進させ、心の理論の発達の先駆けになる表象の構築を支えている。しかし、乳児は仲間の社会的側面の発見をその後も自分だけで行わなくてはならないわけではない。乳児の情動的状態に調律して働きかける養育者が、大人の行動と情動表現や感情に合わせようとする乳児の傾向を後押しするからである。

3 情動共有と発達

1963年、スピッツは母子対話という概念を導入した。母子間の相補的な動作交換と反応の協応が自己感や効力感の発達に重要だと主張したのである。相互作用の中で、乳児は自分がパートナーに影響を与え、環境に対して一定のコントロールをすることを学習する。コーンとトロニク (Cohn & Tronick, 1989) はこの用語を双方向的協応 (bi-directional coordination) と定義し、フォーゲル (Fogel, 2001) はこうした相互作用を共同調整 (co-regulations) と呼んだ。つまり、初期の母子相互作用は、乳児の社会的気づきとその後の社会認知的機能の重要な基盤になるのである。

244

第10章　社会的認知——情動調律、模倣、随伴性

2節　生後1・5か月と3・5か月時点でのCDM、AIMおよびAFSモデルの比較

上述したように、乳児が社会的世界とどのように結びつくようになるのかということを取り上げたいくつかの理論的モデルが存在する。ここで最も関連性が高いものが、ガーガリーとワトソン (Gergely & Watson, 1999) の社会的フィードバックモデル、メルツォフとムーア (Meltzoff & Moore, 1997) の能動的様相間マッピング理論、そしてフォーゲル (1993)、スターン (Stern, 1985)、トレヴァーセン (Trevarthen, 1991)、トロニク (Tronick, 1989) らの社会的相互作用理論である。これらの理論は先の各章で論じられたが、ここでも重要な点を手短に要約しておきたい。なぜなら、それらは私がカナダの社会科学・人文科学研究審議会 (SSHRC: Social Sciences and Humanities Research Council) から研究費を得て展開させ、ライプツィヒのマックスプランク研究所の乳児実験室で撮影し、そしてトロントのヨーク大学乳児研究センターで博士後期課程の学生ガブリエラ・マルコーヴァと一緒に完成させた研究で検討されたものだからである (Markova & Legerstee, 2004; Markova & Legerstee, 2006)。

1──随伴性検出モジュール (The CDM)

ガーガリーとワトソン (1999) の随伴性検出モジュール (the Contingency Detection Module: CDM) と社会的フィードバックモデル (the Social Biofeedback model) は、乳児が発達させる社会的理解を説明する道具として社会的鏡映 (social mirroring) に注目する。しかし、最初はこのタイプの社会的鏡映に、乳児による養育者の鏡映は含まれない。乳児と大人の反応パターンに相互性があるとはみなされず、養育者が乳児の反応に断続的に随伴させながら行動

を一致させていると考えられている。生後3か月以降になって初めて、乳児の随伴性検出モジュールは他者と自分とが類似していると認識させるのである。

生後3か月以前の乳児のCDMは、乳児を完全な随伴性に引き寄せるが、それはある意味で乳児に自己を確認させることになる（例：ベビーベッドに触れること、あるいは乳房を吸うことが提供することが多い自分自身に気づいていく）。生後3か月以降、CDMは不完全な随伴性を受け入れるようになり、乳児の反応に応答して微笑し話しかけるが、それは鏡像反応とは異なり必ずしもすべての反応に対してではない。つまり、人間は乳児の反応に応答して微笑し話しかけるが、それは鏡像反応とは異なり必ずしもすべての反応に対してではない。生後3か月までに、乳児は人間に気づき始め、情動を調律させ始める。

CDMが媒介するもう一つ別の機能は、情動的な自己の気づきとコントロールの発達である。最初、乳児は自分自身の情動状態の違いにまったく気づいていない。親による情動の鏡映が乳児に気づきをもたらすのである。しかし、人間に注意を向け始めるのは生後3か月以降になるので、情動の鏡映が有効になるのはそれ以降になる。こうした断続的な随伴性経験や、随伴的な分析を可能にさせる乳児の潜在的能力を通して、乳児は他者を「自分のようだ (like me)」と知覚し始める。親による情動の鏡映は、情動を自己に帰属させる2次的表象も生み出す。

生後2か月までの乳児は、完全な随伴性反応に敏感であるという知見がワトソン (Watson, 1972) によって支持され、また生後3か月までには断続的な随伴性反応に敏感になるという知見がバーリックとワトソン (Bahrick & Watson, 1985) やフィールド (Field, 1992) によって確認されている。さらに、タラバルシら (Tarabulsy, Tessier, & Kappas, 1996) は随伴性の検出がポジティブな情動と関連することを示す証拠をまとめており、ビゲロウ (Bigelow, 1998) は初期の母子相互作用で経験される随伴性レベルが子どものその後の社会的関係の質に影響すると指摘している。

生後3か月までの乳児が社会的環境に注意を向けないということは実証的知見からは支持されない。本書を通

第10章　社会的認知——情動調律、模倣、随伴性

して論じたように（特に第3、4、5章）、生後3か月以前の乳児は、社会的パートナーと関わるコミュニケーションに対して特有な期待をもち、母親の情動調律に敏感である（Legerstee & Varghese, 2001）。

2 ─ 能動的様相間マッピングモデル（The AIM）

メルツォフとゴプニク（Meltzoff & Gopnik, 1993）（Meltzoff & Brooks, 2001 も参照）による能動的様相間マッピングモデル（the Active Intermodal Mapping model: AIM）によれば、模倣を可能にさせ、また自分が模倣されたことを知覚するような様相間マッピング装置を備えて乳児は誕生してくる。この装置は誕生時から働き、乳児が自分の身体を使って動作を再現することを可能にさせる。こうして動作は特別な意味を獲得する（Meltzoff & Brooks, 2001, p.173）。乳児は他者によって模倣されると、その人間を非常に魅力的に感じる（注意をひきつける人）。その人間は「自分のようだ」と知覚されるため、乳児はその人間により多くの注意を払う。だから、乳児は人間と非生命物とを区別しはじめる。なぜなら、人間は動作を模倣するが非生命物とを区別しはじめる。なぜなら、人間は動作を模倣するが非生命物は模倣しないからである。

乳児は他者が反応し返す（自分の動作の模倣）のを見ると、自分と同じ精神的経験を彼らに帰属させる（対人的推論）。メルツォフによれば、様相間の知覚過程が乳児に他者の動作を模倣させ、その結果、他者が「自分のようだ」と知覚されることになる。「観察した行為をしたくなるような通様相性の認識は物から提供されることがなく、それが人間への特権的な接近を可能にさせる。これが子どもに人間としての心理的特性を帰属させる道を辿らせるのである」（Meltzoff & Brooks, 2001, p.174）。さらにメルツォフは、動作を似ているものとして知覚する能力とともに、乳児は自己と他者の情動を等価なものと知覚させる内的な経験や対人的な推論をすると主張する。情動は精神的状態なので、情動への気づきは、誕生後間もなく（例：誕生後数か月程度）から、他者の原初的な精神状態の洞察へと乳児を促す。つまり、情動共有は行動の共有から精神状態の共有へと乳児を向かわせること

247

を可能にさせるのである。

乳児期初期の様相間照合の過程は経験的に支持されている（例：Bahrick, 1988; Legerstee, 1990; Legerstee et al., 1998; Spelke, 1981）。メルツォフ（1990）はさらに、生後6週ほどの乳児は、時間的な随伴性があるが形態的に異なるモデルより、完全に一致する状態に注意を向けること、つまり模倣モデルを長い間注視することを示し、彼のモデルの一部に支持を与えた。彼はこの知見を、乳児が「私と同じ時に振る舞う」人間より「私とそっくり同じに振る舞う」人間の方を好むことを示す知見だとみなした。さらに、フィールド、ガイとウンベル（Field, Guy, & Umbel, 1985）によれば、3・5か月児は、模倣的ではない自発的な母親の行動よりも、乳児を模倣する行動に対して発声や微笑を多くすることが見いだされている。

乳児は自分の動作を模倣する人間に魅了されるように思われるかもしれないが、模倣は外に現れた行動に力点が置かれるため、共有経験を制限するとも言える。第7章で示したように、スターン（1985）は、「情動調律」という用語を、「共有された情動状態の質であり、内的な状態の行動による表現形をそのまま模倣するものではない」（p.6）と定義した。子どもの行動に正確に合わせるのではなく、大人は強さ、タイミング、形態といった情動状態がもつ特定の相に調律するのである。そうした調律を通して、大人は乳児に適合の良さの感覚を提供し、そのことが乳児の社会的気づき（Stern, 1985）や自己の気づきにとって極めて重要になるのである。

3　情動共有モデル（The AFS）

情動共有モデル（the Affect Sharing model: AFS）では、情動状態に調律するコミュニケーションパートナーと、人間の心の理解の発達を促進させるのに必要な発声や非言語的な行動をする応答的な乳児との間の情動共有が、メカニズムである対話や調律的相互作用を創出させると予測する。フォーゲル（1993）は、新生児には選好され

248

やすい通路や受容性があり、それらがその後の発達のコアを形成し、また仲間との相互作用を促進させると論じる。こうした相互作用や関係性は創造的な過程であって、その場面で2人の対話者がお互いの行動を観察し調整し合うのである。ピアジェ (Piaget, 1981) によれば、発達は情動／認知的な関係として考えられなければならない。彼は情動は燃料(動機づけ)、認知は車台であり、どちらがなくても発達は生じないと主張した。他の研究者も、認知と情動あるいは社会的情動を分離して論じてもほとんど意味がないと主張している (Reddy, 2003; Stern, 1995)。

フィールドら (1982) は自身の研究から、誕生時の乳児は、楽しさ、悲しみ、驚きの情動表現を区別して表現するがゆえに、彼らには人間の情動に対する感受性があるという仮説を支持している。イザード (Izard, 1971) は、乳児が行動として情動を産出あるいは表現するとき、それに対応した生理学的な情動状態が既設の結びつきによって活性化されると説得力をもって論じている (Izard, 1971; 幼い乳児における生得的な表出－感情対応の議論を参照)。イザードはこうした情動が社会的関係の基盤として役立つと主張する。これを支持するフォーゲル (2001) は、情動が個々の身体内で感じられるものだが、関係的なダイナミズムを備える身体的出会いとして経験されると記している。

トレヴァーセン (1991) は、乳児には生得的な間主観性があり、それは感受性があり共感的な相互作用を通して活性化されると主張する。トロニク (2004) は、他者との結びつきが成功し、パートナー同士が「調律的」であるときにのみ、意味が創出されると論じた。乳児が自分を理解するためには、親が乳児の感情に感受性豊かに調律し、それを洗練させるような情動的なコミュニケーターであることが重要である。それゆえ養育者は、乳児が自己感や有効感を発達させるために、乳児と一緒に最適な相補的やり取りと協応関係を実現させようとする (Legerstee & Varghese, 2001)。つまりAFSモデルに従えば、乳児は誕生時に情動を知覚するだけ

模倣

でなく、自分が体験する情動の質を評価できるのである。情動共有の質が適切であり、それが乳児の情動状態と合致し洗練されるなら、たとえば、相手の情動状態が子ども中心であるなら、情動共有と精神状態の気づきが可能になる。

要約すると、CDM、AIM、AFSという3つの発達モデルは、乳児の社会的気づきについて異なった予測をする。CDM理論によれば、生後3か月以内の乳児は社会的世界に注意深くはない。なぜなら、彼らは断続的な随伴性より完全な随伴性を好むからである。しかしながら3か月までに、乳児は不完全で断続的な随伴性を好み始め、母親の応答の質に対する感受性が豊かになる。AIM理論によれば、新生児模倣から明らかなように、乳児は誕生時から明確に人間らしいやり方で人間を確認する。そうした模倣を通して、乳児は他者が「自分のようだ」と理解する。こうして、社会的相互作用は乳児に「対人間のやり取りを特別な仕方で解釈させる」(Meltzoff & Brooks, 2001, p.178)。したがって、生後3か月の間は、乳児は自然な相互作用より模倣的な相互作用を好む。AFS理論によれば、乳児は生得的に人間に対する感覚をもっており、これが共感的情動によって活性化される。こうした二項関係を通して、乳児は共有された意味の一致を増加させていく。AFSの理論家は、乳児は他者をあるレベルの時間的随伴性や自分の動作と構造的に類似した反応の提供者としてではなく、間主観的な経験の交換や社会的な調律の確立が可能な相手とみなすのだと主張する。

これらのモデルは、乳児が社会的主体に気づくようになる過程の理解に重要な意味をもっている。その妥当性を検証するために、完全な随伴性と不完全な随伴性に対する乳児の反応を生後3か月以前と以降とで比較し、こうした場面での乳児の反応に及ぼす情動的な鏡映スタイルの質の効果を測定する研究が行われた。

250

3節　最終考察の検証

77組の母子が研究に参加した。生後4週と5週（1.5か月）、生後12週と13週（3.5か月）の4回、乳児実験室で観察された。誕生した赤ちゃんに対して母親が抱く自信の程度がさまざまな検査で測定された (Lukesch & Beck et al., 1976)。生後1.5か月と3.5か月の時点で、母親の抑うつの程度を見るために、産後抑うつテスト (BDI; Lukesch, 1976)。生後4週と12週では3分間の自由な相互作用場面で、母親による情動の鏡映を評価した。母親の行動として、注意維持、温かな感受性、随伴的応答をコードした (Legerstee & Varghese, 2001; コーディングスキームを詳細に記述した第8章と9章を参照)。乳児が母親との相互作用を楽しんでいるかどうかを見るために、乳児の微笑、発声、ネガティブな顔、注視がコードされた。これは相互作用の「適合の良さ (goodness of fit)」を評価することを可能にさせた。

母親と乳児はこうした測定値を用いて高情動群と低情動群に分けられた。1.5か月の時点で、この2群の母親がランダムに3つの条件に割り当てられた。(1) 自然な相互作用：母親はいつもどおりに乳児と相互作用する、(2) 模倣条件：母親は乳児の口、発声、顔、身振りのすべてを模倣する、(3) 非模倣的（強制連動的：yoked）相互作用。強制連動的な相互作用は1分間であり、1週間前に記録された3分間の自然な相互作用場面から用意された。母親はポータブルカセットレコーダーに録音された1週間前の相互作用を聞きながら、そのときに乳児に話しかけたのと同じように、また同じような情動を表現しながら繰り返した。したがって、この相互

作用は以前の正常な相互作用と同程度の刺激量があったが、その場の乳児のシグナルには応答していないので、随伴的でも模倣的でもなかった。

3回目の来室、つまり12週の時点で、母子は再度3分間の自然な相互作用が評価され、乳児の発達程度が類似していることを確認するためにベイリー乳幼児発達検査 (the Bayley Scales of Infant Development : Bayley, 1969) も実施された。生後13週 (3・5か月) の4回目の来室で、乳児は再び（1）自然な相互作用、（2）模倣的相互作用、（3）強制連動的相互作用（生後12週時の実施済みの相互作用から選択された1分間のテープ）のいずれかにランダ

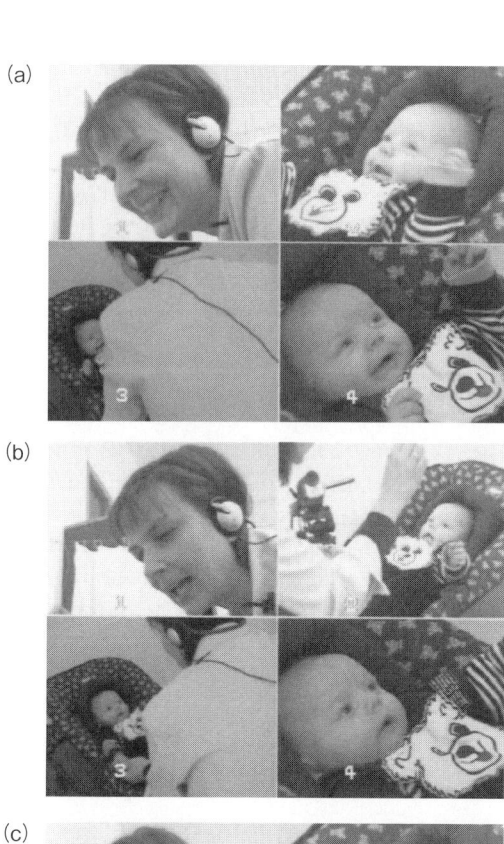

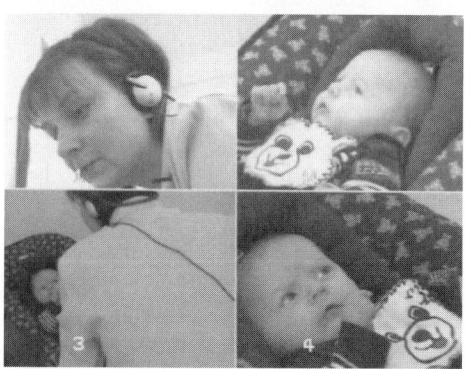

図10-1　自然な相互作用(a)、模倣的相互作用(b)、強制連動的相互作用(c) 場面の母子

第10章　社会的認知——情動調律、模倣、随伴性

ムに割り振られた（図10-1参照）。

正常条件と強制連動的条件での母親の刺激量が同じかどうか検討するために、母親の微笑、発声、注視がコードされた。刺激の量には2つの条件間で有意な差はなかった。したがって、乳児が自然条件と強制連動的条件とを区別するなら、それは両条件の時間的随伴性の違いに起因するはずである。

この実験デザインにより以下の仮説が検証された。ガーガリーとワトソンのCDM理論（1999）によれば、情動の質の高低にかかわらず1・5か月の乳児は、随伴性のレベルが高いゆえに、模倣的相互作用（母親による直接的反応）を選好することが期待される。しかしながら、3・5か月の時点では、情動の質が高い母親をもつ乳児は選好を自然な相互作用（断続的で不完全な随伴性）へ移行させることが期待されるが、強制連動的相互作用が提示されると随伴性が減る（例：時間的遅れ）ため苛立ちを示すはずである。対照的に、情動の質が低い母親をもつ乳児は模倣的相互作用を選好し続けるはずである。なぜなら情動の質が低い母親の自然な相互作用は応答性に欠けるからである。

メルツォフとムーア（1997, 1999）のAIM仮説によれば、1・5か月と3・5か月の両時点で、情動の質が高い母親でも低い母親でも乳児は模倣的相互作用を選好することが期待される。なぜならその相互作用は、自然な条件や強制連動的条件をしのぐ最高の照合条件であるからである。強制連動的条件は自分自身の行動との照合が最も少ないので、両群とも2つの月齢とも強制連動的条件では応答性が減少することが期待されるだろう。

情動共有理論に従えば、1・5か月でも3・5か月でも、質的に高い情動共有をする母親をもつ乳児は自然な相互作用を選好することが期待されるだろう。なぜなら、自然な相互作用のほうが、模倣的相互作用や強制連動的相互作用より、感受性も応答性も高い情動の交換があるからである。質の低い情動共有を示す母親をもつ乳児は、1・5か月と3・5か月の時点で、正常な条件と強制連動的条件を同じように評価すると期待されよう。彼

らの母親の行動は、どちらの場面でも乳児のコミュニケーション行動に応答的ではなく、乳児の情動行動に鋭敏でもないので、乳児は相互的な情動共有を経験しないためである。模倣的な母親に対する注視時間は長くなる可能性がある。なぜなら自分の期待する（例：通常の）行動との違いが生じるからである。

この研究結果から、母親の注意維持、温かな感受性、社会的応答性の間に有意な相関がみられた。注意維持、温かな感受性、社会的応答性のランクが高かった母親をHAM、その他の母親をLAMと命名した。抑うつと評価された母親はいなかった。5週と13週の両時点で、LAM群の母親はSSGテスト (Lukesch & Lukesch, 1976; 訳注：妊娠、性別、出産に対する態度を測定する質問紙テスト) の下位スケールである「妊娠に対する明確な不満」スコアが有意に高く、妊娠や子どもの発育に対してより否定的な態度をもっていることが示されたが、その他のテストでは両群間に有意な違いは見出されなかった。同様に、LAM群の母親はHAM群の母親より、子どもに対する懸念や不安が高かった。それは、下位スケールである「子どもの怪我に対する恐れ」のスコアの有意な違いや、また性別に対する不満感や不幸せ感が高いことに現れていた。つまり、母親の態度の違いが、LAM群の母親とHAM群の母親に見られた相互作用の質的な差異に寄与していた。強制連動的条件と自然条件では、両月齢の時点で、母親の微笑や発声に有意な差がないことも見出された。それゆえ乳児の応答性の違いは、時間的な遅延によるものであることは間違いない。

全体的には、1・5か月時点で、HAM群の母親をもつ乳児は強制連動的な相互作用場面で母親に対する注視、微笑、肯定的な発声が多かったが、強制連動的相互作用場面でより多くのネガティブな作用との間には違いはなかった。しかし、他の条件よりも強制連動的な相互作用場面と模倣的相互作用との間には違いはなかった。全体的に、LAM群の母親をもつ乳児は3つの条件で異なった応答をしなかった*（図10−2参照）。

1・5か月時点と同じように、3・5か月の時点でも、HAM群の母親をもつ乳児は模倣的相互作用や強制連

第10章 社会的認知──情動調律、模倣、随伴性

1.5か月児

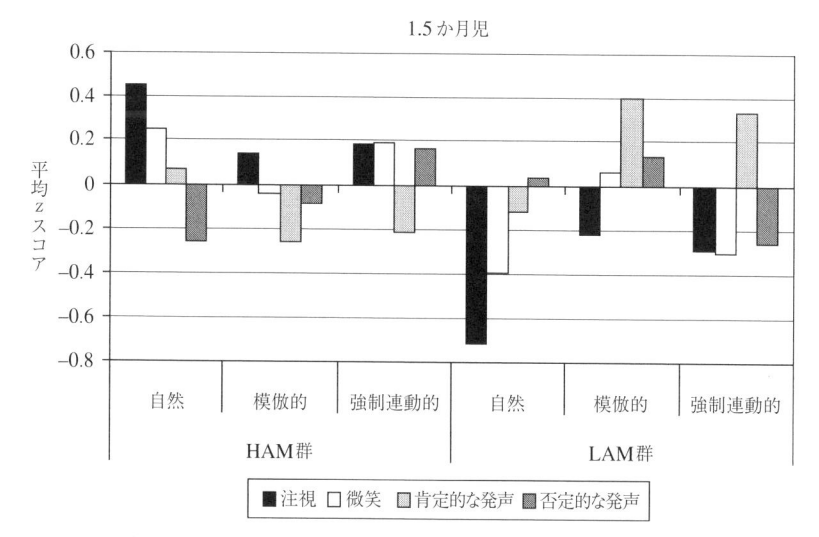

図10-2 自然な相互作用、模倣的相互作用、強制連動的相互作用場面での1.5か月児の注視、微笑、肯定的な発声、否定的な発声(訳注:zスコアとは、平均が0、標準偏差(SD)が1になるように変換した得点のこと。zスコアを10倍し、50を足すと偏差値になる)

3.5か月児

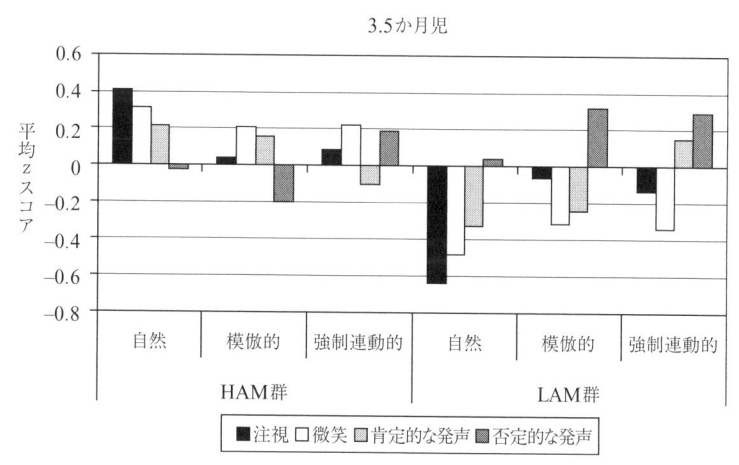

図10-3 自然な相互作用、模倣的相互作用、強制連動的相互作用場面での3.5か月児の注視、微笑、肯定的な発声、否定的な発声

動的相互作用より、自然な相互作用で母親への注視、微笑、肯定的発声が多く、強制連動的相互作用場面ではネガティブな発声が増加した。LAM群の母親をもつ乳児は母親の模倣行動に対して有意に多くの視線を向けたが、模倣的相互作用（随伴性の高い応答）をする母親と出会うと、乳児は模倣的相互作用を選好することになる。本研究のデータはこれを支持しない。なぜなら、模倣的相互作用は乳児の反応に完全に随伴的であるからである。本研究のデータはこれを支持しない。なぜなら、すでに1.5か月の時点で、HAM群の母親をもつ乳児は正常な群を強制連動群や模倣群と区別している。なぜなら、すでに1.5か月の時点で、HAM群の母親や他者の情動にアクセスできないという考えに反している。事実、本データは、最初は乳児には自分の情動や親による情動の鏡映が乳児に自分の情動状態に気づかせることがないという考えにも反している。

AIM仮説は、1.5か月と3.5か月の時点で、HAMとLAMの乳児が自然な反応や強制連動反応より、母親の模倣行動を選好することを示唆する。こうした仮説も支持されなかった。HAM群の母親をもつ乳児はLAM群の母親をもつ乳児より模倣的相互作用を選好した。このことは模倣照合こそ他者が自己と似ているという理解をもたらす主たる原因であるという主張（Meltzoff & Brooks, 2001）に反している。HAM群とLAM群による3条件に対する応答性の違いは、模倣ゲームや非常に高いレベルの随伴的応答性より、母親の調律のほうが乳児

第10章 社会的認知——情動調律、模倣、随伴性

の社会的世界の気づきの基盤であることを示唆している。

情動共有理論は、自己や他者の情動的気づきといった乳児の社会的の起源を強調する。こうした理論は、HAM群の乳児が両月齢ともに母親との自然な相互作用を好むことを予測する。なぜなら、こうした母親は乳児の注意に調律し、高いレベルの温かな感受性と応答性を提供するからである。

本研究の知見は、2つの月齢ともに、HAM群の乳児は模倣的相互作用や強制連動的相互作用以上に自然な相互作用を選好することを示した。これはHAM群の母親の乳児にだけ該当したので、自己や他者の情動に対する推論的気づきについての乳児の生得的な傾向は、母親が乳児の情動を正確かつ感受性豊かに解釈する母子の組だけで良い適合を生じさせることを示している。LAM群の母親は情動調律や応答性のランクが低く、それゆえ彼らの通常の相互作用は強制連動的な相互作用と似ている。2つの乳児群で応答性に差異が見られたことは、情動共有を可能にさせる自分自身や他者の情動に気づくことが、社会的世界を理解させるためには重要なメカニズムであることを示している。

上記した研究知見は、人間やその精神状態の知識が純粋に内因性の成熟によって生じるものではないという主張を支持している。母親から質の高い情動的相互作用を受ける乳児は、模倣的相互作用や強制連動的相互作用よりも自然な相互作用を持続的に選好する。対照的に、質の悪い情動的相互作用を受けた乳児は、社会的相互作用に対する反応全般が格段に低下する。こうした結果は、乳児と社会的世界とを結びつけるメカニズムとして情動共有の重要性を論じる研究者の理論的論文や実証的研究を支持している（例：Izard, 1978; Fogel, 1993, Reddy et al., 1997, Stern, 1985, Trevarthen, 1991, Tronick, 1989）。スターン（1985）によれば、情動調律つまり他者が主観的に経験し

＊訳注　図10-2と図10-3のLAM群のデータの説明は簡略過ぎると思われたが、原文のまま訳出した。

ていることを知る能力は、共感的理解の基盤であるだけでなく、初期のコミュニケーションの基盤でもあり、もっとも重要なこととして、他者の精神状態の表象と相互的な理解へ通じる道になることが示唆されている。

こうしたことを総合すると、乳児は領域固有の表象と社会的なやり取りとの相互作用を通して、自己や他者の知識を構築することが支持された。本書で取り上げた母親の応答性が乳児の発達に及ぼす効果を検討する研究(Bornstein & Tamis-LeMonda, 1989a, b; Brazelton, Koslowski, & Main, 1974; Landry et al., 1998; Fogel, 1993; Stern, 1985; Trevarthen, 1991; Tronick, 2004)は、乳児のシグナルに対して鋭敏に振る舞う母親は乳児の社会的能力や認知的能力に効果を及ぼすことを示している。いずれも第7、8、9、10章で論じられた私の学生と一緒に行った最近の研究であるが、2～3か月児の社会的期待に関する情動の鏡映効果に関する研究(Legerstee & Varghese, 2001; Markova & Legerstee, 2006)、3、5、7、10か月児の自己の発達に関する研究(Legerstee et al., 2004)、6か月から18か月までの健常群と非健常群の参照的コミュニケーションの発達に関する研究(Legerstee et al., 2002; Legerstee & Weintraub, 1997)、9、12、14か月児の欲求推論の先行要因の研究(第9章)、最後に15か月児のシンボリックな身振りの産出や30か月児での内的状態の語彙の産出に関する研究(Legerstee, Fahy, Blake, Fisher, & Markova, 2004)は、そのすべてが乳児の社会認知的発達に対して調律的な社会的相互作用が強力な効果をもつことを証明している。自分自身の内的状態についてより多くの情報を提供する社会的パートナーは、より相補的である可能性が高いだけでなく、子どもの内的な状態の気づきを発達させると推測することは当然のことであるように思われる。

情動理解への道筋は非常に複雑な過程であるように思われるが、乳児の情動理解は大人のそれと類似しているど推論すべきではない。自分自身の情動状態を見つめ返すというより（それはほぼ3～4歳にならないと生じない）(Bartsch & Wellman, 1995)、幼い乳児は情動状態の「内」にあり、情動が表現されるとき乳児がその感情を環境

第10章 社会的認知——情動調律、模倣、随伴性

と共有するように促し準備させるのである（乳児はあたかも「自分について発見したものを見て！」と言っているようだ）。年長児に見られる情動の気づきほど複雑ではないが、彼らは自己と他者の単純な精神状態への気づきにまさに関与しているのである。

パートナー間で情動を共有することは理解や快適さを生み出し、情動共有や共同調整の欠如は乳児の健康な状態を損なう効果をもたらす（例：Field, 1984; Field et al., 1998; Fogel, 1993; Rogers & Pennington, 1991）。本書で考察してきた研究は、心の理論の発達が漸進的で連続的な過程であるという考えを支持している。その領域固有の先行体が情動共有を通して活性化され、洗練化されるのである。

4節 社会的認知と情動共有——データの解釈

本章では、乳児による人間の精神状態への気づきの個体発生に関するバランスの良い見解になるように、精神状態の気づきが、生後最初の1年間でどのように発達するかを論じてきた。その発達をさまざまな発達的観点から検討し、そうした観点がもつ枠組みによる予測を評価するために利用できる経験的証拠を使用してきた。そうして得られた見解を客観的に示そうとしたが、ある理論的観点に強くコミットし、利用できる経験的データの解釈を色づけした可能性があることを認めなければならない。そうするのはもちろん私だけではない。ほとんどの発達心理学者は、乳児の社会認知的発達のいわゆる「現状」を示す際には、自分自身がもつ個人的なまた学術的な見解からの影響を受けている。研究を動機づけ、科学を進展させ、数十年前に広く流布しおそらくは別の名称で呼ばれていた時代精神を新たな時代精神へと変化させるのはこうした信念なのである。

社会科学の学生として、人間の行動の研究は物質の研究とは違って、厳密な科学とはかなり距離があると非常に早くから教わり、われわれの多くがこのことを受け入れてきた。しかしながら、いくつかの真実は存在する。新しい方法論によって、乳児は仲間と適応的に相互作用し、彼らから素早く学習するように準備された原初的な精神能力をもって誕生する社会的有機体であることが示されてきた。乳児が機械的な生き物であるという考えは、今では正しいとは認められないようになっている。乳児が機械的ではないことを示唆する膨大な量の経験的データが存在するだけでなく、乳児が機械的であることを示すような特別なあるいは直観的な理論的根拠も存在しないのである。誕生時の乳児には心がない（そしてその状態が長期間持続する）という考えは、行動主義の時代精神の残滓である。スキナーの学習理論は子どもの教育の仕方に非常に大きく影響した。幸いなことに、数々の巧妙な実験の結果、乳児を無意味な規則に従うよう訓練するより（例：4時間ごとの授乳スケジュール、乳児の要求を無視した乳児より、泣いても乳児を抱きあげない）、温かな情動を伴う社会的相互作用の方が乳児を社会的に有能にすることが聞き入れられてきた。必要とするよう見えるときに授乳し抱きしめられた乳児は、規則的な訓練を受けた乳児は素人の心理学だけでなく多くの発達心理学者にも長期間にわたって影響し続けてきたのかもしれない。いまだに一部の研究者たちは、3か月児の社会的微笑が生理学的過程の結果であって、コミュニケーションしようとする意図によるものではないと信じている。

人間以外の霊長類が他者の動作に対してもつ概念は、精神的なものではなく行動的なものだという考えは、その不確定さがかなり取り除かれてきている。模倣、自己認知、社会的関係、共同注意に関する利用可能なデータを渉猟したヘイズ（Heyes, 1998）によって、チンパンジーには精神的な過程を使用するという証拠がないと結論

第10章 社会的認知——情動調律、模倣、随伴性

づけられた。彼らが多くの課題に成功したことは、「非精神的なカテゴリーに基づく連合学習や推論といった過程によって」説明することが可能なのである。

本書の導入部で、私が飼っているゴールデン・ラブラドル・レトリバーのアクエリアスとわれらがカナダ人のウェイン・グレツキーのボール遊びの能力を比較した。どちらも、騙しが生じない限り、ボールで遊び、そのボールがどこで弾むかを予期するように生得的に準備されているように見える。アクエリアスの洞察力を検証すると、精神状態というより知覚的な手がかり（頭の回転、腕の方向）を使っていることは、犬の実験（犬を使った乳児実験ではない！）での解釈をし、人間の乳児の行動に対しては豊かな解釈をするのはなぜなのだろうか。第1に、精神状態に関する何らかの先行能力が存在すると仮定するのは合理的である(Flavell, 1999; Bjorklund, 2005)。本書では、生後1年間での乳児の精神活動に関する広範な証拠を提供してきた。

のまとまった証拠は、乳児が誕生時から他者の（非常に原始的なものではあるが）精神状態に気づいているという考えを立証している(Bruner, 1999; Reddy, 2003; Tronick, 2003 を参照)。第5章で示されたように、乳児は二項関係期で非常に多様なことをしており、そうした行動は自分が人間の注意の対象であることへの気づきを反映している。乳児は二項状態で注意の対象であることや (Bruner, 1999; Reddy, 2003)、人間のコミュニケーションの志向対象であることに気づいており、そこから第3の対象物がコミュニケーション相手の注意の焦点となることに気づいている。この三項状態の場面で人間と物の間で注意を協応させることにより、乳児は一緒に見発達することが示された。さらに発達すると、大人の注意の焦点外にる対象物の興味深い側面を共有しようとする意図を相手に知らせる。

ある対象物を見て、指さしをし、声を出して、大人にそれを気づかせようとする。その行為がうまくいかないと、乳児は大人の顔をチェックし、声を出してもう一度指さしをするだろう。さらに、第9章で記述したように、9～12か月の乳児は欲求推理の原初形を発達させる (Legerstee & Barillas, 2003)。乳児は、人間がポジティブな発声をしながら物を見ると、それを手に取ってみたいのかもしれないということに気づく。こうしたことはすべて、情動表現者の注意の焦点が人間の参照的意図の手がかりを提供することを、乳児が最初から知っていることを示している (Bruner, 1999; Flavell, 1999; Reddy, 2003)。

しかしながら、もう一つ別の有力な真実がある。過去20年の間に積み重ねられてきた多量な知識が存在する。「この領域で仕事をしている研究者の誰もが、豊かな解釈をする者も、控えめな解釈をする者も、自分たちのすべてを、さらによい経験的知見と喜んで入れ替えようとするだろう。乳児が、自分自身や他者にどんな精神状態や主観的経験を実際にインプットしているのか、その本当のところはわからないというのが真実である」。解釈が豊かなものであれ控えめなものであれ、私はフラヴェル (Flavell, 1993, p.33) の次の主張に同意する。「この領域で仕事をしている研究者の誰もが、豊かな解釈をする者も、控えめな解釈をする者も、自分たちのすべてを、さらによい経験的知見と喜んで入れ替えようとするだろう。乳児が、自分自身や他者にどんな精神状態や主観的経験を実際にインプットしているのか、その本当のところはわからないというのが真実である」。私自身の理論は、過去 (Piaget, 1954; Baldwin, 1902) や現在の偉大な思索家の研究から大きな影響を受けている。本書を読む現世代の研究者は彼らの貢献を深く認識するだろう。本書を、良き指導者たち、わが子どもたち、その父親、そして私の学生たちに捧げる。

訳者あとがき

人間の身体は物質でできています。ですから、身体は、見ることも、触ることもできます。身体から出る音を聞くこともできます。それは肌身で直接感じることができる現象です。

人間には心があります。私たちは、心が存在することも、身体が存在するのと同じように感じています。心が存在することは当り前のようです。しかし、本当に当り前のことなのでしょうか。心は、身体のように見ることも、触ることも、聞くこともできません。存在すると思えるから存在する、としか言いようがないものです。私たちは、いつから、どのようにして、そうした曖昧なものの存在を当り前のことのように感じるのでしょうか。

乳児はおそらく人間に心があることを知らずに生まれてきます。生まれてきた乳児には、人の身体を見ることができますが、人の心を見ることはできません。しかし、それでもなお、乳児はいつしか、この出会えるはずのない人の心に気づきます。他者の身体には心が宿ること、そしてその心の世界は自らの心の世界と同じようでもあり、異なるようでもあることに気がつきます。いつから？ そして、どのように？ 乳児はこの問いかけに対して、言葉では決して語ってくれません。

レゲァスティは、こうした乳児の心への気づきのプロセスを、独創性豊かな方法を使って解き明かそうとします。乳児が人の精神世界に気づいていくメカニズムとしては、（1）他者の意図といった単純な精神世界を理解する仕組みが生得的にしっかりと組み込まれている、（2）他者の意図理解は共同注意ができるようになり他者

の精神世界への接近が可能になる生後半年以降に始まる、（3）他者の意図性を他者との相互作用を通して次第に理解していく、という3つの見方があります。レゲァスティの立場は、（1）と（3）の見方を踏まえており、乳児の対人理解が、生得的な素因がもつ制約性を前提に、他者との情動を共有した相互作用を経験しながら次第に深まっていくとするものです。彼女は自らの立場を制約的構成主義（constraint constructivism）と呼んでいます。レゲァスティには多くの研究論文がありますが、現在のところ、引用はそれほど多くはない印象があります。それは、彼女が、言葉のない乳児を対象に、非常にユニークな実験的手法でその神秘的な心の世界に大胆に迫ろうとするせいかもしれません。

原著は2005年に出版されています。それからほぼ10年が経過しましたが、レゲァスティの考えの基本は変わりません。しかし、いくつかの点で変化が見られます。第一に、二項関係期である生後半年の後半（生後3〜6か月）を明確に三項関係の時期としたこと、第二に、嫉妬（jealousy）という複雑な感情の起源をこの三項関係期に見いだそうとすること、第三に、ブレインサイエンスの知見を積極的に組み込もうとすることなどです。参考までに、近年、彼女が編集し、論文も寄稿している単行本を紹介しておきます。

Hart, S. L., and Legerstee, M. (Eds.), 2010 *Handbook of jealousy: Theory, research, and multidisciplinary approaches.* Wiley-Blackwell.

Legerstee, M., Haley, D. W., and Bornstein, M. H. (Eds.), 2013 *The infant mind: Origins of the social brain.* Guilford Press.

本書を手にしたとき、情動の働きを重視する私の乳児観と非常によく似ており、かつそれを客観的なデータで示そうとしていることに感心しました。そこで、翻訳の難しさは承知していましたが、少しずつ訳出する作業に取りかかりました。ところが、訳文の推敲を重ねるさなかに体調を大きく崩し、しばらく中断せざるをえなくな

264

訳者あとがき

本書は乳児の精神発達に関心がある方にとって参考になることが多いと思います。原著の出版から少し古くなってしまいましたが、それでもなお、りました。途中でやめる覚悟をした時期もありましたが、なんとか最後までやり遂げ、幸いなことに出版まで漕ぎ着けることができました。そうした事情で、

レゲァスティは乳児の精神発達の基盤を他者との情動共有におこうとします。乳児は、自分の情動を反映し返してくれる他者と関わるとき、自分が他者に向けるのと同じ精神的経験を他者に見いだすのです。その乳児観は、ブルーナー (Bruner, J.)、ワロン (Wallon, H.)、フラヴェル (Flavell, J. H.)、レディ (Reddy, V.)、スターン (Stern, D. N.)、トレヴァーセン (Trevarthen, C.)、メルロ・ポンティ (Merleau-Ponty, M.) といった心理学者や哲学者の思索につながるものです。しかし、その主張の妥当性を高めるためには、まだまだ経験的知見が必要なことをレゲァスティはよく承知しています。彼女が行っているような乳児研究には大変な労力が必要ですが、今後どんな独創性に富んだ実験データを発表してくれるか楽しみです。

訳稿を新曜社にお届けしたところ、出版のご快諾をいただきました。編集部の田中由美子さんには、原文にまで目を通していただき、有益なご示唆をたくさんいただきました。田中さんの手にかかり、私の稚拙な表現が格段に読みやすくなった箇所も多くあります。また社主の塩浦暲氏にもお世話になりました。同僚の James M. Vardaman 教授からもご示唆をいただきました。皆様に、心より感謝申しあげます。

2014年4月1日

桜咲く多摩湖畔にて

大藪 泰

Psychological Issue, 5 (Monograph 17).

——— (1987). *The development of behavioral states and the expression of emotions in early infancy: New proposals for investigation.* Chicago: University of Chicago Press.

Woodward, A. (1998). Infants selectively encode the goal object of an actor's reach. *Cognition, 69,* 1-34.

Yonas, A., Petterson, L., and Lockman, J. J. (1979). Young infants' sensitivity to optical information for collision. *Canadian Journal of Psychology, 33,* 268-276.

Zeedyk, S. M. (1996). Developmental accounts of intentionality: Toward integration. *Developmental Review, 16,* 416-461.

引用文献

450-461.

Vygotsky, L. S. (1962). *Thought and language.* (Edited and translated by Eugenia Haufmann and Gertrude Vakar.) Cambridge, MA: MIT Press. (ヴィゴツキー『思考と言語（新訳版）』柴田義松訳, 新読書社, 2001)

(1978). *Mind in society: The development of higher psychological processes.* In M. Cole, V. John-Steiner, S. Criner, and E. Souberman (eds.), Cambridge, MA: Harvard University Press.

Walden, T. A., and Ogan, T. A. (1988). The development of social referencing. *Child Development, 59,* 1230-1240.

Walker-Andrews, A. S. (1997). Infants' perception of expressive behaviors: Differentiation of multimodal information. *Psychological Bulletin, 121,* 437-456.

Watson, J. B. (1928). *Psychological care of infant and child.* New York: Norton. (ワトソン『子供は如何に育てらるべきか：心理学の實驗に基いて語る』細井次郎・齋田晃訳, 成美堂書店, 1934)

Watson, J. S. (1972). Smiling, cooing, and "the game." *Merrill-Palmer Quarterly, 18,* 323-339.

(1979). Perception of contingency as a determinant of social responsiveness. In E. B. Thoman (ed.), *The origins of the infant's social responsiveness* (pp. 33-64). Hillsdale, NJ: Erlbaum.

(1985). Contingency perception in early social development. In T. M. Field and N. A. Fox (eds.), *Social perception* (pp. 157-176). Norwood, NJ: Ablex Publishing.

Watson, J. S., and Ramey, C. T. (1972). Reactions to response-contingent stimulation in early infancy. *Merrill Palmer Quarterly, 18,* 219-227.

Wellman, H. M. (1990). *The child's theory of mind.* Cambridge, MA: MIT Press.

(1993). Early understanding of mind: The normal case. In S. Baron-Cohen, H. Tager-Flusberg, and D. J. Cohen (eds.), *Understanding other minds: Perspectives from autism* (pp. 10-39). Oxford, England: Oxford University Press.

Wellman, H. M., and Banerjee, M. (1991). Mind and emotion: Children's understanding of the emotional consequences of beliefs and desires. *British Journal of Developmental Psychology, 9,* 191-224.

Wellman, H. M., and Estes, D. (1986). Early understanding of mental entities: A reexamination of childhood realism. *Child Development, 57,* 910-923.

Wellman, H. M., Harris, P. L., Banerjee, M., and Sinclair, A. (1995). Early understanding of emotion: Evidence from natural language. *Cognition and Emotion, 9,* 117-149.

Wellman, H. M., and Woolley, J. P. (1990). From simple desires to ordinary beliefs: The early development of everyday psychology. *Cognition, 35,* 245-275.

Werker, J. F., and McLeod, P. J. (1989). Infant preference for both male and female infant-directed talk: A developmental study of attentional and affective responsiveness. *Canadian Journal of Psychology, 43,* 230-246.

Wimmer, H., and Perner, J. (1983). Beliefs about beliefs: Representation and constraining function of wrong beliefs in young children's understanding of deception. *Cognition, 13,* 103-128.

Wolff, P. H. (1966). The causes, controls, and organization of behavior in the neonate.

(1999). *The cultural origins of human cognition*. Cambridge, MA: Harvard University Press. (トマセロ『心とことばの起源を探る：文化と認知』大堀壽夫ほか訳, 勁草書房, 2006)

(2000). Culture and cognitive development. *Current Directions in Psychological Science, 9*, 37-40.

(January, 2003), personal communication.

Tomasello, M., and Call, J. (1997). *Primate cognition*. London: Oxford University Press.

Tomasello, M., and Camaioni, L. (1997). A comparison of the gestural communication of apes and human infants. *Human Development, 40*, 7-24.

Tomasello, M., and Farrar, M. J. (1986). Joint attention and early language. *Child Development, 57*, 1454-1463.

Tomasello, M., Kruger, A. C., and Ratner, H. H. (1993). Cultural learning. *Behavioral and Brain Sciences, 16*, 495-552.

Trehub, S. (1976). The discrimination of foreign speech contrasts by infants and adults. *Child Development, 47*, 466-472.

Trevarthen, C. (1979). Communication and cooperation in early infancy. A description of primary intersubjectivity. In M. Bullowa (ed.), *Before speech: The beginning of human communication* (pp. 321-347). Cambridge: Cambridge University Press.

(1991). The self born in intersubjectivity: The psychology of an infant communicating. In U. Neisser (ed.), *The perceived self: Ecological and interpersonal sources of self-knowledge*. Cambridge: Cambridge University Press.

Trevarthen, C., and Hubley, P. (1978). Secondary intersubjectivity: Confidence, confiding and acts of meaning in the second year. In A. Lock (ed.), *Action, gesture and symbol: The emergence of language* (pp. 183-229). New York: Academic Press.

Tronick, E. Z. (1989). Emotions and emotional communication in infants. *American Psychologist, 44*, 112-119.

(2002). A model of infant mood states: Long lasting organizing affective states and emotional representational processes without language or symbols. *Psychoanalytic Dialogues, 12*, 73-99.

(2003). Things still to be done on the still-face effect. *Infancy, 4*, 475-482.

(2004). Selective coherence and dyadic states of consciousness. In J. Nadel and D. Muir (eds.), *Developmental studies of emotions* (pp. 293-315). Oxford: Oxford University Press.

Valsiner, J. (1997). *Culture and the development of children's action*. New York: Wiley.

van den Boom, D. C. (1994). The influence of temperament and mothering on attachment and exploration: An experimental manipulation of sensitive responsiveness among lower-class mothers with irritable infants. *Child Development, 65*, 1457-1477.

Vecera, S. P., and Johnson, M. H. (1995). Gaze detection and the cortical processing of faces: Evidence from infants and adults. *Visual Cognition, 2*, 59-87.

Vedeler, D. (1994). Infant intentionality as object-directedness: A method for observation. *Scandinavian Journal of Psychology, 35*, 343-366.

Verschueren, K., Marcoen, A., and Schoef, V. (1996). The internal working model of the self, attachment, and competence in five year olds. *Child Development, 67*, 2493-2511.

Von Hofsten, C. (1982). Eye-hand coordination in newborns. *Developmental Psychology, 18*,

引用文献

Spitz, R. (1963). Hospitalism: An inquiry into the genesis of psychiatric conditions in early childhood. *Psychoanalytic Study of Child, 1*, 53-74.

Stankov, L. (1983). Attention and intelligence. *Educational Psychology, 75*, 471-490.

Stern, D. N. (1977). *The first relationship: Infant and mother.* Cambridge, MA: Harvard University Press. (スターン『母子関係の出発：誕生からの一八〇日』岡村佳子訳, サイエンス社, 1979)

――― (1984). Affect attunement. In J. D. Call, E. Galenson, and R. T. Tyson (eds.), *Frontiers of infant psychiatry* (Vol. II, pp. 3-14). New York: Basic Books.

――― (1985). *The interpersonal world of the infant.* New York: Basic Books. (スターン『乳児の対人世界（理論編／臨床編）』小此木啓吾・丸田俊彦監訳；神庭靖子・神庭重信訳, 岩崎学術出版社, 1989／1991)

――― (1995). Self/other distinction in the domain of intimate socio-affective interaction: Some considerations. In P. Rochat (ed.), *The self in infancy: Theory and research.* Advances in psychology. Amsterdam: North Holland-Elsevier.

Sullivan, J. W., and Horowitz, F. D. (1983). Infant intermodal perception and maternal multimodal stimulation: Implications for language development. In L. P. Lipsitt and C. K. Rovee-Collier (eds.), *Advances in infancy research* (Vol. 2). Norwood, NJ: Ablex.

Summerfeld, Q. (1979). Use of visual information for phonetic perception. *Phonetica, 36*, 314-331.

Szajnberg, N. M., Skrinjaric, J., and Moore, A. (1989). Affect attunement, attachment, temperament and zygosity: A twin study. *Journal of the American Academy of Child and Adolescent Psychiatry, 28*, 249-253.

Tager-Flusberg, H. (1989). An analysis of discourse ability and internal state lexicons in a longitudinal study of autistic children. Paper presented at *Biennial Meeting of Society for Research in Child Development*, Kansas City.

Tamis-LeMonda, C. S., and Bornstein, M. H. (1989). Habituation and maternal encouragement of attention in infancy as predictors of toddler language, play, and representational competence. *Child Development, 60*, 738-751.

Tamis-LeMonda, C. S., Bornstein, M. H., and Baumwell, L. (2001). Maternal responsiveness and children's achievement of language milestones. *Child Development, 72*, 748-767.

Tarabulsy, G. M., Tessier, R., and Kappas, A. (1996). Contingency detection and the contingent organization of behavior in interactions: Implications for socioemotional development in infancy. *Psychological Bulletin, 120*, 25-41.

Teo, T. (1997). Developmental psychology and the relevance of a critical metatheoretical reflection. *Human Development, 40*, 195-210.

Tizard, B., and Rees, J. (1974). A comparison of the effects of adoption, restoration, to the natural mother, and continued institutionalization of the cognitive development of four-year-old children. *Child Development, 45*, 92-99.

Tomasello, M. (1995). Joint attention as social cognition. In C. Moore and P. Dunham (eds.), *Joint attention: Its origins and role in development* (pp. 103-130). Hillsdale, NJ: Erlbaum.

――― (1996). Do apes ape? In C. M. Heyes and B. G. Galef (eds.), *Social learning in animals: The roots of culture* (pp. 319-346). New York: Academic Press.

Schaffer, H. R., Collins, G. M., and Parsons, G. (1977). Vocal interchange and visual regard in verbal and preverbal children. In H. R. Schaffer (ed.), *Studies in mother-infant interaction* (pp. 291-324). London: Academic Press.

Schmuckler, M. (1981). *Visual habituation programme*. Ontario: University of Toronto.

Schore, A. N. (2000). Emotion, development, and self-organization: Dynamic systems approaches to emotional development. In M. D. Lewis and I. Granic (eds.), *Neurobiological perspectives: The self-organization of the right brain and the neurobiology of emotional development*. Cambridge: Cambridge University Press.

Schultz, S., and Wellman, H. M. (1997). Explaining human movements and actions: Children's understanding of the limits of psychological explanation. *Cognition, 62*, 291-324.

Searle, J. R. (1983). *Intentionality: An essay in the philosophy of mind*. Cambridge: Cambridge University Press. (サール『志向性：心の哲学』坂本百大監訳, 誠信書房, 1997)

Seifer, R., Schiller, M., Sameroff, A. J., Resnick, S., and Riordan, K. (1996). Attachment, maternal sensitivity, and infant temperament during the first year of life. *Developmental Psychology, 32*, 12-25.

Seligman, M. E. P. (1975). *Helplessness: On depression, development and death*. San Francisco: Freeman. (セリグマン『うつ病の行動学：学習性絶望感とは何か』平井久・木村駿監訳, 誠信書房, 1985)

Skinner, B. F. (1948). Concurrent operants. *American Psychologist, 3*, 359.

Smith, P. B., and Pederson, D. R. (1988). Maternal sensitivity and patterns of infant-mother attachment. *Child Development, 59*, 1097-1101.

Snow, C. (1977). The development of conversation between mothers and babies. *Child Language, 4*, 1-22.

Soken, N. H., and Pick, A. D. (1992). Intermodal perception of happy and angry expressive behaviors by seven-month-old infants. *Child Development, 63*, 787-795.

Spelke, E. S. (1981). The infant's acquisition of knowledge of bimodally specified events. *Journal of Experimental Child Psychology, 31*, 179-299.

—— (1985). Preferential-looking methods as tools for the study of cognition in infancy. In G. Gotlieb and N. A. Krasnegor (eds.), *Measurement of audition and vision in the first year of postnatal life: A methodological overview*. Westport, US: Ablex Publishing.

—— (1988). Where perceiving ends and thinking begins: The apprehension of objects in infancy. In A. Yonas (ed.), *Perceptual development in infancy. The Minnesota symposia on child psychology* (vol. 20, pp. 197-234). Hillsdale, NJ: Erlbaum.

Spelke, E. S., Breinlinger, K., Macomber, J., and Jacobson, K. (1992). Origins of knowledge. *Psychological Review, 99*, 605-632.

Spelke, E. S., and Cortelyou, A. (1981). Perceptual aspects of social knowing: Looking and listening in infancy. In M. E. Lamb and L. R. Sherrod (eds.), *Infant social cognition: Empirical and theoretical considerations*. Hillsdale, NJ: Erlbaum.

Spelke, E. S., Phillips, A. T., and Woodward, A. L. (1995). Infants, knowledge of object motion and human action. In D. Sperber, D. Premack, and A. J. Premack (eds.), *Causal cognition: A multi-disciplinary debate* (pp. 44-78). Oxford: Clarendon Press.

Sperber, D., Premack, D., and Premack, A. J. (1995). *Causal cognition: A multidisciplinary debate*. Oxford: Clarendon Press.

and P. Dunham (eds.), *Joint attention: Its origin and role in development* (pp. 251-271). Hillsdale, NJ: Erlbaum.

Reddy, V. (1991). Playing with others' expectations: Teaching and mucking about in the first year. In A. Whitten (ed.), *Natural theories of mind: Evolution, development and simulation of everyday mindreading*. Cambridge, MA: Basil Blackwell.

— (1999). Prelinguistic communication. In M. Barrett (ed.), *The development of language. Studies in developmental psychology* (pp. 25-50). Philadelphia: Psychology Press.

— (2003). On being the object of attention: Implications for self-other consciousness. *Trends in Cognitive Sciences, 7,* 397-402.

Reddy, V., Hay, D., Murray, L., and Trevarthen, C. (1997). Communication in infancy: Mutual regulation of affect and attention. In G. Bremner, A. Slater, and G. Butterworth (eds.), *Infant development: Recent advances* (pp. 247-273). Hove: Psychology Press.

Reed, E. S. (1995). Becoming a self. In P. Rochat (ed.), *The self in infancy: Theory and research*. Amsterdam, Netherlands: North-Holland/Elsevier Science Publishers.

Repacholi, B. M. (1998). Infants' use of attentional cues to identify the referent of another person's emotional expression. *Developmental Psychology, 34,* 1017-1025.

Repacholi, B. M., and Gopnik, A. (1997). Early reasoning about desires: Evidence from 14- and 18-month-olds. *Developmental Psychology, 33,* 12-21.

Rheingold, H. L. (1961). The effect of environmental stimulation upon social and exploratory behaviour in the human infant. In B. M. Foss (ed.), *Determinants of infant behavior* (pp. 143-171). Oxford, England: Wiley.

Ribble, M. (1944). Infant experience in relation to personality development. In M. V. Hunt (ed.), *Personality and the behavior disorders* (pp. 621-651). Ronald Press.

Rogers, S. J., and Pennington, B. F. (1991). A theoretical approach to the deficits in infantile autism. *Development and Psychopathology, 3,* 137-162.

Rothbart, M. K. (1981). IBQ. The Infant Behavior Questionnaire: Measurement of temperament in infancy. *Child Development, 52,* 569-578.

Rovee-Collier, C. K., and Fagan, J. W. (1981). The retrieval of memory in early infancy. *Advances in Infancy Research, 1,* 225-254.

Ruddy, M. G., and Bornstein, M. H. (1982). Cognitive correlates of infant attention and maternal stimulation over the first year of life. *Child Development, 53,* 183-188.

Rutter, M. (1971). Parent-child separation: Psychological effects on the children. *Journal of Child Psychology and Psychiatry, 12,* 233-260.

— (1972). *Maternal deprivation reassessed*. Harmondsworth: Penguin. (ラター 『母親剥奪理論の功罪』 北見芳雄・佐藤紀子・辻祥子訳, 誠信書房, 1979)

Salapatek, P., and Kessen, W. (1966). Visual scanning of triangles by the human newborn. *Journal of Experimental Child Psychology, 3,* 155-167.

Saxon, T. F., Frick, J. E., and Colombo, J. (1997). A longitudinal study of maternal interactional styles and infant visual attention. *Merrill Palmer Quarterly, 43,* 48-66.

Scaife, M., and Bruner, J. S. (1975). The capacity for joint visual attention in the infant. *Nature, 253,* 265-266.

Schaffer, H. R. (1971). *The growth of sociability*. Harmondsworth: Penguin Books.

— (1984). *The child's entry into a social world*. London: Academic Press.

R. M. Seyfarth, R. W. Wrangham, and T. T. Struhsaker (eds.), *Primate societies* (pp. 462-471).

Papousek, M., Papousek, H., and Symmes, D. (1991). The meanings of melodies in motherese in tone and stress languages. *Infant Behavior and Development, 14*, 415-440.

Pascual-Leone, J., and Johnson, J. (1998). A dialectical constructivist view of representation: The role of mental attention, executives, and symbols. In I. E. Sigel (ed.), *The development of representational thought: Theoretical perspectives* (pp. 169-200). Mahwah, NJ: Erlbaum.

Perry, J. C., and Stern, D. N. (1976). Gaze duration frequency distributions during mother-infant interaction. *Journal of Genetic Psychology, 129*, 45-55.

Perner, J. (1991). *Understanding the representational mind*. Cambridge, MA: The MIT Press. (パーナー『発達する「心の理論」：4歳：人の心を理解するターニングポイント』小島康次・佐藤淳・松田真幸訳，ブレーン出版，2006)

Phillips, A. T., Wellman, H. M., and Spelke, E. (2002). Infant's ability to connect gaze and emotional expression to intentional action. *Cognition, 85*, 53-78.

Phillips, W., Baron-Cohen, S., and Rutter, M. (1992). The role of eye contact in goal detection: Evidence from normal infants and children with autism or mental handicaps. *Development and Psychopathology, 4*, 375-383.

Piaget, J. (1929). *The child's conception of the world*. Routledge and Kegan Paul. (『児童の世界観（改訂）』大伴茂訳，同文書院，1960)

――― (1952). *Play, dreams and imitation*. New York: W. W. Norton and Co. Inc. (ピアジェ『幼児心理学 1～3（新装版）』大伴茂訳，黎明書房，1988)

――― (1954). *The origins of intelligence in children*. New York: Norton. (ピアジェ『知能の誕生』谷村覚，浜田寿美男訳，ミネルヴァ書房，1978)

――― (1981). *Intelligence and affectivity: Their relationship during child development*. Oxford: Annual Reviews.

Poulin-Dubois, D. (1999). Infants' distinction between animate and inanimate objects: The origins of naïve psychology. In P. Rochat (ed.), *Early social cognition*. Hillsdale, NJ: Erlbaum.

Povinelli, D. J., and Eddy, T. J. (1996). What young chimpanzees know about seeing. *Monographs of the Society for Research in Child Development, 61*, (3, Serial No. 247).

Premack, D. (1990). The infant's theory of self-propelled objects. *Cognition, 36*, 1-16.

――― (1991). The infant's theory of self-propelled objects. In D. Frye and C. Moore (eds.), *Children's theories of mind: Mental states and social understanding* (pp. 39-48). Hillsdale, NJ: Erlbaum.

Rader, N., and Stern, J. D. (1982). Visually elicited reaching in neonates. *Child Development, 53*, 1004-1007.

Rakison, D. H., and Poulin-Dubois, D. (2000). Developmental origin of the animate/inanimate distinction. *Psychological Bulletin, 127*, 209-226.

Ramey, C. T., and Finkelstein, N. W. (1978). Contingent stimulation and infant competence. *Journal of Pediatric Psychology, 3*, 89-96.

Raver, C. C., and Leadbeater, B. J. (1995). Factors influencing joint attention between socioeconomically disadvantaged adolescent mothers and their infants. In C. Moore

Psychology, 13, 163-175.
Moses, L. J. (1993). Young children's understanding of belief constraints on intention. *Cognitive Development, 8*, 1-25.
Moses, L. J., Baldwin, D. A., Rosicky, J. G., and Tidball, G. (2001). Evidence for referential understanding in the emotions domain at twelve and eighteen months. *Child Development, 72*, 718-735.
Moses, L. J., and Flavell, J. H. (1990). Inferring false beliefs from actions and reactions. *Child Development, 61*, 929-945.
Muir, D., Cao, Y., and Entremont, B. (1994, June). Infant social perception revealed during adult face-to-face interaction. *Infant Behavior and Development, 17*, 86.
Muir, D., and Hains, S. (1999). Young infants' perception of adult intentionality: Adult contingency and eye direction. In P. Rochat (ed.), *Early social cognition: Understanding others in the first months of life* (pp. 155-187). Mahwah, NJ: Erlbaum.
Munakata, Y. (2000). Challenges to the violation-of-expectation paradigm: Throwing the conceptual baby out with the perceptual processing bathwater? *Infancy, 1*, 471-477.
Mundy, P., and Sigman, M. (1989). The theoretical implications of joint-attention deficits in autism. *Development and Psychopathology, 1*, 173-183.
Murphy, C. M., and Messer, D. J. (1977). Mothers, infants, and pointing: A study of gesture. In H. R. Schaffer (ed.), *Studies in mother-infant interaction* (pp. 325-354). London: Academic Press.
Murray, L., Fior-Cowley, A., Hooper, R., and Cooper, P. (1996). The impact of postnatal depression and associated adversity on early mother-infant interactions and later infant outcomes. *Child Development, 67*, 2512-2526.
Murray, L., and Trevarthen, C. (1985). Emotional regulations of interactions between two-month-olds and their mothers. In T. M. Field and N. Fox (eds.), *Social perception in infants*. New Jersey: Ablex.
Nadel, J., Carchon, I., Kervella, C., Marcelli, D., and Reserbat-Plantey, D. (1999). Expectancies for social contingency in 2-month-olds. *Developmental Science, 2*, 164-173.
Nakano, S., and Kanaya, Y. (1993). The effects of mothers' teasing: Do Japanese infants read their mothers' play intention in teasing? *Early Development and Parenting, 2*, 7-17.
Neisser, U. (1993). The self perceived. In U. Neisser (ed.), *The perceived self: Ecological and interpersonal sources of self-knowledge*. Cambridge: Cambridge University Press.
 (1995). Criteria for an ecological self. In P. Rochat (ed.), *The self in infancy: Theory and research* (pp. 17-34). Amsterdam, Netherlands: North-Holland/Elsevier Science Publishers.
Nelson, L. A. (1987). The recognition of facial expression in the first two years of life: Mechanisms of development. *Child Development, 58*, 889-909.
Nicely, P., Tamis-LeMonda, C. S., and Bornstein, M. H. (1999). Mothers' attuned responses to infant affect expressivity promote earlier achievement of language milestones. *Infant Behavior and Development, 22*, 557-568.
Nicely, P., Tamis-LeMonda, C. S., and Grolnick, W. S. (1999). Maternal responses to infant affect: Stability and prediction. *Infant Behavior and Development, 22*, 103-117.
Nishida, T. (1986). Local traditions and cultural transmission. In B. B. Smuts, D. L. Cheney,

MA: The MIT Press.

Meltzoff, A. N., and Gopnik, A. (1993). The role of imitation in understanding persons and developing a theory of mind. In S. Baron-Cohen, H. Tager-Flusberg, and D. J. Cohen (eds.), *Understanding other minds: Perspectives from autism* (pp. 335-365). Oxford: Oxford University Press.

Meltzoff, A. N., and Moore, M. K. (1977). Imitation of facial and manual gestures of human neonates. *Science, 198,* 75-78.

—— (1983). The origins of imitation in infancy: Paradigm, phenomena, and theories. In L. P. Lipsitt and C. Rovee-Collier (eds.), *Advances in infancy research, 2.* Norwood: NJ, Ablex.

—— (1997). Explaining facial imitation: A theoretical model. *Early Development and Parenting, 6,* 179-192.

—— (1999). Persons and representation: Why infant imitation is important for theories of human development. In J. Nadel and G. Butterworth (eds.), *Imitation in infancy* (pp. 9-35). Cambridge: Cambridge University Press.

Merleau-Ponty, M. (1942/1963). *The structure of behavior.* Trans. A. L. Fisher. USA: Beacon Press.

Messer, D. (1997). Referential communication: Making sense of the social and physical worlds. In G. Bremner, A. Slater, and G. Butterworth (eds.), *Infant development: Recent advances* (pp. 291-309). Hove, UK: Psychology Press.

Messer, S. B., Kagan, J., and McCall, R. B. (1970). Fixation time and tempo of play in infants. *Developmental Psychology, 3,* 406.

Millar, W. S. (1972). A study of operant conditioning under delayed reinforcements in early infancy. *Monographs of the Society for Research in Child Development, 37,* 1-44.

Moerk, E. L. (1989). The fuzzy set called "imitation." In G. E. Speidel and K. E. Nelson (eds.), *The many faces of imitation in language learning* (pp. 277-303). New York: Springer.

Molina, M., Van de Walle, G. A., Condry, K., and Spelke, E. S. (2004). The animate-inanimate distinction in infancy: Developing sensitivity to constraints on human actions. *Journal of Cognition and Development, 5,* 399-426.

Montague, D. P. F., and Walker-Andrews, A. S. (2001). Peekaboo: A new look at infants' perception of emotion expression. *Developmental Psychology, 37,* 826-838.

Moore, C. (1996). Theories of mind in infancy. *British Journal of Developmental Psychology, 14,* 19-40. In C. Moore and P. J. Dunham (eds.), *Joint attention: Its origins and role in development* (pp. 251-271). Hillsdale: Erlbaum.

Moore, C., and Corkum, V. (1994). Social understanding at the end of the first year of life. *Developmental Review, 14,* 349-372.

Moore, C., and D'Entremont, B. (2001). Developmental changes in pointing as a function of attentional focus. *Journal of Cognition and Development, 2,* 109-129.

Moore, D. G., Hobson, R. P., Lee, A., and Anderson, M. (1992, September). *IQ-independent person perception: Evidence from developmental psychopathology.* Paper presented at the meeting of the 5th European Conference on Developmental Psychology, Seville, Spain.

Morrissette, P., Ricard, M., and Decarie, T. G. (1995). Joint visual attention and pointing in infancy: A longitudinal study of comprehension. *British Journal of Developmental*

Mandler, J. M. (1992). How to build a baby: Conceptual primitives. *Psychological Review, 99*, 587-604.

Maratos, O. (1973). The origin and development of imitation in the first six months of life. Unpublished doctoral dissertation. University of Geneva.

Markova, G. (Winter, 2004). PhD student participant in Graduate seminar, "Development of Affect, Consciousness and Social Cognition," (M. Legerstee). York University.

Markova, G., and Legerstee, M. (2006). Contingency, imitation and affect sharing? Foundations of infants' social awareness. *Developmental Psychology, 42*, 132-141.

―― (2004). Foundations of infant's social awareness. Paper presented at the Conference on Developmental relations between Executive Functioning, Social Understanding, and Social Interaction, September, Vancouver, BC.

Markus, J., Mundy, P., Morales, M., Delgado, C. E. F., and Yale, M. (2000). Individual differences in infant skills as predictors of child-caregiver joint attention and language. *Social Development, 9*, 302-315.

Maurer, D., and Salapatek, P. (1976). Developmental changes in the scanning of faces by young infants. *Child Development, 47*, 523-527.

McCall, R., and Kagan, J. (1970). Fixation time and tempo of play in infants. *Developmental Psychology, 3* (3, pt. 1).

McGurk, H., and McDonald, J. (1976). Hearing lips and seeing voices. *Nature, 264*, 746-748.

Meins, E., Fernyhough, C., Fradley, E., and Tuckey, M. (2001). Rethinking maternal sensitivity: Mothers' comments on infants' mental processes predict security attachment at 12 months. *Journal of Child Psychology and Psychiatry and Allied Sciences, 42*, 637-648.

Meins, E., Fernyhough, C., Wainwright, R., Clark-Carter, D., Gupta, M. D., Fradley, E., and Tuckey, M. (2002). Maternal mind-mindedness and attachment security as predictors of theory of mind understanding. *Child Development, 73*, 1715-1726.

―― (2003). Pathways to understanding mind: Construct validity and predictive validity of maternal mind-mindedness. *Child Development, 74*, 1194-1211.

Meltzoff, A. N. (1985). Immediate and deferred imitation in fourteen- and twenty-four-month-old infants. *Child Development, 56*, 62-72.

―― (1988). Infant imitation and memory: Nine-month-olds in immediate and deferred tests. *Child Development, 59*, 217-225.

―― (1990). Foundations for developing a concept of self: The role of imitation in relating self to other and the value of social mirroring, social modelling, and self practice in infancy. In D. Cicchetti and M. Beeghly (eds.), *The self in transition: Infancy to childhood* (pp. 139-164). Chicago: The University of Chicago Press.

―― (1995). Understanding the intentions of others: Reenactment of intended acts by 18-month-old children. *Developmental Psychology, 31*, 838-850.

Meltzoff, A. N., and Borton, R. (1979). Intermodal matching of human neonates. *Nature, 282*, 403-404.

Meltzoff, A. N., and Brooks, R. (2001). "Like me" as a building block for understanding other minds: Bodily acts, attention, and intention. In B. F. Malle and L. J. Bertram (eds.), *Intentions and intentionality: Foundations of social cognition* (pp. 171-195). Cambridge,

and without Down syndrome. *Journal of Child Language, 29,* 23-48.
Legerstee, M., and Varghese, J. (2001). The role of affect mirroring on social expectancies in three-month-old infants. *Child Development, 72,* 1301-1313.
Legerstee, M., and Weintraub, J. (1997). The integration of person and object attention in infants with and without Down Syndrome. *Infant Behavior and Development, 20,* 71-82.
Leslie, A. M. (1984). Spatiotemporal continuity and the perception of causality in infants. *Perception, 13,* 287-305.
Leung, E. H., and Rheingold, H. L. (1981). Development of pointing as a social gesture. *Developmental Psychology, 17,* 215-220.
Lewis, M., and Brooks-Gunn, J. (1979). *Social cognition and the acquisition of self.* New York, Plenum.
Lewis, M. D. (1997). Personality self-organization: Cascading constraints on cognition-emotion interaction. In A. Fogel, M. Lyra, and J. Valsiner (eds.), *Dynamics and indeterminism in developmental and social processes* (pp. 193-216). Hillsdale, NJ: Lawrence Erlbaum Associates, Inc.
(2000). Emotional self-organization at three time scales, *The dynamics of emotion-related behaviors in infancy* (pp. 37-69). New York: Cambridge University Press.
Lewis, M. D., and Granic, I. (2000). *The dynamics of emotion-related behaviors in infancy.* New York: Cambridge University Press.
Leyendecker, B., Lamb, M. E., Schölmerich, A., and Fricke, D. M. (1997). Contexts as moderators of observed interactions: A study of Costa Rican mothers and infants from differing socioeconomic backgrounds. *International Journal of Behavioral Development, 21,* 15-34.
Lillard, J., and Flavell, J. H. (1990). Young children's preference for mental state versus behavioral descriptions of human actions. *Child Development, 61,* 731-741.
Locke, A. (1980). *The guided reinvention of language.* London: Academic Press.
Locke, J. (1710/1975). *An essay concerning human understanding* (ed. with a foreword by P. H. Nidditsch). Oxford: Clarendon Press. (ロック『人間知性論』大槻春彦訳, 岩波文庫, 1972-1977)
Lollis, S., and Kuczynski, L. (1997). Beyond one hand clapping: Seeing bidirectionality in parent-child relations. *Journal of Social and Personal Relationships, 14,* 441-461.
Loveland, K. A. (1986). Discovering the affordances of a reflecting surface. *Developmental Review, 6,* 1-24.
Lukesch, H., and Lukesch, M. (1976). *Fragebogen zur Messung von Einstellungen zu Schwangerschaft, Sexualität und Geburt* (SSG). Göttingen: Hogrefe.
MacKain, K., Studder-Kennedy, M., Spieker, S., and Stern, D. (1983). Infant intermodal speech perception is a left-hemisphere function. *Science, 218,* 1138-1141.
Mahler, M. S., Pine, F., and Bergman, A. (1975). Stages in the infant's separation from the mother. In G. Handel and G. G. Whitchurch (eds.), *The psychosocial interior of the family* (4th edn, pp. 419-448). Hawthorne, US: Aldine de Gruyter.
Malatesta, C. Z., and Izard, C. E. (1984). The ontogenesis of human social signals: From biological imperative to symbol utilization. In N. A. Fox and R. J. Davidson (eds.), *The psychobiology of affective development* (pp. 161-206). Hillsdale, NJ: Erlbaum.

Journal of Consciousness, 5, 627-644.
- (2001a). Domain specificity and the epistemic triangle in the development of animism in infancy. In F. Lacerda, C. von Hofsten, and M. Heinemann (eds.), *Emerging cognitive abilities in early infancy* (pp. 193-212). Hillsdale, NJ: Erlbaum.
- (2001b). Six-month-old infants rely on explanatory inference when relating communication to people and manipulative actions to inanimate objects: Reply to Gergely. *Developmental Psychology, 5,* 583-586.

Legerstee, M., Anderson, D., and Schaffer, A. (1998). Five- and eight-month-old infants recognize their faces and voices as familiar and social stimuli. *Child Development, 69,* 37-50.

Legerstee, M., and Barillas, Y. (2003). Sharing attention and pointing to objects at 12 months: Is the intentional stance implied? *Cognitive Development, 18,* 91-110.

Legerstee, M., Barna, J., and DiAdamo, C. (2000). Precursors to the development of intention at 6 months: Understanding people and their actions. *Developmental Psychology, 3,* 627-634.

Legerstee, M., and Bowman, T. (1989). The development responses to people and a toy in infants with Down syndrome. *Infant Behaviour and Development, 12,* 462-473.

Legerstee, M., Bowman, T., and Fels, S. (1992). People and objects affect the quality of vocalizations in infants with Down syndrome. *Early Development and Parenting, 1,* 149-156.

Legerstee, M., Corter, C., and Kienapple, K. (1990). Hand, arm and facial actions of young infants to a social and nonsocial stimulus. *Child Development, 61,* 774-784.

Legerstee, M., Fahy, L., Blake, J., Fisher, T., and Markova, G. (May, 2004). *Maternal factors contributing to toddlers' early development of internal state language: A longitudinal study.* Poster presented at 14th Biennial International Conference on Infant Studies (ICIS), Chicago, USA.

Legerstee, M., and Feider, H. (1986). The acquisition of person pronouns in French-speaking children. *International Journal of Psychology, 21,* 629-639.

Legerstee, M., Fisher, T., and Markova, G. (2005). *The development of attention during dyadic and triadic interactions: The role of affect attunement.* Paper presented at 35th Annual Meeting of the Jean Piaget Society, Vancouver, Canada, June, 2005.

Legerstee, M., and Markova, G. (2005). *Variation in imitation in 10-month-old infants: Awareness of intentional action.* Paper presented at 35th annual meeting of the Jean Piaget Society, Vancouver, Canada, June, 2005.

Legerstee, M., Pasic, N., Barillas, Y., and Fahy, L. (2004). Social emotional development: The basis for mentalism. In S. Gallagher, S. Watson, P. LeBrun, and P. Romanski (eds.) *Ipseity and alterity: Interdisciplinary approaches to intersubjectivity* (pp. 33-46). Rouen, France: Publications de l'Université de Rouen.

Legerstee, M., Pomerleau, A., Malcuit, G., and Feider, H. (1987). The development of infants' responses to people and a doll: Implications for research in communication. *Infant Behavior and Development, 10,* 81-95.

Legerstee, M., Van Beek, Y., and Varghese, M. (2002). Effects of maintaining and redirecting infant attention on the production of referential communication in infants with

Kaye, K. (1982). Self-image formation in adopted children: The environment within. *Journal of Contemporary Psychotherapy, 13,* 175-181.

Kaye, K., and Fogel, A. (1980). The temporal structure of face-to-face communication between mothers and infants. *Developmental Psychology, 16,* 454-464.

Kaye, K., and Marcus, J. (1981). Infant imitation: The sensory-motor agenda. *Developmental Psychology, 17,* 258-265.

Keil, C. K., Smith, W. C., Simons, D. J., and Levin, D. T. (1998). Two dogmas of conceptual empiricism: Implications for hybrid models of the structure of knowledge. *Cognition, 65,* 103-135.

Kenny, J. (1988). *The self.* Marquette: Marquette University Press.

Killen, M., and Uzgiris, I. C. (1981). Imitation of action with objects: The role of social meaning. *Journal of Genetic Psychology, 138,* 219-229.

Koluchova, J. (1972). Severe deprivation in twins: A case study. *Journal of Child Psychology and Psychiatry, 13,* 107-114.

Kuchuk, A., Vibbert, N. M., and Bornstein, M. H. (1986). The perception of smiling and its experiential correlates in three-month-old infants. *Child Development, 57,* 1054-1061.

Kuhl, P., and Meltzoff, A. N. (1982). The bimodal perception of speech in infancy. *Science, 218,* 1138-1141.

LaBarbera, J. D., Izard, C. E., Vietze, P., and Parisi, S. A. (1976). Four- and six-month-old infants' visual responses to joy, anger, and neutral expressions. *Child Development, 47,* 535-538.

Landry, S. H., Smith, K. E., Millar-Loncar, C. L., and Swank, P. R. (1998). The relation of change in maternal interactive styles to the developing social competence in full-term and pre-term children. *Child Development, 69,* 105-123.

Legerstee, M. (1990). Infants use multimodal stimulation to imitate speech sounds. *Infant Behavior and Development, 13,* 345-356.

(1991a). Changes in the quality of infant sounds as a function of social and nonsocial stimulation. *First Language, 11,* 327-343.

(1991b). The role of people and objects in early imitation. *Journal of Experimental Child Psychology, 51,* 423-433.

(1992). A review of the animate/inanimate distinction in infancy: Implications for models of social and cognitive knowing. *Early Development and Parenting, 1,* 59-67.

(1994a). Patterns of 4-month-old infant responses to hidden silent and sounding people and objects. *Early Development and Parenting, 3,* 71-80.

(1994b). The role of familiarity and sound in the development of person and object permanence. *British Journal of Developmental Psychology, 12,* 455-468.

(1997a). Changes in social-conceptual development: Domain specific structures, self-organization and indeterminism. In A. Fogel, M. C. D. P. Lyra, and J. Valsiner (eds.), *Dynamics and indeterminism in development and social processes* (pp. 245-260). Mahwah, NJ: Erlbaum.

(1997b). Contingency effects of people and objects on subsequent cognitive functioning in three-month-old infants. *Social Development, 6,* 307-321.

(1998). Mental and bodily awareness in infancy: Consciousness of self-existence.

and negative affective communications on infant responses to new toys. *Child Development, 58*, 937-944.
Hsu, H. C., and Fogel, A. (2003). Stability and transitions in mother-infant face-to-face communication during the first 6 months: A micro-historical approach. *Developmental Psychology, 39*, 1061-1082.
Hsu, H. C., Fogel, A., and Messinger, D. S. (2001). Infant non-distress vocalization during mother-infant face-to-face interaction: Factors associated with quantitative and qualitative differences. *Infant Behavior and Development, 24*, 107-128.
Hume, D. (1739/1888). *A treatise of human nature*. Ed. L. A. Selby-Bigge. Oxford: Clarendon. (ヒューム『知性について：人間本性論 第1巻（新装版）』木曾好能訳，法政大学出版局，2011)
Izard, C. E. (1971). *The face of emotion*. East Norwalk: Appleton Century Crofts.
　(1978). Emotions as motivations: An evolutionary-developmental perspective. *Nebraska Symposium on Motivation, 26*, 163-200.
Jaffe, J., Beebe, B., Feldstein, S., Crown, C. L., and Jasnow, M. D. (2001). Rhythms of dialogue in infancy. *Monographs of the Society for Research in Child Development, 66*, 2001.
James, W. (1890). *Principles of psychology*. New York: Holt. (ジェームス『心理學の根本問題』松浦孝作訳，三笠書房，1940)
Johnson, M. H., Dziurawiec, S., Ellis, H. D., and Morton, J. (1991). Newborns' preferential tracking of face-like stimuli and its subsequent decline. *Cognition, 40*, 1-19.
Johnson, M. H., and Morton, J. (1991). *Biology and cognitive development: The case of face recognition*. Oxford: Basil Blackwell.
Johnson, S. C., Booth, A., and O'Hearn, L. (2001). Inferring the goals of a non-human agent. *Cognitive Development, 16*, 637-656.
Johnson, S., Slaughter, V., and Carey, S. (1998). Whose gaze will infants follow? The elicitation of gaze following in 12-month-olds. *Developmental Science, 1*, 233-238.
Juscyk, P. W., Kennedy, L. J., and Juscyk, A. (1995). Young infants' retention of information about syllables. *Infant Behavior and Development, 18*, 24-41.
Kagan, J. (1976). Resilience and continuity in psychological development. In A. M. Clarke and A. D. B. Clarke (eds.), *Early experience: Myth and evidence* (pp. 97-121). New York: The Free Press.
Kalins, I. V., and Bruner, J. S. (1973). The coordination of visual observation and instrumental behavior in early infancy. *Perception, 2*, 307-314.
Kant, I. (1781/1996). *Critique of pure reason*. Trans. W. S. Pluhar. Indianapolis: Hackett. (カント『純粋理性批判』熊野純彦訳，作品社，2012)
Karmiloff-Smith, A. (1992). *Beyond modularity: A developmental perspective on cognitive science*. Cambridge, MA: MIT Press. (カミロフースミス『人間発達の認知科学：精神のモジュール性を超えて』小島康次・小林好和監訳，ミネルヴァ書房，1997)
　(1998). Is atypical development necessarily a window on the normal mind/brain? The case of Williams Syndrome. *Developmental Science, 1*, 273-277.
Karmiloff-Smith, A., Klima, E., Bellugi, U., Grant, J., and Baron-Cohen, S. (1995). Is there a social module? Language, face processing, and theory of mind in individuals with Williams syndrome. *Journal of Cognitive Neuroscience, 7*, 196-208.

Haith, M. M. (1966). The response of the human newborn to visual movement. *Journal of Experimental Child Psychology, 3*, 243-253.
Haith, M. M., Bergman, T., and Moore, M. J. (1977). Eye contact and face scanning in early infancy. *Science, 198*, 853-855.
Harding, C. G. (1982). Development of the intention to communicate. *Human Development, 25*, 140-151.
Harlow, H. F. (1958). The nature of love. *American Psychologist, 13*, 673-685.
 (1961). The development of affectional patterns in infant monkeys. In B. M. Foss (ed.), *Determinants of infant behaviour* (Vol. I). London: Methuen.
Harlow, H. F., and Harlow, M. K. (1965). The affectional systems. In A. M. Schrier, H. F. Harlow, and F. Stollnitz (eds.), *Behavior of nonhuman primates* (Vol. II, pp. 287-334). New York: Academic Press.
Harlow, H. F., and Zimmermann, R. R. (1959). Affectional responses in the infant monkey. *Science, 130*, 421-432.
Harris, P. L. (1989). *Children and emotion: The development of psychological understanding*. Oxford, England: Basil Blackwell.
 (1992). From simulation to folk psychology: The case for development. *Mind Language, 7*, 120-144.
Haviland, J. M., and Lewica, M. (1987). The induced affect response: 10-week-old infants' responses to three emotion expressions. *Developmental Psychology, 23*, 97-104.
Heyes, C. M. (1998). Theory of mind in nonhuman primates. *Behavioral and Brain Sciences*, bbsonline.org.
Hobson, R. P. (1989). Beyond cognition: A theory of autism. In G. Dawson (ed.), *Autism, nature, diagnosis and treatment* (pp. 22-48). New York, Guilford.
 (1989). On sharing experiences. *Development and Psychopathology, 1*, 197-203.
 (1990). On the origins of self and the case of autism. *Development and Psychopathology, 2*, 163-181.
 (1993). *Autism and the development of mind*. Hove: Erlbaum. (ホブソン『自閉症と心の発達：「心の理論」を越えて』木下孝司監訳，学苑社，2000)
 (1998). The intersubjective foundations of thought. In S. Braten (ed.), *Intersubjective communication and emotion in early ontogeny: Studies in emotion and social interaction* (2nd series, pp. 283-296). New York: Cambridge University Press.
 (2002). *The cradle of thought: Exploring the origins of thinking*. Oxford: Oxford University Press.
Hoffman, M. (1981). Perspectives on the difference between understanding people and understanding things: the role of affect. In H. Flavell and L. Ross (eds.), *Social cognitive development: Frontiers and possible futures* (pp. 67-81). New York: Cambridge University Press.
Hofsten, C. von (1980). Predictive reaching for moving objects by human infants. *Journal of Experimental Child Psychology, 30*, 369-382.
Hood, B. M., Willen, J. D., and Driver, J. (1998). Adults' eyes trigger shifts of visual attention in human infants. *Psychological Science, 9*, 131-134.
Hornick, R., Risenhoover, N., and Gunnar, M. (1987). The effects of maternal positive, neutral,

引用文献

(1999). Early socio-emotional development: Contingency perception and the social bio-feedback model. In P. Rochat (ed.), *Early social cognition: Understanding others in the first months of life* (pp. 101-136). Mahwah, NJ: Erlbaum.

Gergely, G., Nadasdy, Z., Csibra, G., and Biro, S. (1995). Taking the intentional stance at 12 months of age. *Cognition, 56,* 165-193.

Gibson, E. J. (1969). *Principles of perceptual learning and development.* East Norwalk, US: Appleton Century Crofts. (ギブソン『知覚の発達心理学』小林芳郎訳, 田研出版, 1983)

――― (1993). Ontogenesis of the perceived self. In U. Neisser (ed.), *The perceived self: Ecological and interpersonal sources of self-knowledge* (pp. 25-42). New York: Cambridge University Press.

――― (1995). Are we automata? In P. Rochat (ed.), *The self in infancy: Theory and research. Advances in psychology* (pp. 13-15). Amsterdam: Elsevier.

Glick, J. (1978). Cognition and social cognition: An introduction. In J. L. Glick and K. A. Clarke-Stewart (eds.), *The development of social understanding* (pp. 1-9). New York: Cambridge University Press.

Glick, J., and Clarke-Stewart, K. A. (eds.) (1978). *The development of social understanding.* New York: Cambridge University Press.

Goldberg, S., Lojkasek, M., Gartner, G., and Corter, C. (1989). Maternal responsiveness and social development in pre-term infants. In M. H. Bornstein (ed.), *Maternal responsiveness: Characteristics and consequences* (pp. 89-103). San Francisco: Jossey-Bass.

Goldfarb, W. (1943). Infant rearing and problem behavior. *American Journal of Orthopsychiatry, 13,* 249-265.

Goldsmith, D. F., and Rogoff, B. (1997). Mothers' and toddlers' coordinated joint focus of attention: Variations with maternal dysphoric symptoms. *Developmental Psychology, 33,* 113-119.

Gopnik, A. (1995). How to understand beliefs. *Behavioral and Brain Sciences, 18,* 398-400.

Gopnik, A., and Meltzoff, A. N. (1997). *Words, thoughts, and theories.* Cambridge, MA: MIT Press.

Gopnik, A., and Wellman, H. M. (1992). Why the child's theory of mind really is a theory. *Mind and Language, 7,* 145-171.

Goren, C. C., Sarty, M., and Wu, P. Y. K. (1975). Visual following and pattern discrimination of face-like stimuli by newborn infants. *Pediatrics, 56,* 544-549.

Gotlieb, S. J. (1991). Visual memory in neonates. *Dissertation Abstracts International, 51* (10-B), 5049-5050.

Granic, I. (2000) Emotion, development, and self-organization: Dynamic systems approaches to emotional development. In M. D. Lewis and I. Granic (eds.), *The self-organization of parent-child relations: Beyond bidirectional models* (pp. 267-297). Cambridge: Cambridge University Press.

Grant, K. W., Ardell, L. H., Kuhl, P. K., and Sparks, D. W. (1986). The transmission of prosodic information via an electrotactile speedreading aid. *Ear and Hearing, 7,* 243-251.

Hains, S. M., and Muir, D. W. (1996). Effects of stimulus contingency in infant-adult interactions. *Infant Behavior and Development, 19,* 49-61.

(2001). The history (and future) of infancy. Blackwell handbook of infant development. Handbooks of developmental psychology (pp. 726-757). Maiden, MA: Blackwell Publishers.

Fogel, A., and Hannan, T. E. (1985). Manual actions of nine to fifteen-week-old human infants during face-to-face interaction with their mothers. *Child Development, 56,* 1271-1279.

Fogel, A., and Thelen, E. (1987). Development of early expressive and communicative action: Reinterpreting the evidence from a dynamic systems perspective. *Developmental Psychology, 23,* 747-761.

Franco, F., and Butterworth, G. (1996). Pointing and social awareness: Declaring and requesting in the second year. *Journal of Child Language, 23,* 307-336.

Freeman, W. J. (2000). Emotion is essential to all intentional behaviors. In I. Granic and M. Lewis (eds.), *Emotion, development, and self-organization: Dynamic systems approaches to emotional development* (pp. 209-235). New York: Cambridge University Press.

Freud, S. (1949). *An outline of psychoanalysis* (rev. edn, Strachey). New York: Norton (original work published 1940).

(1961). *The ego and the id.* New York: W. W. Norton and Co.

Frye, D. (1981). Developmental changes in strategies of social interaction. In M. Lamb and L. Sherrod (eds.), *Infant social cognition.* Hillsdale, NJ: Erlbaum.

Gallagher, S. (1996). The moral significance of primitive self-consciousness: The response to Bermúdez. *Ethics, 107,* 129-140.

Gallup, G. G. (1982). Self-awareness and the emergence of mind in primates. *American Journal of Primatology, 2,* 237-248.

Gekoski, M. J., and Fagen, J. W. (1984). Noncontingent stimulation, stimulus familiarization, and subsequent learning in young infants. *Child Development, 55,* 2226-2233.

Gelman, R., and Spelke, E. (1981). The development of thoughts about animate and inanimate objects: Implications for research on social cognition. In J. H. Flavell and L. Ross (eds.), *Social cognition development: Frontiers and possible futures.* New York: Cambridge University Press.

Gelman, S. A., and Coley, J. D. (1990). The importance of knowing a dodo is a bird: Categories and inferences in 2-year-old children. *Developmental Psychology, 26,* 796-804.

Gelman, S. A., Durgin, F., and Kaufman, L. (1995). Distinguishing between animates and inanimates: Not by notion alone. In D. Sperber and D. Premack (eds.), *Causal cognition: A multidisciplinary debate* (pp. 150-184). Oxford: Clarendon Press.

Gelman, S. A., and Markman, E. M. (1986). Categories and induction in young children. *Cognition, 23,* 183-209.

Gergely, G. (2001). Is early differentiation of human behavior a precursor to the 1-year-old's understanding of intentional action? Comment on Legerstee, Barna, and DiAdamo (2000). *Developmental Psychology, 37,* 579-582.

(2002). The development of understanding self and agency. In Usha Goswami (ed.), *Blackwell's handbook of childhood cognitive development.* Maiden, MA: Blackwell.

Gergely, G., and Watson, J. (1996). The social biofeedback theory of parental affect-mirroring: The development of emotional self-awareness and self-control in infancy. *International Journal of Psycho-Analysis, 77,* 1181-1212.

引用文献

　　Infant Behaviour and Development, 7, 527-532.
　(1990). Neonatal stress and coping in intensive care. *Infant Mental Health Journal, 11*, 57-65.
　(1992). Psychobiological attunement in close relationships. In R. Lerner, D. L. Featherman, and M. Perlmutter (eds.), *Life-span development and behavior* (pp. 2-22). Hillsdale, NJ: Erlbaum.
　(1994). The effects of mother's physical and emotional unavailability on emotion regulation. *Monographs of the Society for Research in Child Development, 59* (23).
　(1995). Infant of depressed mothers (Presidential address). *Infant Behavior and Development, 18*, 1-13.
Field, T., Cohen, D., Garcia, R., and Greenberg, R. (1985). Mother-stranger face discrimination by the newborn. *Annual Progress in Child Psychiatry and Child Development*, 3-10.
Field, T., Guy, L., and Umbel, V. (1985). Infants' responses to mothers' imitative behaviors. *Infant Mental Health Journal, 6*, 40-44.
Field, T., Healy, B., Goldstein, S., Perry, S., Berry, D., Schanberg, S., Zimmerman, E. A., and Kuhn, C. (1998). Infants of depressed mothers show "depressed" behavior even with nondepressed adults. *Child Development, 59*, 1569-1579.
Field, T., Woodson, R., Greenberg, R., and Cohen, D. (1982). Discrimination and imitation of facial expressions of neonates. *Science, 218*, 179-181.
Finkelstein, N. W., and Ramey, C. T. (1977). Learning to control the environment in infancy. *Child Development, 48*, 806-819.
Fischer, K. W., Shaver, P. R., and Carnochan, P. (1990). How emotions develop and how they organize development. *Cognition and Emotion, 4*, 81-127.
Fisher, L., Ames, E. W., Chisholm, K., and Savoie, L. (1997). Problems reported by parents of Romanians orphans adopted to British Columbia. *International Journal of Behavioral Development, 20*, 67-82.
Flavell, J. H. (1988). The development of the children's knowledge about the mind: From cognitive connections to mental representations. In J. W. Astington and P. L. Harris (eds.), *Developing theories of mind*. New York: Cambridge University Press.
　(1999). Cognitive development: Children's knowledge about the mind. *Annual Review of Psychology, 50*, 21-45.
Flavell, J. H., Flavell, E. R., Green, F. L., and Moses, L. J. (1990). Young children's understanding of false beliefs versus value beliefs. *Child Development, 61*, 915-928.
Flavell, J. H., Green, F. L., and Flavell, E. R. (1986). Development of knowledge about the appearance-reality distinction. *Monographs of the Society for Research in Child Development, 51*, 1-68.
Fodor, J. A. (1983). *The modularity of mind*. Cambridge, MA: MIT Press. (フォーダー『精神のモジュール形式：人工知能と心の哲学』伊藤笏康・信原幸弘訳，産業図書，1985)
　(1992). A theory of the child's theory of mind. *Cognition, 44*, 283-296.
Fogel, A. (1977). Temporal organization in mother-infant face-to-face interaction. In H. Rudolph Schaffer (ed.), *Studies in mother-infant interaction* (pp. 5-56). Hillsdale, NJ: Erlbaum.
　(1993). *Developing through relationships: Origins of communication, self and culture*. Chicago, IL: University of Chicago Press.

267.
Darwin, C. (1877). A biographical sketch of an infant. *Mind, 2,* 285-294.
Davis, K. (1947). Final note on a case of extreme isolation. *American Journal of Sociology, 52,* 432-437.
DeCasper, A. J., and Carstens, A. A. (1981). Contingencies of stimulation: Effects on learning and emotion in neonates. *Infant Behavior and Development, 4,* 19-35.
DeCasper, A. J., and Fifer, W. P. (1980). Of human bonding: Newborns prefer their mother's voice. *Science, 208,* 1174-1176.
DeCasper, A. J., Lecanuet, J. P., Bushnell, M. C., Granier-Deferre, C., and Maugeais, R. (1994). Fetal reactions to recurrent maternal speech sounds. *Infant Behavior and Development, 9,* 133-150.
DeCharmes, R. (1968). *Personal causation: The internal affective determinants of behavior.* New York: Academic Press.
Descartes, R. (1641/1985). *The philosophical writings of Descartes* (Vols. 1 and 2). Trans. J. Cottingham et al. Cambridge: Cambridge University Press.
Desrochers, S., Morrissette, P., and Ricard, M. (1995). Two perspectives on pointing in infancy. In C. Moore and P. J. Dunham (eds.), *Joint attention: Its origins and role in development* (pp. 85-101). Hillsdale, NJ: Erlbaum.
Dodd, B. (1979). Lip reading in infants: Attention to speech present in- and out-of-synchrony. *Cognitive Psychology, 11,* 478-484.
Dondi, M., Simion, F., and Caltran, G. (1999). Can newborns discriminate between their own cry and the cry of another newborn infant? *Developmental Psychology, 35,* 418-426.
Dunham, P., and Dunham, F. (1990). Effects of mother-infant social interactions on infants' subsequent contingency task performance. *Child Development, 61,* 785-793.
Dunham, P., Dunham, F., Hurshman, A., and Alexander, T. (1989). Social contingency effects on subsequent perceptual-cognitive tasks in young infants. *Child Development, 60,* 1486-1496.
Emde, R. N. (1989). Early emotional development: New modes of thinking for research and intervention. In J. G. Warhol (ed.), *New perspectives in early emotional development* (pp. 29-45). Johnson and Johnson Pediatric Institute.
Eimas, P. D., Siqueland, E. R., Juscyk, P., and Vigorito, J. (1971). Speech perception in infants. *Science, 171,* 303-306.
Ekman, P., and Friesen, W. V. (1975). *Unmasking the face: A guide to recognizing emotions from facial clues.* New York: Prentice-Hall. (エクマン＆フリーセン『表情分析入門：表情に隠された意味をさぐる』工藤力訳編, 誠信書房, 1987)
Ellsworth, C. P., Muir, D., and Hains, S. (1993). Social competence and person-object differentiation: An analysis of the still-face effect. *Developmental Psychology, 39,* 63-73.
Fagan, J. F. (1972). Infants' recognition memory for faces. *Journal of Experimental Child Psychology, 14,* 453-476.
Feinman, S. (1982). Social referencing in infancy. *Merrill-Palmer Quarterly, 28,* 445-470.
Feinman, S., and Lewis, M. (1983). Social referencing at 10-months. A second order effect on infants' responses to strangers. *Child Development, 54,* 878-887.
Field, T. (1984). Early interactions between infants and their postpartum depressed mothers.

引用文献

『子どもは小さな科学者か：J. ピアジェ理論の再考』小島康次・小林好和訳，ミネルヴァ書房，1994）

Caron, A., Carfon, R., Mustelin, C., and Roberts, J. (1992). Infant responding to aberrant social stimuli. *Infant Behavior and Development, 15,* 335 (Special ICIS Conference Issue).

Carpenter, M., Nagell, L., and Tomasello, M. (1998). Social cognition, joint attention, and communicative competence from 9 to 15 months of age. *Monographs of the Society for Research in Child Development, 63* (4, serial no. 255).

Chada, S. W. (1996). A comparison of mother-infant, father-infant and stranger-infant affect attunement: Characteristics and consequences of discrete parenting roles in infant affective development. *Dissertation Abstracts International, 52* (12-B), 7060.

Chapman, M. (1992). Equilibration and the dialectic of organization. In H. Beiling and P. Putfall (eds.), *Piaget's theory: Prospects and possibilities* (pp. 39-59). Hillsdale, NJ: Erlbaum.

Charman, T., Baron-Cohen, S., Swettenham, J., Baird, G., Cox, A., and Drew, A. (2000). Testing joint attention, imitation, and play as infancy precursors to language and theory of mind. *Cognitive Development, 15,* 481-498.

Charman, T., Swettenham, J., Baron-Cohen, S., Cox, A., Baird, G., and Drew, A. (1997). Infants with autism: An investigation of empathy, pretend play, joint attention, and imitation. *Developmental Psychology, 33,* 781-789.

Chi, M. T. H. (1988). Children's lack of access and knowledge reorganization: An example from the concept of animacy. In F. E. Weinert and M. Perlmuter (eds.), *Memory development: Universal changes and individual differences* (pp. 169-194). Hillsdale, NJ: Lawrence Erlbaum Associates.

Chomsky, N. (1965). *Aspects of the theory of syntax.* Cambridge, MA: MIT Press. (チョムスキー『文法理論の諸相』安井稔訳，研究社，1970）

Churchland, P. M. (1991). Folk-psychology and the explanation of human behavior. In J. D. Greenwood (ed.), *The future of folk psychology: Intentionality and cognitive science.* Cambridge: Cambridge University Press.

Cicchetti, D., and Schneider-Rosen, K. (1984). Toward a transactional model of childhood depression. *New Directions for Child Development, 26,* 5-27.

Cohn, J. F., and Tronick, E. Z. (1989). Specificity of infants' response to mothers' affective behavior. *Journal of the American Academy of Child and Adolescent Psychiatry, 28,* 242-248.

Corkum, V., and Moore, C. (1995). Development of joint visual attention in infants. In C. Moore and P. J. Dunham (eds.), *Joint attention: Its origins and role in development* (pp. 61-83). Hillsdale, NJ: Erlbaum.

——— (1998). The origin of joint visual attention in infants. *Developmental Psychology, 34,* 28-38.

Coster, W. J., Gersten, M. S., Beegly, M., and Cicchetti, D. (1989). Communicative functioning in maltreated toddlers. *Developmental Psychology, 25,* 1020-1029.

Crockenberg, S. (1983). Early mother and infant antecedents of Bayley Scale performance at 21 months. *Developmental Psychology, 19,* 727-730.

Csibra, G., Gergely, G., Biro, S., Koos, O., and Brockbank, M. (1999). Social attribution without agency cues: The perception of "pure reason" in infancy. *Cognition, 72,* 237-

(1983). *Child's talk: Learning to use language*. New York: Norton. (ブルーナー『乳幼児の話しことば：コミュニケーションの学習』寺田晃・本郷一夫訳, 新曜社, 1988)

(1990). *Acts of meaning*. Cambridge, MA: Harvard University Press. (ブルーナー『意味の復権：フォークサイコロジーに向けて』岡本夏木・仲渡一美・吉村啓子訳, ミネルヴァ書房, 1999)

(1999). The intentionality of referring. In P. Zelazo and J. W. Astington (eds.), *Developing theories of intention: Social understanding and self-control* (pp. 329-339) Mahwah, NJ: Erlbaum.

Bruner, J. S., and Koslowski, B. (1972). Visually preadapted constituents of manipulatory action. *Perception, 1*, 3-14.

Bushnell, I. W. R., Sai, F., and Mullin, J. T. (1989). Neonatal recognition of the mother's face. *British Journal of Developmental Psychology, 7*, 3-15.

Butterworth, G. (1990). On reconceptualizing sensorimotor development in dynamic systems theory. In H. Bloch and B. J. Berthenthal (eds.), *Sensorimotor organizations and development in infancy and early childhood* (pp. 57-73). Dordrecht: Kluwer.

(1991). The ontogeny and phylogeny of joint visual attention. In A. Whiten (ed.), *National theories of mind: Evolution, development, and simulation of everyday mind reading* (pp. 223-232). Cambridge, MA: Basil Blackwell.

(1994). Theories of mind and the facts of embodiment. In C. Lewis and P. Mitchell (eds.), *Children's early understanding of mind: Origins and development* (pp. 115-132). Sussex, England: Erlbaum.

(1995). Factors in visual attention eliciting manual pointing in human infancy. In H. L. Raiblat and J. Meyer (eds.), *Comparative approaches to cognitive science* (pp. 329-338). Cambridge, MA: MIT Press.

Butterworth, G., and Hicks, L. (1977). Visual proprioception and postural stability in infancy: A developmental study. *Perception, 6*, 255-262.

Butterworth, G., and Hopkins, B. (1988). Hand-mouth coordination in the newborn baby. *British Journal of Developmental Psychology, 6*, 303-314.

Butterworth, G., and Jarrett, N. (1991). What minds have in common in space: Spatial mechanisms serving joint visual attention in infancy. *British Journal of Developmental Psychology, 9*, 55-72.

Camaioni, L., Perucchini, P., Bellagamba, F., and Colonnesi, R. (2004). The role of declarative pointing in developing a Theory of Mind. *Infancy, 5*, 291-308.

Camaioni, L., Perucchini, P., Muratori, F., and Milone, A. (1997). Brief report: A longitudinal examination of the communicative gestures deficit in young children with autism. *Journal of Autism and Developmental Disorders, 27*, 715-725.

Campbell, S. B., Cohn, J., and Myers, T. (1995). Depression in first-time mothers: Mother-infant interaction and depression chronicity. *Developmental Psychology, 31*, 349-357.

Campos, J., and Sternberg, C. (1981). Perception, appraisal, and emotion: The onset of social referencing. In M. Lamb and L. Sherrod (eds.), *Infant social cognition: Empirical and theoretical considerations* (pp. 273-314). Hillsdale, NJ: Erlbaum.

Carey, S. (1985). *Conceptual change in childhood*. Cambridge, MA: MIT Press. (ケアリー

posture. *Developmental Psychology, 25*, 936-945.
Berkley, G. (1975). *Philosophical works*. Edited by M. R. Ayers. London: Dent.
Bigelow, A. E. (1998). Infants' sensitivity to familiar imperfect contingencies in social interaction. *Infant Behavior and Development, 21*, 149-161.
Bjorklund, D. F. (2005). *Children's thinking: Cognitive development and individual differences*. Belmont, CA: Wadsworth/Thomson.
Bornstein, M. H., and Lamb, M. E. (1992). *Development in infancy: An introduction* (3rd edn.). New York, NY, England: Mcgraw-Hill Book Company.
Bornstein, M. H., and Sigman, M. D. (1986). Continuity in mental development from infancy. *Child Development, 57*, 251-274.
Bornstein, M. H., and Tamis-LeMonda, C. S. (1989a). Maternal responsiveness and cognitive development in children. In M. H. Bornstein (ed.), *Maternal responsiveness: Characteristics and consequences* (pp. 49-61). San Francisco: Jossey-Bass.
―― (1989b). Habituation and maternal encouragement of attention in infancy as predictors of toddler language, play, and representational competence. *Child Development, 60*, 738-751.
―― (1997). Maternal responsiveness and infant mental abilities: Specific predictive relations. *Infant Behavior and Development, 20*, 283-296.
Bowlby, J. (1951). *Maternal care and mental health*. London: HMSO; New York: Columbia University.
―― (1969). *Attachment and loss. Vol. I: Attachment*. Pelican Books, Penguin.（ボウルビィ『母子関係の理論1：愛着行動（新版）』黒田実郎ほか訳，岩崎学術出版社，1991）
―― (1979). On knowing what you are not supposed to know and feeling what you are not supposed to feel. *Canadian Journal of Psychiatry, 24*, 403-408.
Brazelton, T. B., Koslowski, B., and Main, M. (1974). The origins of reciprocity: The early mother-infant interaction. In M. Lewis and L. Rosenblum (eds.), *The effect of the infant on its caregiver* (pp. 49-76). New York: Wiley.
Bremner, J. G. (1988). *Infancy*. Cambridge, MA: Basil Blackwell.（ブレムナー『乳児の発達』渡部雅之訳，ミネルヴァ書房，1999）
―― (1998). From perception to action: The early development of knowledge. In F. Simion and G. Butterworth (eds.), *The development of sensory, motor and cognitive capacities in early infancy: From perception to cognition* (pp. 239-255). Hove, England: Psychology Press/Erlbaum.
Brentano, F. (1874/1973). *Psychology from an empirical standpoint*. Trans. A. C. Rancurello, D. B. Terrel, and L. L. McAlister. London: Routledge and Kegan Paul.
Bretherton, I., and Beeghly, M. (1982). Talking about internal states: The acquisition of an explicit theory of mind. *Developmental Psychology, 18*, 906-921.
Bronfenbrenner, U. (1974). *A report on longitudinal evaluations of pre-school programs, Vol. 2, Is early intervention effective?* Washington, DC: D. H. W. Publications No. (OHD) 74-25.
Bruner, J. S. (1973). Organization of early skilled action. *Child Development, 44*, 11.
―― (1975). From communication to language: A psychological perspective. *Cognition, 3*, 255-287.

learning through imitation. University of Nebraska Press: Lincoln, NE.
Banks, M. S., and Salapatek, P. (1983). Infant visual perception. In M. M. Haith and J. J. Campos (eds.), *Infancy and developmental psychobiology* (vol. II of P. H. Mussen [ed.], *Handbook of Child Psychology*), 4th edn. New York: Wiley.
Barna, J., and Legerstee, M. (2005). Nine and 12-month-old infants relate emotions to people's actions. *Cognition and Emotion, 19*, 53-67.
Baron-Cohen, S. (1989). Are autistic children "behaviorists"? An examination of their mental-physical and appearance-reality distinctions. *Journal of Autism and Developmental Disorders, 19*, 579-600.
―― (1991). Precursors to a theory of mind: Understanding attention in others. In A. Whiten (ed.), *Natural theories of mind: Evolution, development and simulation of everyday mindreading*. Cambridge, MA: Basil Blackwell.
―― (1993). From attentional-goal psychology to belief-desire psychology. The development of theory of mind and its dysfunction. In S. Baron-Cohen, H. Tager-Flusberg, and D. J. Cohen (eds.), *Understanding other minds: Perspectives from autism* (pp. 59-82). Oxford: Oxford University Press.
―― (1995). *Mindblindness: An essay on autism and theory of mind*. Cambridge, MA: MIT Press. (バロン＝コーエン『自閉症とマインド・ブラインドネス（新装版）』長野敬・長畑正道・今野義孝訳, 青土社, 2002)
Baron-Cohen, S., Campbell, R., Karmiloff-Smith, A., Grant, J., and Walker, S. (1995). Are children with autism blind to the mentalistic significance of the eyes? *British Journal of Developmental Psychology, 13*, 379-398.
Barrera, M. E., and Maurer, D. (1981). Recognition of mother's photographed face by the three-month-old infant. *Child Development, 52*, 714-716.
Barresi, J. (1984). Knowledge and representation: Transparent and opaque. *Contemporary Psychology, 29*, 160-161.
Barresi, J., and Moore, C. (1996). Intentional relations and social understanding. *Behavioral and Brain Sciences, 19*, 107-154.
Barrett, M. D. (1989). Early language development. In A. Slater and J. G. Bremner (eds.), *Infant development* (pp. 211-241). London: Erlbaum.
Bartsch, K., and Wellman, H. M. (1995). *Children talk about the mind*. Oxford: Oxford University Press.
Baumwell, L., Tamis-LeMonda, C. S., and Borstein, M. H. (1997). Maternal verbal sensitivity and child language comprehension. *Infant Behavior and Development, 20*, 247-258.
Bayley, N. (1969). *Bayley scales of infant development*. New York: Psychological Corporation.
Beck, A. T., Ward, C. H., Mendelson, M., March, J. E., and Erbaugh, J. (1961). An inventory for measuring depression. *Archives of General Psychiatry, 4*, 561-571.
Beebe, B., Stern, D., and Jaffe, J. (1979). The kinesic rhythm of mother-infant interactions. In A. W. Siegman & S. Feldstein (eds.), *Of speech and time: Temporal patterns in interpersonal contexts*. Hillsdale, NJ: Erlbaum.
Bellagamba, F., and Tomasello, M. (1999). Re-enacting intended acts: comparing 12- and 18-month-olds. *Infant Behavior and Development, 22*, 277-282.
Berthenthal, B. I., and Bai, D. L. (1989). Infants' sensitivity to optical flow for controlling

引用文献

Adamson, L. B., and Bakeman, R. (1982). Affectivity and reference: Concepts, methods, and techniques in the study of communication development of 6- to 18-month-old infants. In T. M. Field and A. Fogel (eds.), *Emotion and early interaction*. Hillsdale, NJ: Erlbaum.

Ainsworth, M. D. S., Blehar, M. C., Waters, E., and Wall, S. (1978). *Patterns of attachment: A psychological study of the strange situation*. Hillsdale, NJ: Erlbaum.

Astington, J. W. (2001). The paradox of intention: Assessing children's metarepresentational understanding. In B. F. Malle, L. J. Moses, and D. A. Baldwin (eds.), *Intentions and intentionality: Foundations of social cognition* (pp. 85-103). Cambridge, MA: MIT Press.

Bahrick, L. R. (1988) Intermodal learning in infancy: Learning on the basis of two kinds of invariant relations in audible and visible events. *Child Development, 59*, 197-209.

Bahrick, L. R., Moss, L., and Fadil, C. (1996). Development of visual self-recognition in infancy. *Ecological Psychology, 8*, 189-208.

Bahrick, L. R., and Watson, J. S. (1985). Detection of intermodal proprioceptive-visual contingency as a potential basis of self-perception in infancy. *Developmental Psychology, 21*, 963-973.

Baillargeon, R. (1986). Representing the existence and the location of hidden objects: Object permanence in 6-8-month-old infants. *Cognition, 23*, 21-41.

 (1993). The object concept revisited: New directions in the investigation of infants' physical knowledge. In C. Granrud (ed.), *Visual perception and cognition in infancy* (pp. 265-315). Hillsdale, NJ: Erlbaum.

Bakeman, R., and Adamson, L. (1984). Coordinating attention to people and objects in mother-infant and peer-infant interaction. *Child Development, 55*, 1278-1289.

Bakeman, R., and Gottman, J. M. (1997). *Observing interaction: An introduction to sequential analysis* (2nd ed.). New York: Cambridge University Press.

Baldwin, D. A., and Moses, L. J. (1994). The mindreading engine: Evaluating evidence for modularity. *Cahiers der Psychologie, 13*, 553-560.

 (1996). Early understanding of referential intent and attentional focus: Evidence from language and emotion. In C. Lewis and P. Mitchell (eds.), *Children's early understanding of mind: Origins and development* (pp. 133-156). Hillsdale, NJ: Erlbaum.

Baldwin, J. M. (1902). *Social and ethical interpretations in mental development*. New York: Macmillan.

Ball, A. W. (1973). *The perception of causality in the infant*. Presented at the Meeting of the Society for Research in Child Development, Philadelphia, PA.

Ball, A. W., and Tronick, E. (1971). Infant responses to impending collision: Optical and real. *Science, 171*, 818-820.

Bandura, A. (1962). Social cognitive theory of social referencing. In S. Feinman (ed.), *Social*

模倣　35, 39, 41, 43, 65, 74, 82, 104, 139, 247-249
　　——学習　36, 51, 208
　　新生児——　37, 44, 107, 250

【や行】
ユーモアの概念　169
ユーモアの理解　167
指さし　6, 10, 28, 91, 237, 262
　　叙述的——　123, 236, 237
様相間照合　248
抑うつ的な母親　173, 191
欲求　3, 210, 211
　　——推理　262
　　——の原初的概念　231
　　——の原初的推測　233

【ら行】
力動的システム　20, 54, 172
　　——理論　20, 54, 172, 176
　　——論者　8, 10, 20, 30, 54, 172
領域　52
　　——一般学習　67
　　——一般的　18
　　——一般理論　61
　　——固有の原理　25, 48
理論説　112
ルージュ課題　107
連合学習　51, 73, 122, 132, 139, 140, 149, 235
連合主義理論　240
連続的プロセスモデル　138
連続の原理　12, 117

【わ行】
話者交替　41

事項索引

二項的段階 8
乳児：
　──研究法 56
　──語 141
　──による精神状態の理解 117
　──の意図性 10
　──の社会認知的発達 7
　──の情動理解 258
人間という概念 25, 92, 140, 170, 237
人間との相互作用 8
人間と物 62
　──の区別 63, 68, 72, 76
認識的意図 135, 137, 205
認知 249
能動的（な）様相間マッピング 17, 37
　──モデル（AIM） 43, 247
　──理論 245

【は行】
バイオロジカルモーション 242
発声 10, 217
　──模倣 37
発生的認識論者 95
発達の不連続性 18
発話交替 45, 173
母親：
　──との相互作用 194
　──の足場作り 16, 22, 195
　──の応答性 190, 258
　──の顔 34
　──の感受性 190
　──の声 35
　──の社会的応答性 184
　──の情動 208
　──の情動鏡映 177, 203
　──の情動調律 22
　──の相互作用スキル 21
　──の相互作用スタイル 204
　──の相互作用の質 179
　──の抑うつ 184
反射 14, 15, 49, 50
ピアジェ派 18, 51, 113
ピアジェ理論 98, 240

引き込み感覚 20
非言語的参照段階 9, 121
微笑 171, 217
　社会的── 260
非生命体 39, 58, 60, 148
非生命物 53
表象的書き換えモデル 113
表象的自己 102
不完成動作課題 86
不完全な随伴性 68, 69, 171, 246, 250
物質主義者 94
物理的自己 96, 103
不連続 242
　（発達の）──観 25
　──主義 7
　──性 6
　発達の── 18
　──説 7
ベイリー乳幼児発達検査 190, 196
母子関係の質 172, 175, 212
母子（の）相互作用 173, 196, 246
　──の質 184
母子対話 244
母子の共有関係 244

【ま行】
無力感 181
明示化 112
命令的な要請 165
目そらし 120
メタ表象的思考 111
模擬 83
目標（の）検出（GD） 144, 149, 151
　──課題 150
目標志向性 81, 116, 149
目標志向的行動 151
目標志向的（な）動作 79, 148, 166
モジュール 51-53
　──派の研究者 140, 142
　──理論 16, 63, 111, 240
　──論者 15
物語構成作業 191
物真似 83

精神的他者　104
精神内の知識　8
精神分析　175
　　——理論　30
生態学的自己　100, 102
生得主義者　8, 15, 30, 50, 170
生得的な情動的気づき　75
生得的能力　33, 171
生得的モジュール　18, 241
生物学的な準備性　47
生物社会的相互作用論者　243
生物－社会的理論家　102
生命性　48, 73
生命体　60, 148
生命体と非生命体　25, 77, 90
　　——の区別　63, 72, 73
生命的　66
制約　18
制約的構成主義　19, 20, 27, 170, 241
　　——者　19, 55, 104, 240
　　——理論　112
接触の原理　12, 117
前言語的運動　171
前言語的コミュニケーション　19, 191
前言語的発達　190
　　——段階　189
選好注視パラダイム　56
相互作用スタイル　173
相互調律　30
相互的気づき　46
相互的な情動共有　254
相互の見つめあい　137
想像的認知　101
双方向的協応　244

【た行】
第一次間主観性　9, 44, 186, 191
対象の永続性課題　56
対人感覚　12, 31, 100, 170
対人関係　232
対人的（な）気づき　40, 177
対人的自己　100, 102, 104
第二次間主観性　9, 191

第二次循環反応　99
対話者の視線　119
対話的　101
ダウン症（児）　65, 178, 192
他者の意図の気づき　81
他者の心　27
他者への気づき　134
タブラ・ラサ　51, 54, 122
断続的な随伴性　250
チェッキング　145, 164
知覚　103
　　——的気づき　95
　　——的な自己の気づき　97
　　——的な知識　50
知識　112
注意　135
　　——の維持　197
　　——の吸着装置　139
　　——の志向対象　138
注視行動　56
調節　14, 49
通様相的照合　37, 39, 41
通様相的知覚　177
通様相的マッピング　37, 38, 40, 43
低調律群　198
転移　123
　　——効果　69, 70
同化　14, 49
　　——と調節　51
動機づけ　51
道具的意図　137
動作シェマ　15, 49, 142

【な行】
内因なプロセス　32
内因的（な）要因　33, 39, 48, 51, 55, 179
　　——の成熟　52
二項関係　250
　　——期　6, 117, 133, 138, 261
二項状態　143
二項的コミュニケーション　205
二項的性質　28
二項的（な）相互作用　9, 22, 138, 190, 200

事項索引

社会認知的能力　204
　　——の発達　188
社会認知的発達　179
社会文化的環境　189
種特異的な知覚　46
馴化研究　58
馴化パラダイム　56, 57, 196, 212
馴化法　57, 149
準備性を想定する学習論者　7, 122, 132, 134, 140, 142, 241, 242
準備性を想定する学習理論　132
準備性を想定する生物社会的および社会認知的理論　240
状況動作スクリプト　215
条件づけ　51, 76
情動　3, 11, 62, 104, 135, 211, 249
情動擬態　180
情動鏡映　30, 180-185
　　——水準　182
情動共有　74, 75, 107, 183-186, 233, 241, 242, 257, 259
　　——装置（AFS）　40, 41, 44
　　——能力　243
　　——の質　250
　　——モデル（AFS）　248
　　——理論　253, 257
情動交流　20
情動状態　27
　　——に対する気づき　170
　　——に対する生得的な気づき　171
　　——の気づき　185
　　——の共有　41
情動調律　103, 104, 179-181, 187, 247, 248, 258
　　——の生得的感覚　19, 30, 40, 186
情動的:
　　——気づき　75, 257
　　——コミュニケーション　142
　　——システム　176
　　——（な）随伴性　181, 184
　　——（な）相互作用　120, 173
　　——な自己の気づき　246
　　——な社会的相互作用　138
情動の気づき　259

情動の共有　43, 142, 143
情動のシグナル　235
情動の相互共有　93
情動表現　238
初期の自己知覚　102
初期の剥奪経験　174
初期分離効果　175
叙述的指さし　123, 236, 237
神経学的メカニズム　52
神経－認知機構　132
神経－認知的メカニズム　52, 133
新生児模倣　37, 44, 107, 250
身体的自己　26, 104, 111
身体的/物理的自己　105
信念　3, 210, 211
シンボリックなコミュニケーション　208
心理的主体　127
心理的生物　243
心理的理解の起源　231
随伴性　15, 39, 69, 96, 171, 178, 184
　　——学習　71, 122, 139
　　——検出メカニズム（CDM）　68
　　——検出モジュール（CDM）　171, 245, 246
　　——知覚能力　72
　　——理論　68
　　間欠的な——の知覚　68
　　完全な——　68, 171, 246, 250
　　情動的（な）——　181, 184
　　断続的な——　250
　　不完全な——　68, 69, 171, 246, 250
随伴的な運動　61
水平的デカラージュ　67, 113
ストレンジ・シチュエーション　188
静止した顔　101, 135
精神間の知識　8
精神シェマ　49
精神状態　13, 21
　　——（へ）の気づき　7, 13, 22, 31, 121, 122, 137, 170
　　——の気づきの個体発生　259
　　——の気づきの発達　139
精神的気づき　26
精神的自己　26, 27, 96, 104, 105

(6)

──する生物　243
志向性　142
自己運動物　74
自己概念　93, 100
　　──の発達　95, 180
自己感の発達　26
自己効力感　181
自己受容感覚　110
　　──的運動　38
　　──的動作　107
自己受容的な行動　36
自己受容的なフィードバックループ　243
自己受容的（な）フィードバック　111, 171
自己推進的　53
　　──運動　61, 77
　　──物体　16
自己推論機構　115
自己推論的過程　40, 177
自己組織化　11, 20, 54, 59, 75, 139, 176
自己−他者の気づき　93
自己中心的　98
自己と他者の分化　99
自己の概念　25
　　──的な気づき　100
　　──の発達　93
自己（へ）の気づき　94, 98, 103, 111, 113, 114, 134, 248
　　──の発達　94, 106
　　情動的な──　246
自己の知覚的な気づき　99
指示　118
視線検出モジュール　16
視線交替　28, 120
視線（の）追跡　121, 123, 145, 192, 236
視線（の）方向　16, 147, 238
視線方向検出器（EDD）　52, 133
自他未分化　98, 99
私的自己　102
自分のようだ　6, 17, 20, 23, 33, 39-41, 44, 45, 75, 93, 104, 111, 240, 242, 244, 246, 247, 250
自分のような　74
自閉症　27, 35
　　──児　23, 24, 28, 44, 100, 146, 147

シミュレーション理論　111
シミュレーション論者　242
社会学習論者　76
社会性の発達　175
社会的学習　83
社会的（な）環境　98, 171, 192, 246
社会的期待　182
社会的気づき　127, 248
　　──の発達　177
社会的鏡映　245
社会的コンピテンス　172, 173
社会的参照　164, 165
　　──研究　226
　　──行動　238
　　──点　10, 116, 144
社会的刺激　34, 35, 46, 70, 242
社会的自己　26, 103, 104, 111
社会的スキルの学習　174
社会的前適応　47
社会的（な）相互作用　7, 12, 14, 16, 17, 20, 21, 23, 24, 27, 28, 30, 32, 34, 40, 47, 65, 100-102, 122, 132, 133, 141, 165, 172, 173, 204, 240, 241, 250, 258, 260
　　──の質　176
　　──理論　206, 245
　　──論者　8, 10, 17, 29, 30, 170, 172, 189, 191, 238, 243
　　「あたかも」──　8, 18, 30
　　生物──　243
　　情動的な──　138
社会的の対象と非社会的対象　91
社会的な創造物　187
社会的な手がかり　64
社会的認知　39
社会の発達の感受期　174
社会的反応　35
社会的微笑　260
社会的フィードバックモデル　245
社会の妨害課題　156, 159, 166
社会認知的過程　30
社会認知的心理学者　5
社会認知的スキル　118, 144, 168, 169, 203, 208
社会認知的認知論者　142

(5)

期待違背パラダイム　57
虐待する母親　180
9か月革命　168
鏡映化　173
鏡映的相互作用　177
協応的共同注意　146
協応的注意(CA)　29, 144, 145, 149-151, 166, 189, 192, 198
　　――に先行するもの　194
　　――（能力）の発達　193, 195
強化　123, 171
共感的理解　258
共感的枠組み　201, 205
凝集の原理　12, 117
共生的な状態　99
鏡像研究　96, 99
共同注意　192
　　――（的）行動　45, 144
　　――的な相互作用　52
　　――能力　45, 147, 168, 190
共同調整　244
共鳴感覚　20
共有注意メカニズム（SAM）　52, 133
均衡化　49
クーイング　171
具体的操作期　64
系列的対数線形分析　58
原会話　41
言語獲得　189
言語的発達　190
原初的共有　134
原初的な間主観性　137, 142
原初的欲求　236
行為主体　93
向社会的行動　182
構造主義学派　50
構造主義者　50
高調律群　198
行動主義（者）　5, 7, 15, 51, 260
行動神経科学者　94
行動する生物　243
行動的熟練　112
心　5

心の気づき　5
心の存在　94
心の理解の発達　248
心の理論　3, 4, 8, 18, 24, 27, 50, 98, 116, 144, 231
　　――に先行するもの　14, 33, 103
　　――の獲得　19, 28, 31, 91, 132
　　――の個体発生　23
　　――の推理　55, 68
　　――の発達　6, 12, 14, 22, 27, 30, 32, 33, 35, 47, 48, 51, 53, 95, 172, 242, 244, 259
　　――の発達の先行要因　25
　　――メカニズム（ToMM）　52
心を読む　1, 2, 149
固体の原理　12
古典的学習理論家　174
古典的な構成主義者　76
古典的な認知主義者　5
古典的な認知論者　7, 134, 142
コミュニケーションの個体発生　11
孤立養育ザル　175

【さ行】

再演パラダイム　83
サッキング行動　56
サッキング選好パラダイム　35
三項関係期　6, 26, 116, 117, 123, 138, 144
三項状態　33, 143, 261
三項的関係　52
三項的共同注意能力　149
三項的行動　45
三項的コミュニケーション　137
三項的（な）相互作用　9, 28, 29, 144, 190, 200
三項的段階　8
三項的な交流　28
三項的能力　29
参照行動　217
参照的意図　262
参照的（な）コミュニケーション　132, 191
参照的三角形　23
視覚選好パラダイム　34
刺激強調　83
自己　102
思考　50

事項索引

【アルファベット】
AFS　40, 41, 44, 248, 250
　　　──モデル　249
AIM　247, 250
　　　──仮説　253, 256
CA　145, 146
CDM　245, 246, 250
　　　──理論　253
CONSPEC　34
EDD　52, 133
HAM　182, 187, 199
IBQ　196
ID　52, 133
LAM　182, 187, 199
SAM　52, 133
ToMM　52

【あ行】
足場作り　133, 172, 191, 201, 205, 206
　　母親の──　16, 22, 195
「あたかも」社会的相互作用論者　8, 18, 30
温かな感受性　198
アタッチメント　175, 176, 208
　　　──理論　30, 175, 176
アニミズム　64, 80
意図　3, 15, 46, 118
　　　──検出器（ID）　52, 53, 133
　　　──（へ）の気づき　4, 6, 13, 29
　　　他者の──　81
　　　──の定義　12
　　　──の理解　12
意図性　5, 7, 11, 13, 116, 208, 209
　　　──の個体発生　137
　　　──の発達　52
意図的行動の気づき　232
意図的主体　149, 168
意図的存在　6
意図的模倣　36, 83

意図理解　238
　　　──の発達　150
因果関係　39
運動　66, 67
親と子の相互作用　176, 190

【か行】
外因的要因　33, 47, 48, 55
開始状態生得説　17, 45
概念的気づき　95
概念的自己　102, 103
概念的知識　99
概念的な自己の気づき　97
顔の認識　106, 108
学習　133
　　　──性無力感　181
　　　──理論　260
　　　連合──　51, 73, 122, 132, 139, 140, 149, 235
拡張自己　102
課題特異型学習　58
からかい　162, 166, 168
　　　──課題　156
空吸いパラダイム　56
感覚-運動期　7, 15, 46, 49, 50, 66, 104, 122, 127
眼球運動　171
眼球の物理的特性　133
関係性（の）理論　54, 205
間欠的な随伴性の知覚　68
間主観性　5, 116, 172, 173, 191, 249
　　　──の発達　101
　　　第一次──　9, 44, 186, 191
　　　第二次──　9, 191
間主観的　41
　　　──な関係性　92
感情鏡映的情動　178
完全な随伴性　68, 171, 246, 250
気質　196
期待違背研究　238

(3)

人名索引

　　55, 61, 63, 64, 66, 67, 98, 112, 122, 249
ビゲロウ　Bigelow, A. E.　246
フィールド　Field, T.　183, 246, 248, 249
フィリップス　Phillips, A. T.　209, 212, 213, 231, 232
フィリップス　Phillips, W.　146, 147, 150, 151, 166
フォーゲル，アラン　Fogel, A.　10, 20, 43, 54, 59, 101, 102, 138, 142, 176, 205, 238, 244, 245, 248, 249
フォーダー　Fodor, J. A.　111
フラヴェル　Flavell, J. H.　43, 262
ブルーナー　Bruner, J. S.　6, 45, 46, 63, 118, 119, 135, 137, 138, 141, 142, 190, 191, 205
ブルックス　Brooks, R.　1, 36, 41
ブルックス・ガン　Brooks-Gunn, J.　107
プレマック　Premack, D.　15, 147
ブレムナー　Bremner, J. G.　103
ブレンターノ　Brentano, F.　118
ベイクマン　Bakeman, R.　9, 121, 145, 155, 192
ヘイズ　Heyes, C. M.　260
ベイヤールジョン　Baillargeon, R.　57
ヘインズ　Hains, S. M.　53
ベラガンバ　Bellagamba, F.　82
ポウリン・デュボア　Poulin-Dubois, D.　67, 73
ボウルビー　Bowlby, J.　175
ホブソン　Hobson, R. P.　21, 27, 100, 142
ボルドウィン　Baldwin, J. M.　74

【マ行】

マーカス　Marcus, J.　85
マーラー　Mahler, M. S.　99
マルコーヴァ，ガブリエラ　Markova, G.　245
ミュア　Muir, D.　53
ムーア　Moore, C.　122, 123, 235
ムーア　Moore, M. K.　37, 39, 40, 43, 245, 253
メルツォフ　Meltzoff, A. N.　1, 17, 36-41, 43, 45, 81, 83, 85, 148, 242, 243, 245, 247, 248, 253
モーゼス　Moses, L. J.　226, 238

【ラ行】

ラインゴールド　Rheingold, H. L.　63
ラキソン　Rakison, D. H.　67, 73
ルイス，マイケル　Lewis, M.　107
レイミー　Ramey, C. T.　68
レガスティ　Legerstee, M.　8, 19, 21, 39, 48, 53, 72, 74, 79, 123, 125, 149, 182, 184, 187, 191, 192, 200, 212, 213, 232, 236, 237
レズリー　Leslie, A. M.　165
レディ，ヴァスヴィ　Reddy, V.　134, 136-138, 141, 166, 205
レパチョリ　Repacholi, B. M.　211, 212

【わ行】

ワトソン　Watson, J. S.　63, 68-72, 171, 178, 245, 246, 253, 256

人名索引

【ア行】
アスティントン　Astington, J. W.　47
アダムソン　Adamson, L. B.　9, 121, 145, 155, 192
イザード　Izard, C. E.　249
ヴァーギーズ　Varghese, J.　21, 182, 184, 187, 200
ヴァルシナー　Valsiner, J.　238
ヴィゴツキー　Vygotsky, L. S.　8, 238
ウェイントラウブ　Weintraub, J.　192
ウェルマン　Wellman, H. M.　3, 26, 211
ウッドワード　Woodward, A.　81, 165
ウンベル　Umbel, V.　248
エインズワース　Ainsworth, M. D. S.　175
エムデ　Emde, R. N.　47

【カ行】
ガーガリー　Gergely, G.　79, 80, 147, 148, 171, 178, 245, 253, 256
カーペンター　Carpenter, M.　145, 150, 155, 166, 168, 192
カーミロフ・スミス　Karmiloff-Smith, A.　18, 52, 112, 113
ガイ　Guy, L.　248
カウフマン　Kaufman, L.　72
ギブソン　Gibson, E. J.　103
ギャラップ　Gallup, G. G.　106
クール　Kuhl, P.　37, 38
ケイ　Kaye, K.　85
ゲルマン，ロチェル　Gelman, R.　62, 75
ゲルマン　Gelman, S. A.　72
コーカム　Corkum, V.　122, 123, 235
コーン　Cohn, J. F.　244
ゴットリーブ　Gotlieb, S. J.　46
ゴプニク　Gopnik, A.　211, 212, 247

【サ行】
ジャッフェ　Jaffe, J.　194, 207
シャファー　Schaffer, H. R.　46, 47
ジョンソン　Johnson, S. C.　82, 85

ズィーダイク　Zeedyk, S. M.　11
スー　Hsu, H. C.　59
スキナー　Skinner, B. F.　15, 260
スターン　Stern, D. N.　43, 93, 173, 177, 245, 248, 257
スピッツ　Spitz, R.　244
スペルキ，エリザベス　Spelke, E. S.　57, 62, 75
セリグマン　Seligman, M. E. P.　181

【タ行】
ダーギン　Durgin, F.　72
タガー・フラスバーグ　Tager-Flusberg, H.　47
タラバルシ　Tarabulsy, G. M.　246
ダンハム　Dunham, P.　70
チブラ　Csibra, G.　147
チョムスキー　Chomsky, N.　189
テーレン　Thelen, E.　176
テオ，トマス　Theo, T.　5
デカルト　Descartes, R.　5, 94
トマセロ　Tomasello, M.　4, 13, 44, 45, 82, 116, 149
トレヴァーセン　Trevarthen, C.　45, 46, 63, 100, 102, 142, 170, 171, 191, 245, 249
トロニック　Tronick, E. Z.　23, 41, 101, 244, 245, 249

【ナ行】
ナイサー　Neisser, U.　102-104

【ハ行】
バーナ，ジョアン　Barna, J.　209, 212, 213, 232
パーナー　Perner, J.　235
バーリック　Bahrick, L. R.　107, 108, 246
ハーロウ　Harlow, H. F.　174, 175
ハリス　Harris, P. L.　111
バリラ，ヤリサ　Barillas, Y.　82, 123, 125, 149, 236, 237
バロン・コーエン　Baron-Cohen, S.　16, 51-53, 111, 132, 133
ピアジェ　Piaget, J.　6, 14, 15, 18, 27, 36, 49, 50,

(1)

著者紹介

マリア・レゲァスティ（Maria Legerstee）
カナダ（トロント）・ヨーク大学健康学部心理学科教授
1985年、博士（発達心理学、ケベック大学モントリオール校）。
1991年、ヨーク大学に乳児研究センターを設立。
主たる研究領域：乳児期から幼児期の社会的認知発達。特に、間主観性、親と子の関係性、乳児の自己への気づきとその後の精神機能との関係について。
Infant Behavior and Development と Infant and Child Development の編集委員。

訳者紹介

大藪　泰（おおやぶ　やすし）
早稲田大学文学学術院教授　博士（文学）
専門は乳幼児心理学、発達心理学。
単著に『新生児心理学──生後4週間の人間発達』『共同注意──新生児から2歳6か月までの発達過程』（いずれも川島書店）、『赤ちゃんの心理学』（日本評論社）がある。

乳児の対人感覚の発達
心の理論を導くもの

初版第1刷発行　2014年5月22日

著　者　マリア・レゲァスティ
訳　者　大藪　泰
発行者　塩浦　暲
発行所　株式会社 新曜社
　　　　〒101-0051　東京都千代田区神田神保町3-9
　　　　　　　　　　第一丸三ビル
　　　　電話（03）3264-4973・Fax（03）3239-2958
　　　　E-mail：info@shin-yo-sha.co.jp
　　　　http://www.shin-yo-sha.co.jp/
印刷所　亜細亜印刷
製本所　イマヰ製本所

©Maria Legerstee, Yasushi Ôyabu, 2014　Printed in Japan
ISBN978-4-7885-1390-7　C1011

新曜社の本

乳幼児の発達　運動・知覚・認知
J・ヴォークレール
明和政子 監訳／鈴木光太郎 訳
A5判 322頁 本体2800円

子どもの認知発達
U・ゴスワミ
岩男卓実ほか 訳
A5判 408頁 本体3600円

子どもの知性と大人の誤解　子どもが本当に知っていること
M・シーガル
外山紀子 訳
A5判 344頁 本体3300円

乳幼児は世界をどう理解しているか　実験で読みとく赤ちゃんと幼児の心
外山紀子・中島伸子
四六判 264頁 本体2400円

おさなごころを科学する　進化する乳幼児観
森口佑介
四六判 320頁 本体2400円

エピソードで学ぶ 赤ちゃんの発達と子育て　いのちのリレーの心理学
菅野幸恵・塚田みちる
岡本依子
A5判 212頁 本体1900円

まなざしの誕生　新装版　赤ちゃん学革命
下條信輔
四六判 380頁 本体2200円

ヒトはなぜほほえむのか　進化と発達にさぐる微笑の起源
川上清文・高井清子
川上文人
四六判 180頁 本体1600円

ミラーニューロンと〈心の理論〉
子安増生・大平英樹 編
A5判 240頁 本体2600円

＊表示価格は消費税を含みません。